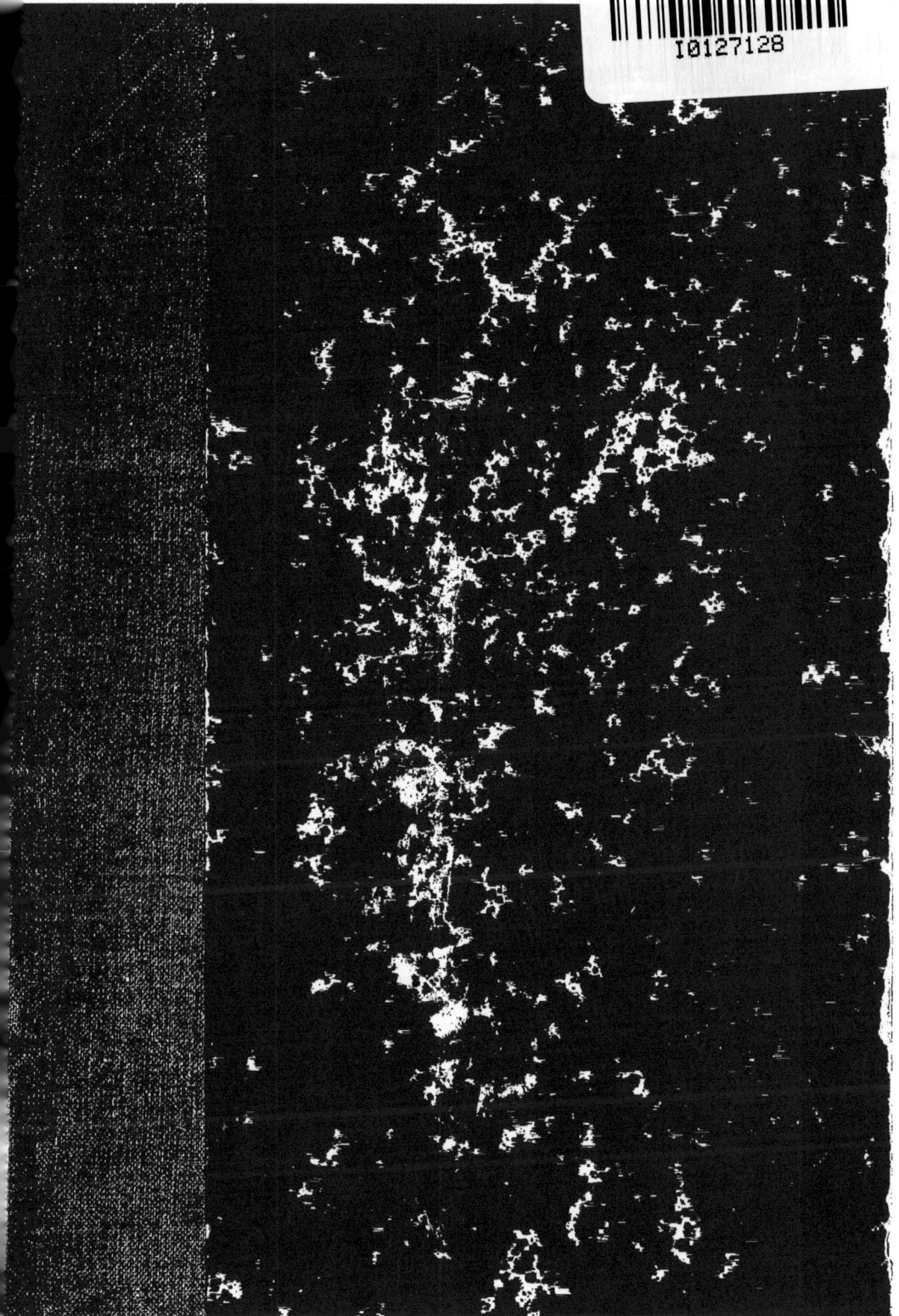

LES
PYGMÉES

PAR

MGR LE ROY

MAME & FILS
(Éditeurs)
à Tours

LES PYGMÉES

NÉGRILLES D'AFRIQUE ET NÉGRITOS DE L'ASIE

————

1re SÉRIE GRAND IN-8°

Afrique équatoriale. — Une caverne habitée (forêts du Gabon).

LES PYGMÉES

NÉGRILLES D'AFRIQUE ET NÉGRITOS DE L'ASIE

PAR

MGR A. LE ROY

ÉVÊQUE D'ALINDA, ANCIEN VICAIRE APOSTOLIQUE DU GABON
SUPÉRIEUR GÉNÉRAL DE LA CONGRÉGATION DU SAINT-ESPRIT

TOURS

MAISON ALFRED MAME ET FILS

N. B. — Dans le cours de cet ouvrage, prononcez :

u comme *ou* français : *Bantu = Bantou*.

w comme en anglais : *wa = oua*.

g toujours dur : *Tégé = Tégué*.

LES PYGMÉES

NÉGRILLES D'AFRIQUE ET NÉGRITOS DE L'ASIE

I

LES PYGMÉES DANS L'HISTOIRE

I. — Depuis que l'homme chante, dessine et écrit, il semble avoir eu la notion d'un peuple de géants et d'un peuple de nains.

Les géants ont-ils existé à l'état de race particulière? Ne nous hâtons point de le nier. L'histoire de la zoologie serait là, au besoin, pour nous rappeler que ce ne sont pas les animaux les plus forts qui ont le plus longtemps résisté : le mastodonte a disparu, et la souris vit encore; l'épiornis de Madagascar ne se retrouve plus, et le moineau tend à devenir un fléau; enfin, sous nos yeux, pendant que l'éléphant devient plus rare en Afrique, la chique[1],

---

[1] Chique ou puce pénétrante.

récemment importée du Brésil, a déjà traversé le continent mystérieux aux pieds des voyageurs qui le décou-
vraient.

Quant aux populations naines, on sait que les explorateurs africains de l'une et l'autre côte les ont signalées
d'abord, puis retrouvées dans leurs forêts inconnues; et
les savants, recueillant leurs données et les contrôlant,
ont été amenés, cette fois encore, à rendre justice au
témoignage des anciens.

Notre intention n'est pas de refaire cette histoire passée.
Après les travaux parus, celui surtout de M. Paul Monceaux[1], il semble qu'il reste peu à dire. Quelques mots
cependant seront utiles pour servir d'introduction à cette
étude.

La première notion écrite du Pygmée antique se trouve
incidemment produite dans Homère (xe siècle avant J.-C.),
qui représente les Troyens, rangés en bataille, s'avançant
comme les grues et « portant aux Pygmées le carnage et
la mort »[2].

Ézéchiel (vie siècle avant J.-C.) dit aussi que « les
Pygmées, sur les tours de Tyr, avaient suspendu leurs
carquois à l'entour des murailles ». Il est vrai que le mot
Gammadim de l'hébreu, rendu ici par *Pygmées* et pouvant, en effet, signifier à la lettre « homme d'une coudée »,
est interprété très diversement par les commentateurs.
Préoccupés de l'idée que ces Pygmées sont un peuple
fabuleux, peut-être ont-ils trop cherché à excuser Ézéchiel
de l'avoir signalé, et Corneille de La Pierre, dans une
longue dissertation, prouve en sept points que cette race
n'a jamais existé que dans l'imagination des poètes. Con-

---

[1] *La Légende des Pygmées et les Nains de l'Afrique équatoriale* (*Revue hist.*,
sept.-oct. 1891).

[2] Ἀνέρας Πυγμαίοισι φόνον καὶ κῆρα φέρουσαι. (*Il.*, III, 5),

clusion : les *Gammadim* d'Ézéchiel ne peuvent être les Pygmées d'Homère[1].

Sans examiner plus longtemps cette question, est-il permis de remarquer ici, en passant, que trop souvent les

CÔTÉ DE LA NUIT

CÔTÉ DU JOUR

La géographie d'Homère (900 ans av. J.-C.), d'après E. Charton.
Vidal-Lablache, etc.

Au centre, la Grèce; à l'est, Troie et la Phénicie; à l'ouest, les îles Divines; au nord, l'Olympe et la Thrace; au sud, la Lybie, l'Éthiopie, les Pygmées. — Tout autour, le fleuve Océan.

commentateurs, voulant justifier la Bible en l'accommodant aux idées de leur temps, l'ont compromise pour les âges postérieurs en lui faisant dire ce qu'elle ne disait pas? De fait, on peut facilement admettre que des Pygmées

---

[1] *Filii Aradii cum exercitu tuo erant super muros tuos in circuitu. Sed et Pygmæi, qui erant in turribus tuis, pharetras suas suspenderunt in muris tuis per gyrum : ipsi compleverunt pulchritudinem tuam.* Ézéchiel, XXVII, 11, trad. de la Vulgate. — Carrières ajoute : *Pygmæi. Id est pugnatores; sic dicti* απο Πυγμης, *id est a certamine et pugilatu quo valebant. In hebræo est* GAMMADIM, *quod Chaldæus vertit* CAPPADOCES; LXX (les Septantes), *custodes.*

ont été enrôlés comme archers pour la défense de Tyr, puisque tel a été et tel est encore leur rôle sur certains points du globe. Tyr avait des relations certaines avec Carthage ; et par ailleurs M. et Mme Dieulafoy, dans leurs magnifiques découvertes de Suse, ont reconnu l'existence en Élam d'une race de Négritos[1].

Au ve siècle, Hérodote les signale à son tour en rapportant la curieuse expédition des Nasamons[2]. Ce furent cinq jeunes gens des bords de la grande Syrte qui organisèrent, dès ce temps-là, une expédition pour rechercher les sources du Nil. Après avoir traversé une région bien habitée, ils eurent à franchir un vaste désert de sable. Puis, dans une oasis, surviennent de petits hommes au langage inconnu qui s'emparent de leurs personnes et les emmènent à travers de larges marais jusqu'à une ville ou un village, près d'un grand fleuve, où tous les habitants étaient noirs et de la même taille. Les Nasamons parvinrent à s'échapper, et le récit de leur aventure confirma l'idée que l'on avait déjà des Pygmées dans le monde.

Au reste, on lira avec intérêt le texte d'Hérodote, tiré de la *Collection des Voyageurs anciens et modernes*[3].

« Voici, raconte le vieil historien, ce que m'ont dit quelques Cyrénéens qui, ayant été consulter, à ce qu'ils me rapportèrent, l'oracle de Jupiter Ammon, eurent un entretien avec Étéarque, roi du pays. Insensiblement la conversation tomba sur les sources du Nil, et l'on prétendit qu'elles étaient inconnues. Étéarque leur raconta qu'un jour des Nasamons arrivèrent à sa cour. Les Nasamons sont un peuple de Lybie qui habite la Syrte, et un

[1] *Le Tour du monde*. 1880.
[2] Hérodote, II, 32-33.
[3] Édouard Charton.

pays de peu d'étendue à l'orient de la Syrie. Leur ayant demandé s'ils avaient quelque chose de nouveau à lui apprendre sur les déserts de Lybie, ils lui répondirent que, parmi les familles les plus puissantes du pays, des jeunes gens parvenus à l'âge viril et pleins d'emportement imaginèrent, entre autres extravagances, de tirer au sort cinq d'entre eux pour reconnaître les déserts de la Lybie et tâcher d'y pénétrer plus avant qu'on ne l'avait fait jusqu'alors. Ces jeunes gens, envoyés par leurs compagnons avec de bonnes provisions d'eau et de vivres, parcoururent d'abord des pays habités ; ensuite, ils arrivèrent dans un pays rempli de bêtes féroces ; de là, continuant leur route à l'ouest à travers les déserts, ils aperçurent, après avoir marché dans un pays très sablonneux, une plaine où il y avait des arbres. S'en étant approchés, ils mangèrent des fruits que ces arbres portaient. Tandis qu'ils en mangeaient, de *petits hommes,* d'une taille au-dessous de la moyenne, fondirent sur eux et les emmenèrent par force. Les Nasamons n'entendaient point leur langue, et ces *petits hommes* ne comprenaient rien à celle des Nasamons. On les mena par des lieux marécageux. Après les avoir traversés, ils arrivèrent à une ville dont tous les habitants étaient noirs et de la même taille que ceux qui les y avaient conduits [1]. Une grande rivière, dans laquelle il y avait des crocodiles, coulait le long de cette ville, de l'ouest à l'est.

« Je me suis contenté de rapporter jusqu'à présent le discours d'Étéarque. Ce prince ajoutait cependant, comme m'en assurèrent les Cyrénéens, que les Nasamons étaient

---

[1] *Gustantibus vero (fructus arborum), supervenisse homines parvos, minores modica statura, qui eos prehensos abduxissent : sermonem vero eorum non intellexisse Nasamonas, nec illos sermonem eorum. Ab his igitur abductos esse per maximas paludes, eosque prætergressos pervenisse in oppidum in quo cunctos fuisse his, qui illos abduxerant, statura æquales, nigros autem colore.* Hérodote, II, 32.

retournés dans leur patrie et que les hommes chez qui ils
avaient été étaient tous des enchanteurs. Quant au fleuve
qui passait le long de cette ville, Étéarque conjecturait
que c'était le Nil, et la raison le veut ainsi ; car le Nil
vient de la Lybie qu'il coupe par le milieu. »

Aristote, le grand savant du monde ancien, dit à son
tour : « Des champs de la Scythie, elles émigrent dans les
marais de la Haute-Égypte, d'où sort le Nil. C'est là aussi
qu'habitent les Pygmées. Car ce n'est pas une fable, mais
une vérité, qu'il existe, comme on dit, une petite race
d'hommes et de chevaux. Quant à leur genre de vie, ils
demeurent dans les cavernes[1]. »

Au Iᵉʳ siècle avant Jésus-Christ, Strabon devient scep-
tique. Pline fait des Pygmées tantôt les compagnons
et tantôt les ennemis des grues, contre lesquelles ils pro-
tègent les semailles, au nord et au midi, n'importe où.
Pomponius Méla croit qu'ils ont disparu, et peu à peu la
notion des Pygmées s'en va ou se transforme en légendes
plus ou moins poétiques et plus ou moins ridicules.

Nous arrivons à l'ère chrétienne. « Est-il croyable, se
demande saint Augustin, que des fils de Noé ou plutôt du
premier homme dont ils sont eux-mêmes issus, descendent
certaines races monstrueuses dont l'histoire profane fait
mention ? Ainsi, il y aurait des hommes qui, dit-on, n'ont
qu'un œil au milieu du front, d'autres encore dont la taille
est d'une coudée et que les Grecs appellent Pygmées...
Il n'est pas nécessaire de croire à toutes les espèces
d'hommes qu'on dit exister ; mais quelque part et de
quelque figure que naisse un homme, aucun fidèle ne
doutera que cet homme ne tire son origine de l'homme
modèle, unique et primitif[2]. »

[1] Aristote, *Histoire des animaux*, VIII, 12.
[2] Saint Augustin, *De civitate Dei*, lib. XVI, 8.

La question, on le voit, n'est ici envisagée qu'au point de vue dogmatique.

Plus tard, au VIᵉ siècle, un voyageur byzantin, du nom de Nonnosus, envoyé par Justinien en ambassade chez les Éthiopiens, vit une tribu de Pygmées dans une île voisine de la côte orientale d'Afrique.

La description qu'il en donne peut s'appliquer, entière, à ceux que les voyageurs modernes ont retrouvée. « Ils avaient, dit-il, la forme et la figure humaine, mais ils

Les Pygmées (fresque du temple de Bacchus à Pompéi).
Champfleury : *Histoire de la Caricature antique.*

étaient de très petite taille, avaient la peau noire et le corps velu. Derrière les hommes venaient des femmes pareilles, puis des enfants encore plus petits. Tous sont nus; seulement les plus vieux, hommes et femmes, ont les reins couverts d'un morceau de peau, sans avoir, par ailleurs, l'air sauvage ou farouche. Ils ont une voix humaine, mais leur langue est absolument inconnue aux autres, même aux indigènes, et à plus forte raison à Non-nosus et à ses compagnons. Ils vivent de coquillages marins et de poissons rejetés sur le rivage. Très timides, ils tremblaient de peur à la vue de nos hommes, comme nous le ferions nous-mêmes devant une grande bête féroce [1]. »

[1] Photius, *Biblioth.* (Migne, *Patrol. grecque*).

Après ce témoignage d'une précision frappante, la tradition des Pygmées se perd avec beaucoup d'autres notions,
pendant que l'Europe se constitue dans sa forme actuelle.

Aussi, quand on reprit l'étude des auteurs anciens et
qu'on se trouva en présence de la race en question, dit
M. Monceaux dans son étude, on ne sut que penser de
ces nabots. Pendant que les uns, comme Albert le Grand,
suivi plus tard par Buffon, les identifiaient avec les singes
d'Afrique, d'autres, tels que Scaliger, Vossius et plus tard
les commentateurs dom Calmet et Corneille de La Pierre,
les rangeaient parmi les fables.

Le *Dictionnaire historique* de Feller résume ainsi la
question :

« *Pygmées*, peuple de Lybie célèbre dans la fable,
n'avaient qu'une coudée de hauteur. Leur vie était de huit
ans ; les femmes engendraient à cinq et cachaient leurs
enfants dans des trous, de peur que les grues, avec lesquelles cette nation était toujours en guerre, ne vinssent
les enlever. Ils osèrent attaquer Hercule, qui avait tué leur
roi appelé Antée. Un jour, l'ayant trouvé endormi dans
un grand chemin, ils sortirent des sables de Lybie et le
couvrirent comme une fourmilière. Ce héros, s'étant éveillé,
les enferma dans sa peau de lion et les porta à Eurysthée.
Quelques savants ont cru faussement qu'il y avait eu une
nation de Pygmées ou d'hommes très petits ; mais ces
prétendus hommes étaient des singes qui se battaient avec
les grues pour conserver leurs petits qu'elles voulaient
leur enlever. Cette observation de Pluche est adoptée par
Buffon. Les poètes plaçaient les Pygmées dans la Thrace,
où les hommes sont très bien faits. Pline les met tantôt
dans la Thrace, tantôt dans l'Éthiopie, près du lac d'où
sort le Nil. Aristote et Pomponius Méla leur assignent
aussi cette dernière région ; Aulu-Gelle les porte sur les

frontières des Indes. Tant d'incertitude et de contradictions suffisent pour nous convaincre que ce menu peuple est imaginaire. Aujourd'hui qu'on a parcouru la terre, on n'a trouvé de Pygmées nulle part. Les Lapons et les Samoyèdes, déjà bien supérieurs aux prétendus Pygmées, lorsqu'ils sont transplantés dans des climats méridionaux, atteignent la taille ordinaire de l'homme. »

Veut-on, après cela, avoir l'opinion décisive de la science, exprimée par le plus grand géographe de la pre-

Pygmée tué par les grues. — Sur le contour d'un plat antique
(*Monumenti dell' Instituti di Roma*, IV, pl. 58).

mière moitié du siècle dernier? Après avoir cité Strabon, d'après lequel « parmi les Éthiopiens habitaient les Pygmées, également répandus tout autour du bord méridional de la terre », Malte-Brun écrit : « Voici donc les cyclopes de la fable arrivés depuis la Sicile jusqu'en Nigritie! C'est ainsi que de toutes parts les êtres fabuleux furent transportés des pays connus dans le lointain encore obscur. C'est ainsi que les Pygmées d'Homère devinrent un peuple de l'intérieur de l'Afrique. Les érudits qui recherchent sérieusement la demeure de ce peuple et qui croient en avoir trouvé la trace n'ont point saisi l'ensemble et la marche des découvertes, des erreurs et des systèmes historico-géographiques de l'antiquité [1]. »

[1] Malte-Brun, *Géographie*, t. I, p. 30.

II. — Avant d'avoir écrit, l'homme a dessiné, et c'est
ce qu'on remarque encore dans toutes les populations primitives : le dessin est partout la première des écritures.
Aussi, ce n'est pas seulement dans les ouvrages laissés
par les anciens qu'on retrouve la trace des Pygmées. Isolés
ou en groupe, ils se montrent sur une quantité considérable de monuments antiques, et tous les musées d'Europe possèdent des spécimens de figurines en terre cuite
ou en bronze, de peintures et de bas-reliefs, de poteries,
céramiques, vases à boire ou rhytons, lampes à reliefs,
pierres gravées, mosaïques. Or, parmi les sculptures, dit
ici M. Paul Monceaux[1], on doit citer surtout un marbre
de la villa Borghèse, la frise qui se déroule sur le soubas-
sement de la statue du Nil au Vatican, et les beaux bas-
reliefs de la collection Campana qui ont servi à la décora-
tion des maisons. Plus encore, les fresques antiques présentent de nombreux motifs empruntés à l'histoire des
Pygmées : dans les tombeaux de Crimée, sur les murs
des chambres d'Herculanum et de Pompéi, surtout dans
la maison dite des chapiteaux figurés, courent de longues
frises, paysages, caricatures, fantaisies, combats, scènes
de la vie, où jouent et se querellent les nains légendaires.
Mais ces nabots n'ont été nulle part si bien accueillis que
dans les ateliers des potiers. Vous rencontrerez des
Pygmées sur les céramiques de tous les temps, vases
grecs à figures noires et à figures rouges, poteries de
Cyrénaïque, de Campanie et d'Étrurie. Presque toujours,
les nains sont représentés dans leurs luttes avec les grues.

Or, « malgré l'infinie variété de ces représentations, on
peut distinguer assez facilement les caractères généraux
du type. Pour les artistes, comme pour tout le monde en

---

[1] *La Légende des Pygmées*, p. 55.

Grèce, les Pygmées sont des nains monstrueux qui existent réellement, mais très loin. » Par ailleurs, petite taille,

Pygmée sur le Nil (d'après une fresque antique).
Champfleury : *Histoire de la Caricature antique.*

grosse tête, jambes torses, ventre proéminent, nez écrasé, longue barbe parfois, couleur noire ou rouge, voilà les caractères principaux du Pygmée, et, à part l'exagération

2

qui pousse l'artiste à la caricature, ils sont à peu près justes. Juste aussi est le paysage dont on les entoure : c'est le Nil, vers ses sources, dont au reste la fertile imagination des anciens en fit plus tard les détenteurs et les dieux, le Nil supérieur avec ses marais encombrés de lotus et de grandes herbes, ses crocodiles, ses hippopotames, ses grands oiseaux aquatiques, ses canards, ses grues. Justes enfin sont les scènes où les nains figurent, puisqu'elles restent les mêmes pour les Pygmées actuels : scènes de chasse avec les animaux, scènes de guerre où ils sont souvent employés comme alliés redoutables, scènes de danse où ils excellent.

Cependant il faudrait se garder de confondre sur ces représentations antiques les Pygmées avec les nains ; car si tout Pygmée est un nain, tout nain n'est pas un Pygmée.

Voici, par exemple, le petit Knoumhoppou ou, comme d'autres lisent, Nem-Hotep, — car les savants ne sont pas toujours d'accord dans leurs lectures. Sa statue a été trouvée dans une des belles tombes de Sakkarah : il était employé à la cour des Pharaons en qualité de cuisinier, dit Mariette ; de chef des parfums, dit Maspéro ; de maître de garde-robe, dit Georges Perrot, ou simplement de danseur et de bouffon [1]. Or il suffit de regarder ce petit être difforme pour être fixé tout de suite sur sa nature : ce n'est pas un Pygmée. En effet, outre qu'il n'a rien du type nègre, la forme massive de son corps, ses gros bras, ses doigts rudimentaires, ses jambes écourtées, ne laissent aucun doute ; c'est un nain de race égyptienne, arrêté dans sa croissance, drôle et difforme, peut-être intelligent, et à cause de cela très populaire à la cour. Mais cette figure

---

[1] Maspéro, *Monuments de l'art antique*, de Rayet, t. I.

doit être fidèle : on y voit au pied jusqu'au repli caractéristique de l'éléphantiasis. Nem-Hotep en était atteint [1].

Au reste, il faut convenir que les représentations figurant réellement des Pygmées manquent en général de
fidélité. Chaque artiste représente ces petits hommes
comme il se les figure et comme les imagine la légende
courante. De fait, de tous les témoins cités, Nonnosus,
l'ambassadeur de Justinien en Éthiopie, est le seul qui les
ait observés directement ; quant aux dessinateurs, peintres
et sculpteurs, pas un n'en paraît avoir vu « de ses yeux ».

Mais il n'est pas moins vrai que, refoulés en Afrique dès
l'antiquité la plus reculée, les Pygmées sont restés vivants
dans la mémoire des peuples anciens. Et c'est ainsi que de
Rome et de Pompéi, comme de Grèce et de Phénicie, les
textes et les monuments nous reportent vers l'Égypte, et
de l'Égypte jusqu'aux sources du Nil. Là, on sait que toujours les Pharaons dirigèrent des expéditions lointaines
contre les tribus noires qui les avaient précédés sur ces
terres. Rentrés chez eux, les vainqueurs aimaient à figurer
sur leurs impérissables monuments des représentants de
toutes les tribus domptées. Aussi retrouve-t-on, à côté
des Éthiopiens et des Lybiens, les petits hommes noirs
dont le type s'imposa si fort à l'imagination des artistes.

D'un autre côté, remarque Champfleury dans son
Histoire de la Caricature antique, les analogies des traditions populaires du monde ancien concordent là-dessus
avec celles du monde moderne. « Les peuples agriculteurs
ou mineurs, les hommes qui attaquent la terre en dessus
et en dessous, ont tous des croyances analogues. Les
Kobold de l'Allemagne, les nains des frères Grimm, les
Berggeist, les *Bergmannhin* ou *petits hommes des mon-*

---

[1] Voir la figure p. 68.

tagnes de Silésie, les Sothays du pays wallon sont les propres parents des Pygmées antiques. Peu de légendes germaniques où les Kobold ne jouent un rôle, peu de maisons de Pompéi et d'Herculanum où ne soient retracés les exploits des Pygmées. »

A cette époque, comme de nos jours, ces petits hommes passaient pour détenir les secrets des choses, et l'on pensait qu'ils ne pouvaient avoir qu'un dieu pour inspirateur. Aussi voyons-nous les Éthiopiens adorer le petit Bès, ventru, difforme et noir; les Égyptiens ont Ptah; les Phéniciens se font des Patêques et des Poumaï; et les Cypriotes nous montrent le dieu noir Pygmaïon...

Mais revenons aux petits bouffons égyptiens. A côté de ceux qui figuraient dès ce temps-là à la suite des princes et qu'on voit sur les peintures de Beni-Hassan, Mariette, dit encore M. Monceaux, a découvert à la fois le portrait et l'acte de naissance d'un Pygmée authentique, sur ce très vieux monument. Au milieu de prisonniers représentant les nations vaincues paraît un petit nègre, et tout à côté on lit le mot *Akka*. Or, c'est précisément le nom que porte encore aujourd'hui l'un des plus importants groupes des tribus de nains de l'Afrique orientale.

Plus modeste et plus juste à mesure qu'il se trouve mieux informé, le xixe siècle donne aujourd'hui raison, sur ce sujet comme sur bien d'autres, aux chroniqueurs et aux artistes anciens. En réalité, le seul voyageur qui, nous l'avons dit, parle des Pygmées après les avoir vus, Nonnosus, les décrit avec une parfaite exactitude. Quant aux autres, ne nous étonnons pas des exagérations successives que le type primitif a dû subir, en passant par la fantaisie des poètes et l'imagination des peuples. La première fois que j'entendis moi-même parler des Pygmées à Zanzibar, en 1882, par des traitants indigènes de la côte, je n'aurais cu qu'à transcrire ces histoires pour rétablir à peu près un passage d'Hérodote ou d'Appien. « Loin dans l'intérieur, me disait-on, il y a des hommes très drôles : ils sont courts, pas plus hauts qué ton genou, avec de petites jambes, de gros corps, du poil partout, une tête carrée et si lourde que, lorsqu'ils se couchent, ils ne peuvent se réveiller ni se lever tout seuls. Aussi, près d'eux, il y a toujours quelqu'un d'une tribu voisine pour les secouer de leur sommeil. Ils vivent de chasse, et personne ne peut lutter avec eux pour la guerre. On en voit qui sont blancs comme un blanc. »

Plus tard, à Mombassa, j'entendis aussi parler de ces fameux « hommes à queue » que Guillaume Lejean[1] avait déjà retrouvés dans la personne des Nyam-Nyam : hommes à queues, en effet, mais à queues postiches, dont ils aiment à se parer comme d'un ornement. C'est la « tournure » africaine, une mode à laquelle peut-être l'Europe viendra quelque jour elle-même, après avoir essayé tout le reste...

Enfin, des voyageurs somalis, qui prétendaient connaître les pays situés au sud et à l'est de l'Éthiopie, m'ont affirmé avec le plus grand sérieux qu'il y avait là une tribu plus curieuse encore : les femmes y ont l'aspect ordinaire, mais les hommes y sont des chiens, de vrais chiens, qui vont à quatre pattes et qui parlent. Or, grand a été mon étonnement quand j'ai retrouvé la même tradition dans un auteur du xvie siècle, Ludolf[2], qui, lui aussi, mentionne dans la même région une tribu d'hommes-chiens !

Ce sont ces légendes qu'avait déjà recueillies dans la même région, mais bien auparavant, le R. P. Léon des

---

[1] G. Lejean, *Tour du monde*, 1860.
[2] Ludolf, *Historia Ethiopiæ*.

Avanchers, missionnaire capucin. Le premier, dans une
lettre à M. Antoine d'Abbadie, il signala les « Wa-Berri-
kimos ou Cincallés », qu'il vit plus tard dans le royaume
de Géra, êtres difformes, trapus, à grosse tête, ayant tout
au plus quatre pieds de haut[1].

C'était en 1866 : les Pygmées de Nonnosus, d'Hérodote
et d'Homère étaient retrouvés !

Peu de temps après, dans un voyage qui dura de
juillet 1868 à novembre 1871, le Dr Schweinfurth remonta
le Nil, passa dans le bassin du Wellé, affluent du Congo,
et découvrit chez la puissante tribu des Mombutu la race
naine des *Akka* : c'était le nom que Mariette avait lu sur
le monument égyptien de Beni-Hassan, remontant aux
anciens Pharaons[2].

Mais ce n'était pas seulement dans la région du Haut-
Nil qu'on signalait les descendants des Pygmées antiques.
Du Chaillu, Marche, d'autres encore rencontraient des
représentants de ce peuple singulier dans la région du
Gabon ; on les comparait aux « Boschjesmannen », trouvés
chez les Hottentots par les colons hollandais ; et enfin
Stanley, qui les avait déjà signalés après sa superbe traversée du « continent noir », les voyait plus tard de ses
yeux dans la grande forêt équatoriale qui s'étend entre le
Congo et le lac Albert. Au premier spécimen qui lui est
amené, — un jeune homme mesurant un mètre vingt-deux
de hauteur, — ses impressions le reportent vers l'histoire
ancienne, et c'est par la page qu'il lui consacre que nous
terminerons cette courte revue de l'histoire des Pygmées.

« C'était le premier nain adulte que j'eusse encore vu,
écrit-il. En lui passant la main sur le corps, revêtu de poils
longs de douze millimètres et plus, il nous semblait toucher

[1] A. de Quatrefages, *les Pygmées*, p. 251.
[2] Schweinfurth, *Au cœur de l'Afrique*, p. 110.

de la fourrure [1]. Il était coiffé d'une sorte de bonnet de prêtre, peut-être volé, peut-être reçu en cadeau, et décoré d'une touffe en plumes de perroquet. Une large bande d'écorce couvrait sa nudité. L'extrême malpropreté de ses mains, très délicates, attira notre attention. Il venait évidemment de décortiquer des bananes.

« Pas un journaliste de Londres n'aurait deviné les sentiments avec lesquels je contemplais l'hôte minuscule de la vaste forêt centrale du continent noir. Ce Pygmée de vingt ans, je le voyais plus vieux que le Memnonéum de Thèbes. Ce corps si petit faisait passer devant mes yeux un des plus anciens types de l'homme primitif : ce nain à peau cuivrée descend en droite ligne des bannis des âges antiques, des Ismaels chassés de la demeure du maître, évitant les lieux habités par les travailleurs, privés de la joie et des délices du foyer, éternellement exilés, par suite de leurs vices, pour vivre de la vie des bêtes humaines dans les marais et les fourrés sauvages. Ses ancêtres, Hérodote nous l'a conté, ont capturé les cinq jeunes voyageurs nasamons et s'en sont divertis dans leurs villages des rives du Niger. Il y a quantité de siècles, on les connaissait déjà; les Grecs ont chanté leur fameuse guerre avec les cigognes, et, depuis Hékatée, cinq cents ans avant Jésus-Christ, les cartes géographiques les ont toujours placés dans la région des monts de la Lune. Quand Messou conduisait les enfants de Jacob hors du pays de Gessen, les Pygmées étaient les maîtres incontestés de la plus sombre partie du sombre continent. Ils l'habitent encore, tandis que les dynasties sans nombre de l'Égypte et de l'Assyrie, la Perse, la

---

[1] Peut-être n'est-il pas inutile de rappeler ici que H.-M. Stanley, voyageur étonnamment hardi et heureux, a commencé par être journaliste américain. Ce qu'il rapporte est généralement vrai, mais chacun a sa manière d'habiller la Vérité. Par pudeur, sans doute, Stanley évite parfois de la représenter toute nue.

Grèce, Rome ont fleuri pendant des périodes relativement courtes, pour retomber ensuite dans la poussière. Et durant cette longue suite de siècles, ce peuple de petits a erré çà et là. Rejetés des rives du Niger, poussés par les vagues successives de migrateurs à plus grande taille, ils ont dressé leurs huttes de feuillage dans les lieux les plus secrets de la forêt. Leurs frères sont les Bushmen, les « broussards » de l'Afrique méridionale, les Watwa du bassin du Tulungu, les Akka des Mombuttu, les Bolia des Mabodé, les Wambuti de l'Ihourou, et les Batwa qui vivent à l'ombre des monts de la Lune [1]. »

[1] H.-M. Stanley, *Dans les ténèbres de l'Afrique*. Trad. franç., t. II, p. 38.

II

La première étude qui se présente au sujet des Pygmées
africains est celle des noms qui leur ont été donnés.
Depuis, en effet, que l'attention a été appelée sur cette
race intéressante, tant d'écrivains les ont signalés sous
des appellations si diverses, et ces appellations prêtent
tellement à la confusion, qu'il est nécessaire de les passer
rapidement en revue.

Ainsi, on donne les *Watwa* (pron. *Ouatoua*) comme
une des branches les plus intéressantes à étudier à l'est
et au centre du continent. Stanley les signale dans la grande
courbe du Congo sous le nom de *Vouatouas,* « appelés
aussi *Vouakouangas, Vaouakoumas* et *Vouakoumous.* »
Plus tard, le Dr Wolff rencontre une population semblable
qu'il appelle *Batouas;* et M. de Quatrefages, perplexe,
croit cependant pouvoir écrire qu'elle « se rattache bien
probablement » à la première[1]. Ce scrupule du savant est

---

[1] A. de Quatrefages, *les Pygmées*, p. 249.

curieux : en fait, les « Batouas » se rattachent aux
« Vatouas » comme les *Français* se rattachent aux *French-
men*... C'est, comme nous le verrons tout à l'heure, le
même mot en deux langues différentes.

Mais commençons par les Grecs.

Les Grecs appelaient les petits hommes en question
Πυγμαῖοι, du mot Πυγμή qui signifie à la fois coudée et
pugilat : d'où les Latins ont naturellement fait *Pygmæi*.
Si, comme il semble[1], on a voulu dire par là que les nains
en question n'avaient qu'une coudée de hauteur, ce mot
ne vaut évidemment que comme figure.

Quoi qu'il en soit, remarquons en passant que *Pygmaios*
ou *Pygmaion* devient *Pumaion* à Cypre, puis *Pumai* et
Paam, « dieu d'un pied de haut, » chez les Phéniciens[2].

Du latin, le mot est à son tour passé au français, et
c'est lui que M. de Quatrefages a mis en tête de sa remarquable étude, embrassant d'un côté les petites populations
nègres de l'Asie, de la Malaisie et de la Mélanésie auxquelles il donne le nom de *Négritos*, et celle du continent africain pour lesquelles son savant collaborateur
et successeur, M. le Dr Hamy, a proposé la dénomination
très heureuse de *Négrilles*[3]. Ce seront là sans doute,
désormais, les mots officiels de la science anthropolo-
gique.

Revenons maintenant aux voyageurs. Il ne faut point
en dire du mal : sans eux que connaîtrait-on de l'Afrique
et qu'y aurait-on fait? Cependant, quand on parcourt
leurs livres et leurs cartes, il est impossible, pour peu
qu'on soit initié au facile mystère des langues indigènes,

---

[1] *Alia parvitate totius corporis, ut* NANI *vel quos Græci Pygmæos vocant.* Isidore
de Séville, *Origo.*

[2] P. Monceaux, ouvr. cité, p. 42.

[3] A. de Quatrefages, *les Pygmées*, p. 29.

de ne pas être frappé de l'énorme quantité d'erreurs commises dans la transcription des noms. Passe encore, au reste, quand ils ne font que citer à tout hasard; mais lorsque, se faisant à peu près comprendre de leurs hommes et se figurant trop aisément que ce petit baragouin est toute la langue, ils veulent se livrer à des études de philologie comparée, les résultats obtenus deviennent risibles. Le malheur est qu'ils font foi, et les vrais savants y sont pris à leur tour. En ce qui concerne en particulier les cartes géographiques du pays africain, sur les milliers de mots qu'on y a fait figurer ces dernières années, peut-être n'y en a-t-il pas cinquante qui soient parfaitement justes... Les plus connus sont faux : *Tabora,* par exemple, devrait être *Tobora;* le *Tanganika,* le *Tanganyika;* le *M'woutan N'zigé,* le *Mvuta-Nzigé* (c'est-à-dire qui « emporte et roule des sauterelles ») : car tous ces noms ont leur signification. Ajoutons d'ailleurs que ces méprises s'expliquent aisément. Pour bien transcrire des noms indigènes, il faut nécessairement connaître la langue.

Mais les Négrilles habitant surtout la partie de l'Afrique occupée par les Noirs dits *Bantu*[1] et recevant d'eux souvent leur nom ou leur surnom, il n'est pas sans intérêt de dire un mot de la langue de ces derniers.

Cette langue varie de tribu à tribu; mais de Zanzibar au Gabon et du Victoria-Nyanza aux bords du Ngami, elle a un fond commun dans son vocabulaire et sa grammaire. C'est une langue agglutinative et à préfixes variables. Ainsi, pour ne parler que de ce qui nous intéresse ici, les noms de tribus sont formés d'un radical désignant d'ordinaire tel ou tel animal plus ou moins sacré, tel fleuve, tel pays, tel souvenir historique, telle

---

[1] Prononcez *Ba-ntou.*

particularité. Prenons, par exemple, à Zanzibar, le mot *mrima*, côte maritime; si l'on veut désigner « les gens de cette côte », au radical on ajoutera le préfixe propre aux personnes (*mu-* au singulier, *wa-* au pluriel), et l'on aura *mu-mrima*, une personne de la Côte; *wa-mrima*, les gens de la Côte. Ailleurs on a les « Hommes-Poisson », les « Hommes-Lion », etc.

Mais ce préfixe *mu-* et *wa-*, qui, à Zanzibar, désigne les êtres animés et raisonnables, devient, dans d'autres langues, *mu-* et *ba-*, *u-* et *a-*, *o-* et *a-*, *mo-* et *ba-*, etc.

Or, en prenant le radical *-twa* qui désigne un rameau considérable de Négrilles de l'Est, on aura, dans les diverses idiomes bantous, au singulier, *M-twa*, *Mu-twa*, peut-être *O-twa;* et au pluriel *Wa-twa*, *Ba-twa*, peut-être *A-twa*, c'est-à-dire un *Twa*, des *Twas*.

Il en sera de même pour le radical *-kóa* ou plutôt *-kó-*, qui distingue le rameau de l'Ouest : *O-kóa* et *Mo-kóa*, au singulier; *A-kóa* et *Ba-kóa*, au pluriel.

Nous sommes maintenant en mesure de redresser les erreurs commises : passons en revue les principales.

Le P. Léon des Avanchers nous parle le premier des *Wa-berikimos* retrouvés vers la côte orientale, et l'on signale aussi à Madagascar une tribu de *Kimos*. A vrai dire, ce n'est pas là un nom de Négrilles; c'est un surnom ironiquement donné par les Swahilis du Zanguebar à tous les Négrilles. *Wa-mbili-kimo* signifie littéralement : *Gens (à) double taille.* C'est ainsi que les mêmes surnomment volontiers *Ki-tumbo*, « Petite bedaine, » l'Européen dont le vaste abdomen les a frappés, et *Ki-dyonga*, « Petit buveur, » celui que de temps à autre, après dîner, ils voient s'effondrer sous la table...

Quant à l'autre dénomination de *Cincallés* donnée par le même auteur et qui signifierait « quelle mer-

veille ! » [1], ce serait « merveille » si elle était juste. Jamais
on n'a désigné un nom de peuple par une exclamation. Mais
n'aurait-on pas voulu parler des *Sân-galla,* c'est-à-dire
des *Sân* métissés de Galla? On aurait alors un nom qu'on
retrouve dans toute l'Afrique et qui se rapporte précisément à la race qui nous occupe, les *Sanyé* du fleuve Tana,
les *Bé-tsân* du Shari, les *Sân* du Sud africain. Ce sont les
mêmes qui sont appelés *Wa-dahalo* par les Somalis, *Wa-
boni* par les gens du Pokomo, et *Wa-sanyé* par d'autres.

Inutile aussi de s'arrêter maintenant aux *Vouatouas,*
Batouas et *Wotwa,* signalés par Stanley, Wolff et M. von
Hellmuth Panckow, lequel nous parle aussi des « *Atschua*
et des *Wotschua* » [2].

On sait également à quoi s'en tenir sur les *Okoas,*
Akoa, Akkoa, etc. Toutes ces orthographes sont fautives.

Mais que peut bien être « le *Baponkos* », trouvé dans
le Loango par une mission scientifique allemande dont le
Dr Falkenstein était le chef [1]? Ce mot nous fournit un
curieux spécimen des erreurs que peuvent se permettre
en ce genre les savants d'au delà des Vosges. Distinguant
difficilement le K du G, et pas du tout le singulier du
pluriel, la « mission scientifique » a fait *Baponkos* de *Ba-
bongo,* pluriel du mot qui désigne, en effet, un groupe
de Négrilles du bassin de l'Ogôüé et qui pourrait bien
signifier « Gens à grosse tête », *bongo* voulant dire *tête,*
crâne, en plusieurs langues de l'intérieur.

Parmi toutes ces appellations servant à désigner une
même race, il en est plus d'une qui n'est ou n'était primitivement qu'un surnom. C'est là, du reste, un fait connu
et indiqué depuis longtemps par Max Müller, pour les
peuples, les individus et les choses. Signalons d'abord

---

[1] A. de Quatrefages, *les Pygmées,* p. 251.
[2] R. P. Van den Gheyn, *les Pygmées,* p. 18.

comme telles les dénominations suivantes : *Wa-mbili-kimo* (Hommes à double taille); *Ba-bongo* (les grosses têtes, de *bongo*, ou encore du verbe *bonga*, mendier); *A-kula* (hommes à la noix de *nkula*); *Wa-mbuti* (les chasseurs), etc.

Mais le plus répandu de ces surnoms parmi les peuples bantous est le mot -*Twa*, qui, avec le préfixe particulier à chaque langue, devient *M-twa* (pl. *Wa-twa*), *Mo-twa* (pl. *Ba-twa*), etc. Quelle en est la signification?

Au Zanguebar et au Tanganyika, comme au Gabon et sur les bords du Cunène, le verbe *Ta* signifie « chasser, poursuivre le gibier » et aussi « piquer, percer », etc. : c'est de là que vient le mot swahili *U-ta*, « flèche, » qui ailleurs signifie « arme ». Le passif est *Twa*, et si l'on préfixe à ce mot la particule personnelle, on aura, suivant les dialectes, *M-twa*, *Mu-twa*, *Omu-twa*, et au pluriel *Wa-twa*, *Ba-twa*, *Ava-twa*, c'est-à-dire « les chassés, les poursuivis, les vagabonds », ceux que les populations voisines, plus fortes, les circonstances ou leur destinée, chassent de partout comme le gibier des bois...

Cette interprétation sera du reste précisée plus tard (ch. v., *Caractères intellectuels*, II).

Reste, pour désigner les Négrilles africains, une appellation générale constituée par le radical ĸo. Ne serait-ce pas là le nom véritable de nos « Hommes »? — Précisément, ce mot s'est retrouvé parmi les inscriptions égyptiennes, hiéroglyphiquement caractérisé par un homme noir assis et enchaîné, et signifiant les *Nègres*. Il faut citer ici M. P. Chabas : « De même que tous les mots nommant des vices, des infirmités ou des douleurs, dit-il, *Kô* est un qualificatif de mépris souvent accolé au nom des impies et des coureurs... Des inscriptions historiques citent les *Kô*, les *misérables*, les *méprisables*, les *infirmes* du pays des Nègres, ce qui signifie tout simplement les *Nègres*[1], » ou les derniers parmi les nègres.

Du nord de l'Afrique au sud, les Hottentots, probablement métissés de Bushmen, s'appellent eux-mêmes *Khoï* ou *Khoï-khoï*, c'est-à-dire « les Hommes »[1]. Chez les Bushmen, ce mot devient *Khuaï*, qu'ils s'appliquent à eux-mêmes. Or, en ne tenant compte que du radical et en faisant la part de la tendance qu'ont les uns et les autres à introduire partout des sons gutturaux, *Khoï* devient naturellement *Ko* ou *Ku*, qui se retrouve dans les appellations des Négrilles de l'Afrique occidentale : *A-ko-wa, Ba-kü-ya, Ba-kweya, Be-kü*. A remarquer que, là, *Kuya* et *Kweya* désignent l'*homme des bois*, le chimpanzé, et que le chimpanzé est l'animal sacré de nos Négrilles.

De plus, nous avons entendu Schweinfurth nommer les Pygmées du nord du nom d'*Akka* ou plutôt *Aka (A-ka*, en mettant à part le préfixe), car bien rarement, dans ces langues, la même consonne se redouble. Mais voici Stanley qui nous avertit que ses nains *Wa-mbuti* s'appellent aussi *Ba-kwa*, et il ajoute que Schweinfurth, en dénommant ses négrilles *A-ka*, n'a peut-être pas remarqué une sorte de l'*w* intercalé et prononcé très légèrement[3]. Ce qui nous ramène à la forme *Ba-kwa* et *Ba-koa*.

Comme conclusion de toute cette dissertation philologique, laquelle, je dois le dire, ne saurait être présentée qu'avec une extrême réserve, il se trouverait donc que des rives du Nil à celles de l'Orange et de l'océan Indien à l'Atlantique, les Négrilles africains portent le même nom...

[1] P. Chabas, *Études sur l'antiquité historique d'après les sources égyptiennes* (*IV. Nations connues des anciens Égyptiens*, p. 263).

[2] Hahn, cité par M. de Quatrefages, *les Pygmées*, p. 277.

[3] Hartmann.

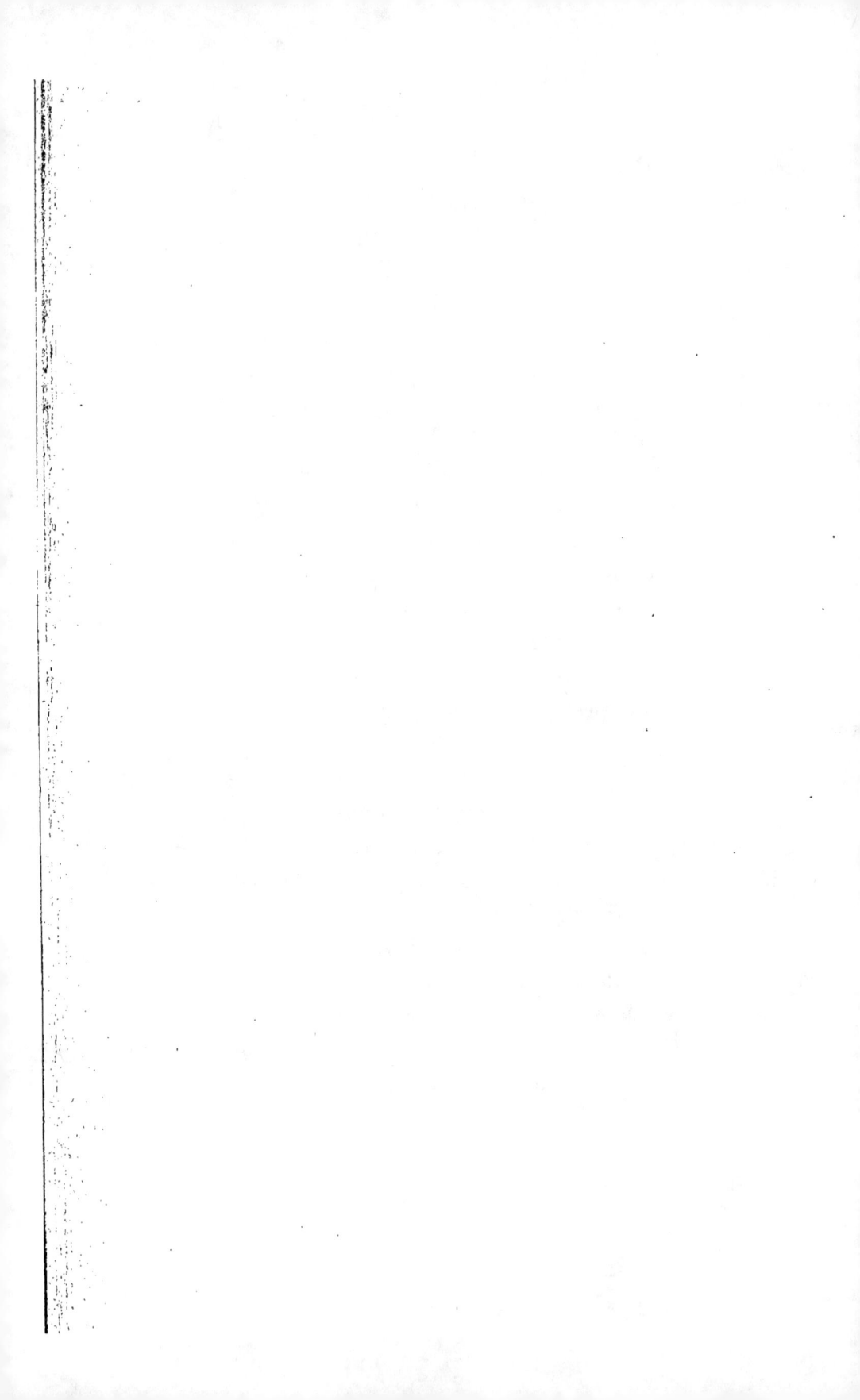

III

AIRE DE DISPERSION DES NÉGRILLES AFRICAINS

Dans un court passage que cite et discute M. de Quatrefages[1], Pomponius Méla place au delà du golfe Ara-
bique, mais loin « dans l'intérieur des terres, les Pygmées,
race d'hommes d'une très petite stature, qui s'éteignit
dans les guerres qu'elle eut à soutenir contre les grues
pour la conservation des fruits »[2].

Le savant professeur du Muséum pense que l'habitat
désigné « en face d'un petit enfoncement de la mer
Rouge », qui serait la baie de Moscha ou de Tadjoura,
répond assez bien à la région du Harrar. C'est aussi dans
cette direction, mais sur une île de la côte, — il y en a trois
cent soixante-cinq depuis Kisimayu jusqu'à Lamu, sans

---

[1] *Les Pygmées*, p. 16.
[2] *Fuere interius Pygmæi, minutum genus, et quod pro satis frugibus contra
grues dimicando deficit.* Pomponius Mela, *de Chorographia*, III, 18.

parler de celles du golfe d'Aden et de la mer Rouge, —
c'est par là que l'ambassadeur de Justinien, Nonnosus,
vit la petite race dont il nous a laissé une si juste description.

De nos jours, le P. Léon des Avanchers place ses
Wa-mbilikimo dans ce même pays, à l'intérieur, et c'est
là aussi que les renseignements recueillis autrefois par
M. A. d'Abbadie reportent les « Mallas ou Mazé-Malléas »,
hauts de 1m,50[1]. C'est là enfin que Krapf, Harriset, Hartmann ont signalé les « Dokos » du Choa et de Kaffa[2].
Et M. de Quatrefages ajoute : « Tout indique qu'il existe,
au sud du pays des Gallas, diverses tribus nègres de très
petite taille. »

Cette conclusion est en effet très juste. En 1887,
à Malindi, le Mélinde des anciennes cartes européennes,
je voyais moi-même, pour la première fois, un curieux
représentant de cette race intéressante. Des traitants
arabes l'avaient ramené des lointaines régions de l'intérieur, d'un pays qui me parut être situé vers le sud de
l'Ethiopie, et ils le gardaient à titre de curiosité, d'échan-
tillon, de souvenir... et d'esclave : c'était un « *M-mbili-
kimo* »; mais le mot ne se disait pas devant lui, pour ne
point le froisser. Il était court et gros, de couleur cuivrée,
peu flatté de se voir considérer comme pièce rare,
et répondant à mes questions indiscrètes qu'il avait tout
oublié sur son pays, ses pareils et sa propre personne.

A cette époque, je fis aussi une petite excursion aux
environs, dans le bassin et sur les bords de la rivière
Sabaki. J'y trouvai deux ou trois campements de *Bonis,*
plus grands que le Pygmée de Malindi, et je n'ai point
encore oublié l'insistance et le manque de vergogne avec

[1] A. de Quatrefages, *les Pygmées*, p. 18.
[2] R. Hartmann, *les Peuples de l'Afrique*, trad. franç., p. 58.

lesquels leur chef Gallo-Gallo exerçait « ses droits » de
mendicité. Plus tard, avec Mᵍʳ de Courmont, vicaire apostolique du Zanguebar, dont j'ai eu l'honneur d'être longtemps l'heureux compagnon de voyage et d'apostolat, je
remontai cette rivière peu connue, et nous arrivâmes,
à trois jours de marche à peine de la côte, en un centre
considérable de cette même tribu. Nous y fûmes bien
reçus. Seulement ces indigènes avaient déjà quitté la vie
nomade et commencé quelques cultures; ils s'en excu-
saient. Au reste, leur occupation principale restait toujours
la chasse. Après avoir poussé plus loin notre excursion,
nous ne trouvâmes plus qu'un infime village d'indigènes
du Nyika, et, en rentrant, nos provisions touchant à leur
fin, nous fûmes heureux de partager la liesse de nos hôtes
bonis. Avec leurs flèches empoisonnées, ils venaient de
tuer un énorme buffle; nous en eûmes pour nous et nos
hommes une part appréciée.

Une autre fois, je résolus de passer par terre de Malindi
à Mombassa, seul avec quelques indigènes, pour étudier
les populations de cette région. Dès le second jour de
notre départ, nous étions perdus dans la grande forêt de
Sokoké, après avoir pris pour notre route véritable un
chemin d'éléphants. Mais après douze heures de marche,
de lutte, de faim, de soif et d'angoisse, nous eûmes la
bonne fortune de nous trouver enfin dans un petit sentier
courant dans la forêt, bordé de pièges, et qui nous con-
duisit à un pittoresque campement de Bonis ; c'est là que
j'ai eu les meilleurs et les plus étonnants détails sur la vie
et les idées des Négrilles.

Mais continuons. En novembre 1889, j'entreprenais de
nouveau, avec Mᵍʳ de Courmont, un voyage d'exploration
apostolique qui finit par embrasser le cours inférieur du
Sabaki, Lamu et ses environs, le sud du pays somali, le

fleuve Ozi et le bassin du Tana ou Pokomo, qui descend
du groupe montagneux du Kénya, couronné sous l'Équateur de neiges éternelles [1]. Tout ce pays est parcouru par
les Bonis, que nous eûmes souvent l'occasion de rencontrer : *Wa-boni*, comme les désignent les indigènes du
Bas-Tana; *Wa-langulo,* selon les Wa-nyika; *Wa-dahalo,*
selon les Somalis; *Ma-nyolé,* dit-on sur le cours supérieur du Tana; enfin *Wa-sanyé* et *Wa-twa,* qui sont leur
nom primitif et que les Swahilis leur ont conservé.

Ces deux dernières appellations sont intéressantes en ce
qu'elles rattachent ces groupes errants au reste de la
famille dispersée sur tout le continent africain. Aussi on
peut croire avec quel intérêt, l'année suivante, je reçus
cette lettre d'un ami, le P. Guillemé, des Pères Blancs,
missionnaire au Tanganyika.

« Mpala, novembre 1891.

« ... J'ai lu avec un vif intérêt le passage d'un de vos
récits où vous parliez des Wa-boni, peuplades errantes
qui portent divers noms, en particulier celui de *Wa-twa.*
Vous en décrivez merveilleusement les habitudes, les
mœurs nomades, etc. Le but de ma lettre est de vous
dire que nous avons fait ici des observations du même
genre. Des peuplades errantes, nomades, etc., etc., —
relisez votre article; — tout ce que vous en dites s'y
applique, et, de plus, ils portent le nom de *Wa-twa.* Pas
de villages, pas de champs; ils vivent des produits de leur
chasse et de miel.

« Il y a de ces peuplades ou familles nomades depuis le
sud du lac Tanganyika jusqu'au nord, et même entre le

---

[1] La relation de ce voyage a paru en 1890 dans les *Missions catholiques.* Plus
tard, la maison Mame de Tours l'a édité en volume avec le titre . *Sur terre et sur
l'eau.*

Tanganyika et le Nyanza (ce dernier point n'a pas été
vérifié par moi). Je vous écris ceci dans l'intention de

vous aider dans vos recherches ethnologiques, car vous
seriez peut-être sur la piste d'études intéressantes... »

Quant à l'autre nom de *Wa-sanyé*, que gardent les
populations nomades du Tana, il est difficile de ne pas

remarquer sa ressemblance avec celui de *Sàn*, donné par
les Hottentots aux Bushmen des bords de l'Orange ; seulement, là, le préfixe a disparu et la finale est tombée[1].

Ces renseignements et beaucoup d'autres avaient excité
ma primitive ardeur. Me trouvant à Mombassa en 1892,
j'y vis rentrer un jour une expédition de traitants somalis
qui n'était pas ordinaire. Partis de Barawa cinq ans auparavant, ils s'étaient dirigés vers les confins méridionaux
du Harrar, avaient parcouru le Kaffa et passé au sud de
l'Éthiopie ; de là ils avaient visité les lacs Rodolphe et
Stéphanie, récemment découverts par le comte Téléki, et
ils étaient revenus à la côte en traversant le pays massaï
jusqu'à Mombassa. Ils me donnèrent beaucoup de détails
intéressants sur les pays visités, me dirent qu'il y avait là
un autre grand lac, d'où sortait un fleuve coulant au
nord, qu'on y voyait de petits hommes vivant de chasse
comme les Bonis, ajoutant que, ailleurs, de ce côté de
l'Éthiopie et dans le bassin du Djuba, il y avait des Gallas
portant la croix comme signe religieux, cultivant du blé
et du café, élevant des vaches et des chevaux. En peu
de jours nous devînmes grands amis, et il fut convenu
que, l'année suivante, ils me serviraient de guides et de
compagnons de route. Ensemble nous devions partir de
Barawa à dos de chameau, voyager la nuit et déguisés,
pour éviter d'être pillés et massacrés par leurs fanatiques
compatriotes, les musulmans du Somal. Nous atteignions
ainsi le Djuba, et, à huit ou dix jours de la côte, les premiers
Gallas, dont la rencontre était le but principal du voyage.

Hélas ! « l'année suivante » j'étais de retour en France,
et me voici aujourd'hui bien loin de Barawa, des cha-
meaux et des Gallas !

---

[1] D'après Bertin, le singulier est *Sa*, pl. *Saàn* ou *Sàn* (G. Bertin, *The Bushmen
and their language*).

Mais ce n'est pas sans un grand intérêt que j'ai lu depuis le compte rendu d'un heureux voyage accompli dans les mêmes régions par M. Donaldson Smith. Parti dans l'été de 1893 et rentré sur la fin de 1895, il a découvert « une grande rivière » se déversant dans le lac Stéphanie, et, entre autres tribus intéressantes, il en a vu une « où personne n'a plus de cinq pieds de haut ». Mes Somalis ne m'avaient point trompé.

De cet ensemble de données, il résulte qu'il y a eu et qu'il reste dans cette partie de l'Afrique orientale, en contact avec les Borana-Galla, les Somalis et quelques tribus *bantu* du Pokomo et du Nyika, des débris encore nombreux de la race intéressante des Négrilles.

En trouve-t-on plus au sud, vers Zanzibar, Kilwa, le Nyassa? Je n'en ai jamais, pendant le séjour de douze ans que j'ai fait sur cette côte, entendu parler. Mais, en 1848, Krapf, sur la foi de son guide, signalait des *Wa-mbilikimo* dans l'U-séri, à la base orientale du Kilima-Ndjaro. « Ils avaient trois pieds et demi à quatre pieds de haut, avec de longs cheveux tombant sur leurs épaules, et venaient du nord-est, échangeant du fer contre des verroteries. »

Quant au pays massaï, Élisée Reclus écrit ces lignes :

« En dehors des Bantou, les régions montueuses, forestières et alluviales propres à la culture auraient aussi d'autres habitants, descendant des races primitives : tels seraient les *Ala,* qui gîtent dans les forêts, entre les montagnes de l'Ousambara et de Paré, et les *Oua-Silikimo* ou « nains », que l'on dit errer à l'ouest du Kilima-Ndjaro ; mais aucun voyageur n'a pu encore les visiter et leur existence, même comme race distincte, reste douteuse[1]. »

Les *Oua-Silikimo* ne sont tels, il semble, que par suite

---

[1] É. Reclus, *Nouvelle Géographie universelle,* t. XIII, p. 790.

d'une faute d'impression : il s'agit toujours des fameux *Wa-mbilikimo* du P. Léon des Avanchers. Pour ce qui est des « Ala », leur nom se trouve en effet marqué sur la carte de Ravenstein au lieu indiqué par É. Reclus. Aussi, dans mon voyage au Kilima-Ndjaro, ainsi qu'au pays sambara, paré et massaï (1891), je ne manquai pas de me mettre à la recherche de cette race inconnue. Nulle trace « d'Ala », et peut-être, au surplus, a-t-on voulu dire *Aka...*, ou autre chose. Seulement, à la base de ces montagnes de Paré et dans tout le pays massaï, on trouve en effet des nomades, les *Wa-ndorobo*. Ce ne sont pas des nains ; mais leur existence, leurs mœurs et leurs traditions sont en tout semblables à celles des Négrilles. J'eus l'occasion de les voir et je ne puis les faire mieux connaître qu'en citant ici ce que j'en ai dit ailleurs[1] :

« Ce village ndorobo est un groupe d'une vingtaine de huttes en paille, petites, misérables, jetées sans ordre au milieu des rochers et entourées d'une faible enceinte de troncs d'arbres. Cette tribu singulière n'appartient plus à la famille des Bantous : le type est différent, la taille élancée, les membres secs, la tête allongée et régulière. Ils sont d'ailleurs noirs et crépus, se peignent la figure de rouge, se frottent de graisse et s'habillent de peaux : ce sont les îlotes des Massaïs dont ils parlent la langue, comme les Bonis le sont des Gallas. Leurs maîtres ne leur permettent point l'élevage des troupeaux, non plus que le port de la lance. Armés de longs arcs et de flèches empoisonnées, ils vivent de chasse, et c'est à eux principalement qu'on doit l'ivoire du pays massaï. Dispersés en petits groupes dans cette partie méridionale, on les trouve plus nombreux et plus puissants vers le nord, sur l'escar-

---

[1] *Au Kilima-Ndjaro* (chez Sanard, Paris), p. 400.

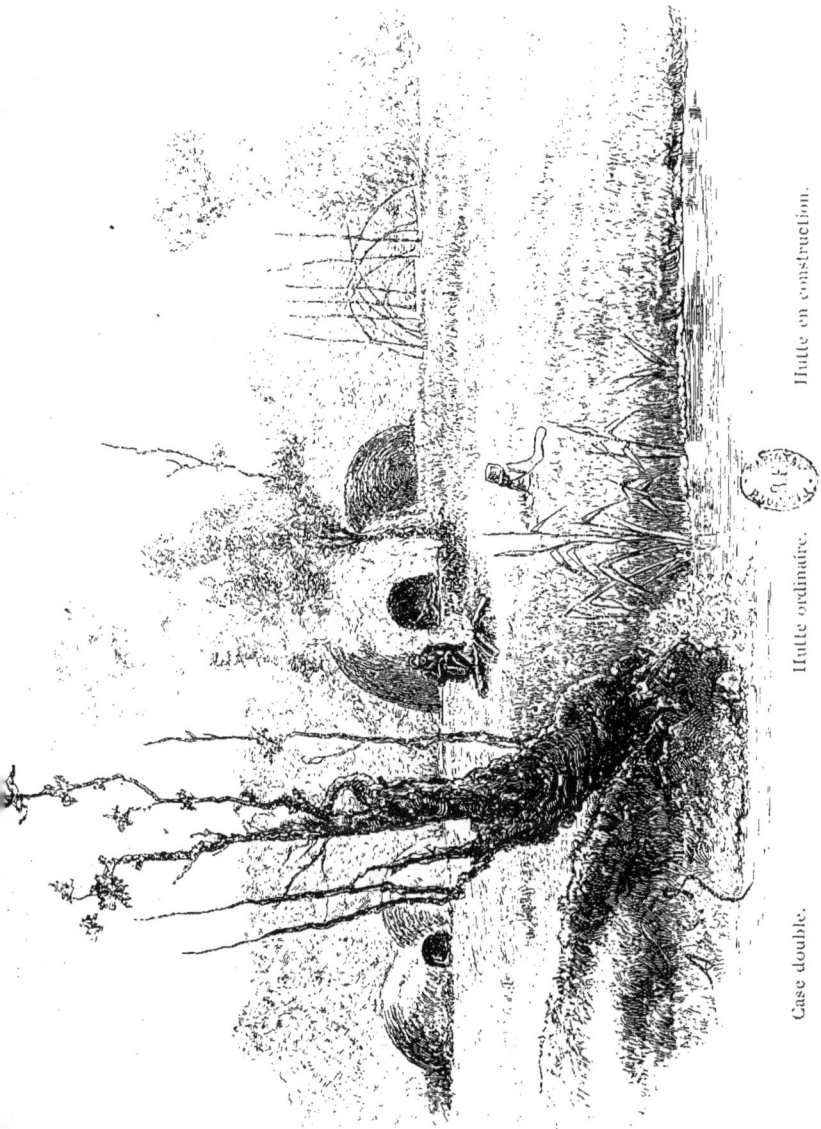

Case double.　　　　　Hutte ordinaire.　　　　Hutte en construction.

Un campement de Négrilles Bonis, près de la forêt.

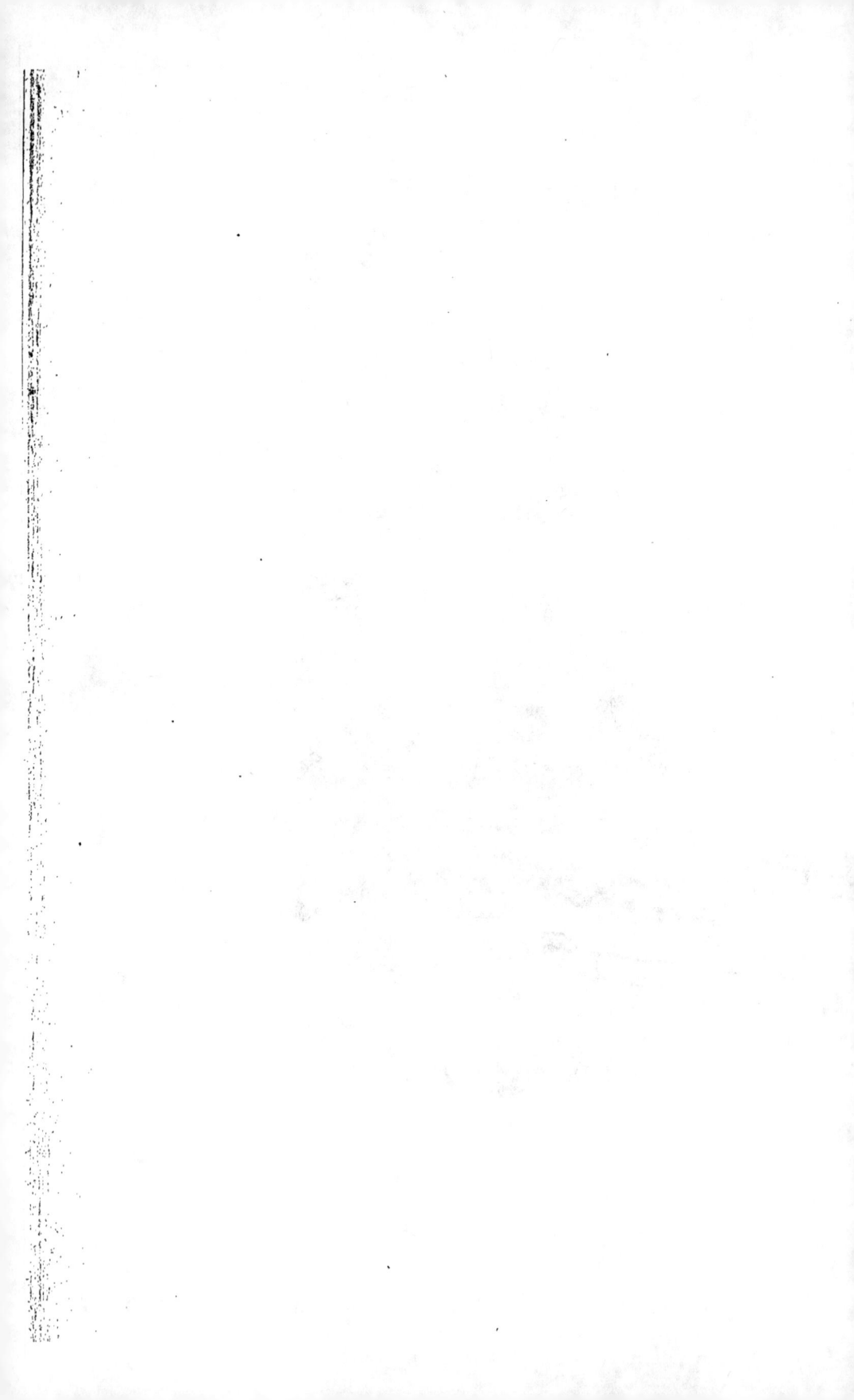

pement du Maou, au delà du lac Baringo et vers la base
du Kénya.

« Ils nous reçoivent fort bien, paraissent doux, tristes
et résignés, faisant des questions et des demandes qui
attestent leur extrême simplicité d'âme. Mais quelle odeur !
Cette graisse qui couvre ces grands corps, et cette viande
qu'on boucane, et ces os qui traînent, et ces restes de
tripes que se disputent deux petits chiens rouges... Venez
ici, savants d'Europe, vous aurez la représentation vivante,
fidèle et gratuite d'un vrai campement préhistorique... »

Si, maintenant, de l'Afrique orientale on passe au nord
et au centre, le premier groupe de Négrilles que nous
trouverons aujourd'hui sera celui que Schweinfurth rencontra chez les Mombutu, dans le bassin du Wellé ou du
Congo. Tout ce qu'il dit au sujet de ces Akkas ou plutôt
A-Kwa, comme ils s'appellent eux-mêmes, ou Tiki-Tiki,
comme les nomment leurs voisins du nord, mérite la plus
grande attention, car le Dr Schweinfurth est certainement
un des Européens qui ont vu et décrit les choses d'Afrique
avec le plus de clairvoyance, de méthode, de science et
de sincérité.

Le centre par lui découvert chez les Momvu, aux sources
du Népoko, affluent de l'Ituri[1], serait l'un des plus considérables qui existent, puisque, chez Munza, où il se trouvait, il a vu un jour « plusieurs centaines de guerriers
akka conduits par un chef voisin, Mumméri, dont ils sont
tributaires[2] ».

A côté d'eux, entre les rivières Ngéyu et Ituri, se
placent naturellement les *Wa-mbuti* de Stanley, « nomades
de très petite taille éparpillés parmi les Balésé et connus
sous les diverses appellations de *Ba-twa*, *A-kwa* et

---

[1] L'*Ituri* est le nom du cours supérieur de l'*Aruwimi*, qui se jette dans le Congo.
[2] Schweinfurth, *Au cœur de l'Afrique*, t. II, p. 115.

Ba-zungu[1]. » A propos de ces noms, sachons encore ici discerner les surnoms : *Wa-mubi* pourrait venir du verbe *bula*, « chercher, » et *Ba-zungu* du verbe *zunga* et *zunguka*, « rôder, » ce qui voudrait dire « les chercheurs, les rôdeurs ».

Ce sont ces mêmes nains qui ont été revus sur l'Ituri dans un poste de l'État indépendant, par MM. Maurice Versepuy, de Romans et Sporck, lesquels, dans un voyage admirable et dont on n'a rien dit, ont refait en sens contraire la dernière traversée de Stanley au continent noir.

Plus bas encore, l'Urundi, l'Uzigé et le Ruanda sont parsemés de leurs villages. A remarquer que c'est dans les montagnes de l'Urundi que le Nil prend ses sources : or, c'était près de ce *caput Nili* que les anciens plaçaient la demeure des Pygmées.

De ces Négrilles, nombreux aussi, aux Stanley-Falls (par 0°), au sud-ouest de Victoria-Nyanza, et peut-être dans toute la grande forêt équatoriale de cette région, nous passons presque sans interruption à ceux des bords du Congo supérieur, à ceux reconnus par le R. P. Guillemé, à ceux enfin signalés dans la même direction mais plus bas, par le major Serpa-Pinto, sous le nom de « Mucasséguéré[2] ».

Ceux-ci ont été retrouvés plus tard chez les Amboellas, entre le Kassaï et le Zambèze, par le P. Antunès, S. E., qui les représente comme des gens craintifs vivant, dans les forêts, de baies, de fruits, de racines et de chasse. Ils n'ont pas même de huttes et font un petit commerce de troc avec les Amboellas, à qui ils donnent un peu de cire et d'ivoire.

[1] Stanley, *Dans les ténèbres de l'Afrique*, t. II, p. 92.
[2] En réalité, *Mu-Kasékéré*, pl. *Ba-Kasékéré*, c'est-à-dire les petits *Sékérés* ou *Sékélés*.

Dernièrement, le P. E. Lecomte, S. E., préfet apostolique
de la Cimbébasie, à Caconda,
me les décrivait aussi comme
ayant la tête sphérique, de
petits yeux, de petites oreilles,
de petits pieds, des lèvres relativement fines, des pommettes
très saillantes, avec un nez
si épaté qu'il paraît rentrer
dans la figure.

La taille varie entre 1ᵐ20
et 1ᵐ50.

Les cheveux sont crépus
et disposés par touffes; la
peau, sale et ridée, ressemble,
pour la couleur, à de la cire
jaune.

Ils ne s'allient pas aux autres
tribus, excepté par grande
exception. Celles-ci d'ailleurs
ont pour ces petits un mépris
mêlé d'une sorte de crainte
superstitieuse... Le P. Lecomte se trouvait un jour dans
un village où, voyant un
pauvre enfant esclave qu'on
maltraitait, il le racheta.
Aussitôt il s'entendit faire
cette question par le propriétaire :

« Puisque tu payes bien les enfants, en veux-tu d'autres?

— Tu en as donc beaucoup à vendre?

— Non, mais je pourrais t'en chercher...

Les Pygmées sur le Nil aux prises avec les hippopotames (fragment du bas-relief de la statue du Nil au musée du Vatican).

— Comment! tu veux aller voler des enfants pour me les vendre?

— Mais non. Ceux-là n'appartiennent à personne. Ce sont de petits hommes qui courent partout, montent sur les arbres et volent notre miel... Ils sont très drôles. En veux-tu? »

« Ce fut ainsi, ajoutait le P. Lecomte, que je fis connaissance avec les *Sékélés*. »

Remontons maintenant au nord.

Est-il vrai, comme le pense M. R.-G. Haliburton, que des Pygmées réels aient existé et existent dans l'Atlas, ou qu'on n'ait affaire ici, — comme l'a dit M. Stuart Glennie, — qu'à de simples goitreux de petite taille, nombreux dans certaines vallées?

Après une minutieuse enquête, et sur la foi de nombreux témoignages, M. Haliburton a pu déterminer, en effet, l'habitat, les caractères physiques et les mœurs de nains dans l'Atlas. Ils se cantonnent surtout au sud-est de la vallée de la Dra, qui se jette dans l'Atlantique. Ils portent divers noms parmi lesquels celui d'Akka, qui est également celui du district par eux occupé. Ils ont environ quatre pieds de haut; leur teint est d'un rouge brunâtre et leur chevelure courte et crépue. On vante leur habileté à la chasse, à la danse, et la connaissance qu'ils ont des choses cachées... Bref, c'est la description de tous leurs congénères africains[1].

Cependant l'existence des Négrilles dans l'Atlas ne saurait encore être admise comme démontrée, et il serait superflu d'insister.

A l'ouest, dans les régions qui forment aujourd'hui les

[1] Dr Caze, *les Races humaines des Pygmées* (*Revue des Revues*), 15 mai 1896.

limites entre la colonie anglaise de Sierra-Leone et le
Fouta-Djalon, Mollien, en 1818, décrit les habitants du
village de Faron, dans le Tenda-Maié, « remarquables
par la petitesse de leur taille, la faiblesse de leurs membres
et la douceur de leur voix. Ce sont réellement, ajoute-t-il,
les Pygmées d'Afrique. »

D'autres témoignages plus récents nous ont été donnés
par Escayrac de Lauture sur une population pareille dont
il entendit parler (1855) comme habitant loin, « au sud-
est du Baghirmi : les Mala-Gilagé » (Littér. « Hommes à
queue?) », gens de petite taille, à teint rougâtre ou blanc,
suivant l'expression africaine, et extrêmement velus [1]. Cette
description est évidemment fantaisiste, mais elle prouve
au moins que les Négrilles sont connus dans le Soudan.

Ils le sont aussi à Sierra-Leone, et c'est là que le Rév.
Koelle a entendu parler des Kenkols et des Betsânes
(Be-tsân, cfr. Sanyé et Sàn), petits, mais forts, habiles
chasseurs, avec des cheveux longs et une grande barbe.
Leur habitat serait un lac Liba ou Riba, dans la région du
Shari [2].

Malheureusement, ces renseignements sont bien incom-
plets; ils se rapportent tous, néanmoins, à ne s'y pas
tromper, à nos petits hommes.

Nous en aurons de plus précis.

Signalons d'abord la découverte de vrais Négrilles, d'un
type très pur, trouvés par le P. Ganot, missionnaire du
Saint-Esprit, dans le pays encore peu connu situé entre
le Bas-Niger et la Bénué. Mais descendons.

Au-dessous du Kamerun, vers le sud-est, il y a comme
une sorte de large couloir par où, depuis longtemps,
paraissent avoir passé toutes les tribus aujourd'hui arrê-

[1] G. Schweinfurth, p. 118.
[2] Id., p. 119.

tées sur les bords de l'Atlantique, jusqu'au Gabon, où
elles viennent « se civiliser » et mourir. Ce mouvement,
très ancien peut-être, se continue de nos jours dans la
personne des *Fans* ou *Mpawens* [1], qui chassent et dispersent devant eux les *Mékuk*, appelés *Bosyéba* par les
Européens, les *Ba-lengi*, les *Kombés*, les *Bengas*, les
Sékés (Boulous), repoussés à leur tour comme ils ont
repoussé les populations antérieures.

Plus bas, au reste, le même phénomène s'observe. Derrière les *Mpongwés*, venus surtout par le Komo et signalés dès le dernier siècle par les Portugais sous le nom de
Pongos, se sont présentés les *Ba-kélé*, et voici maintenant les *Fans*, dont l'immense tribu s'étend du Campo
à Setté-Cama.

C'est au milieu de toutes ces populations que j'ai retrouvé
non seulement les traditions des Négrilles, mais leur nom,
leurs campements et leurs personnes. Les Kombés les
appellent *Ba-kuya;* les Shékés [2], *Bé-kuyo;* les Ba-kélé, *Ba-
kula;* les Fans, *Bé-kü* et *Bé-kwi;* les Mékuk, *Bé-gyel* (sing.
N-gyel); et les Mpongwés, *A-kôa*. Comme on en peut juger,
c'est toujours le même radical, *Ko* ou *Ku*, qu'on trouve
à la base de l'appellation : seulement chaque tribu se réserve
de le préfixer et de le suffixer à sa manière, comme du reste
nous avons l'habitude de le faire nous-mêmes pour les
noms étrangers [3]. Partout là, j'ai retrouvé les Négrilles
tels qu'on les signale ailleurs; mais nulle part, je dois
l'ajouter, ils ne forment de communauté nombreuse.

---

[1] Du mot original *Fan* ou *Fang* (son nasal), les tribus de la côte ont fait *Mpang-
wé* par le changement de *F* en *Mp* et l'adjonction d'une terminaison à voyelle.
De ce *Mpang-wé*, à leur tour les Européens ont fait *Mpawin* ou *Pahouin*.

[2] Les Shékés s'appellent eux-mêmes de ce nom (*Bé-Shéké*). Ils sont connus
des Gabonais sous le nom de *A-Sékiani* et des Européens sous celui de *Boulous*,
à cause, dit-on, d'un de leurs anciens chefs qui portait ce nom.

[3] Les Mékuk ont adouci le *k* en *g* et l'*u* en *i : Bé-gi-el*.

En ce qui concerne en particulier les Fans, neuf de
leurs clans ou familles m'ont été signalés par un Négrille
même comme renfermant de ses congénères.

Dans son premier voyage, du Haut-Ogoüé à Campo,
Crampel trouva un de leurs campements (11° long. E. de
Paris et 2° lat. Nord). La description qu'il en donne est
excellente.

En 1893, le Rév. Dʳ A.-C. Good, des Missions presby-
tériennes de Boston, dans un voyage qu'il fit à l'est
de Batanga, au-dessous du Camerun, découvrit aussi un
village de nains, réduits à l'état de servage par la tribu
des Ma-beya.

Enfin, dans l'arrière-pays des Fans, en 1901, les PP.
Trilles et Tanguy, de la Congrégation du Saint-Esprit, ont
trouvé un assez nombreux groupement de Négrilles, avec
un type curieux et une langue qui ne paraît pas avoir de
rapports avec les langues connues des pays voisins.

Plus au sud, dans le lac magnifique du Fernan-Vaz et
sur les bords de la rivière des Nkomis qui l'alimente, j'ai
vu aussi deux intéressants campements de Négrilles
métissés, sans parler des autres individus pareils dispersés
chez les indigènes, dont ils sont les esclaves. Là, ils sont
connus sous le nom d'A-jongo[1].

En descendant encore, nous arrivons à Setté-Cama (le
Ndogo des indigènes), à Mayumba, à ce que, enfin, André
Battel appelle le cap Négro. André Battel ou Batell est un
marin anglais qui, fait prisonnier par les Portugais en
1589, fut conduit au Congo, où il demeura près de dix-
huit ans. Il a publié ses aventures en 1625, et l'abbé
Prévost en a donné un résumé dans son *Histoire générale
des voyages*[2].

---

[1] Et non *Achangos*, comme l'écrit du Chaillu.
[2] Voir aussi Walckenaër, *Hist. gén. des Voyages*, t. XIII, p. 12 et 434.

« A l'est du cap Négro, dit-il, Battel se fit conduire chez un seigneur nommé Mani-Késeck, éloigné de Mayumba d'environ huit journées. Il y acheta une grosse quantité de dents et de queues d'éléphants, qu'il revendit aux Portugais pour trente esclaves.

« On trouve, au nord-est de Mani-Késeck, une nation de Pygmées, qui se nomment *Matimbas,* de la hauteur d'un garçon de douze ans, mais tous d'une grosseur extraordinaire. Leur nourriture est la chair des animaux qu'ils tuent de leurs flèches. Ils payent à Mani-Késeck un tribut de dents et de queues d'éléphants. Quoiqu'ils n'aient rien de farouche dans le caractère, ils ne veulent point entrer dans les maisons des Marambas, ni les recevoir dans leurs villes. Si le hasard en amène un, c'est assez pour leur faire abandonner leurs plus anciennes demeures; mais l'auteur n'explique point les raisons de cette antipathie. Leurs femmes se servent de l'arc et des flèches avec autant d'habileté que les hommes. Elles ne craignent point de pénétrer seules dans les bois, sans autre défense contre les dangers que leurs flèches empoisonnées. »

Pour retrouver aujourd'hui ces Négrilles, il suffit de changer une lettre dans chacun des noms qui leur sont donnés; on s'explique facilement, d'ailleurs, que le vieux marin ait mal entendu, mal retenu, ou mal imprimé. Ce ne sont donc pas les *Dongos,* mais les *Bongos;* ce ne sont pas non plus les *Matimbas,* mais les *Ma-rimba.* Après trois siècles, on les rencontre encore dans la même région où je suis allé les voir. Aujourd'hui comme alors, ce sont les *Ba-yaya,* ou, si l'on veut, comme l'écrit le géographe hollandais Dapper, en ne tenant pas compte du préfixe, ce sont les *Yagas* qui leur donnent asile en leurs forêts du Mayombe.

Voici maintenant le texte d'Olivier Dapper, basé sur les

renseignements donnés par les voyageurs et les marchands
portugais, qui ont été les premiers à explorer ces côtes :
« Ce sont, dit-il, les Lovangois (*Loangos*) qui vendent
le plus d'ivoire aux Européens. Ils le vont acheter des
Jagos (*Jagas* ou *Yagas*) à Bokké-Méalé, où ils portent du
sel dans des paniers sur la tête de leurs esclaves. Les
Jagas assurent, apparemment pour mieux faire valoir la
marchandise, — chaque pays ayant ses fourberies de commerce, — que ces nains savent se rendre invisibles lorsqu'ils vont à la chasse, et qu'ainsi ils n'ont pas grand'peine
à percer de traits ces animaux dont ils mangent la chair
et vendent les défenses [1]. »

Tous ces renseignements sont exacts. C'est sur la côte
du Loango qu'on trouvait encore, jusqu'en ces derniers
temps, le plus d'ivoire ; c'est avec du sel que les indigènes
vont l'acheter dans l'intérieur. Ce sont, en grande partie
du moins, les Négrilles qui tirent l'éléphant ; et enfin, ces
nains passent toujours pour avoir le privilège, envié par
tant d'autres, de se rendre invisibles à volonté...

Mais quand le même auteur nous parle des « Mimos ou
Baké-Baké » qui sont tributaires du grand Makoko, qu'ils
habitent des terres désertes et qu'ils y échangent leur
ivoire contre du sel de Loango, on a bien de la peine à ne
pas reconnaître ici les « petits *Ba-téké* » qui entourent
encore aujourd'hui ce qui est devenu Brazzaville, mais
qui, à proprement parler, ne sont pas ou ne sont plus des
Négrilles. La carte de l'ancien royaume du Congo, publiée
par É. Reclus, d'après d'Anville, confirme pleinement
cette interprétation [2].

Enfin, un compatriote et un contemporain de d'Anville,
Guillaume de l'Isle, est plus explicite et plus étonnant.

---

[1] O. Dapper, *Nouvelle Géographie d'Afrique* (Amsterdam, 1660 et 1688).
[2] É. Reclus, *Nouvelle Géographie universelle*, t. XIII, p. 348.

Sur une carte datée de janvier 1708, qui m'a été gracieusement communiquée par l'abbé Lebel, professeur au petit séminaire de Notre-Dame-des-Champs, à Paris, le vieux géographe figure au nord de l'Équateur, juste où Stanley l'a traversée pour la première fois, une grande forêt avec cette mention : « Forêts habitées par les peuples bakké-bakké qui sont vassaux du grand Macoco, et que l'on prétend être une nation de nains. »

Ainsi, ces grandes forêts du Haut-Congo et ces Pygmées qui les habitent auraient été connus des anciens Portugais, avant d'avoir été signalés par le grand explorateur Stanley et mis en relations avec les postes belges de l'Aruwimi et de l'Ituri... Nos découvertes, décidément, ne consistent souvent qu'à retrouver ce que nous avions perdu.

Revenons maintenant un peu sur nos pas.

J'ai déjà signalé la présence d'un petit groupe d'A-kôa chez les Mpongwés, où je les ai visités avec le P. Trilles, missionnaire au Gabon, et sur lesquels, plus tard, Félix Répontyombo, fils de l'ancien roi Denis, et qui est actuellement le chef du pays, m'a donné quelques détails intéressants.

On les retrouve plus nombreux chez les *Orungu*, en face du cap Lopez, et c'est là que l'amiral Fleuriot de Langle en put observer un.

Pour en rencontrer d'autres campements, il faut aujourd'hui remonter l'Ogoüé au delà de Ndjolé. Après Marche et d'autres, j'en ai vu, dans ces parages, quelques spécimens isolés. Mais, en réalité, ils sont connus partout dans le bassin du fleuve, surtout chez les *Ba-kola* et les *Bangwé*, et en allant chez les *Ba-duma* en 1894, le P. Bichet et moi, nous en rencontrâmes plusieurs et eûmes fréquemment de leurs nouvelles.

Cependant nous devions avoir mieux plus tard, en passant par terre de Lastoursville aux chutes Samba (*Ngunyé*), à travers les pays occupés par les *Ba-wandji*, les *Ba-nzabi*[1], les *Ba-vovi* ou *Pobés*, les *Ba-ngomo*, les *Simbas*, les *M-itchogo*, les *Ba-véya* et les *Ba-pindgi*. C'est dans cette région, dont il ne put visiter qu'une partie, que P. du Chaillu rencontra les petits *A-bongo* il y a trente ans. Nous les y avons retrouvés.

Les Pygmées attaqués par un crocodile (fragment du bas-relief de la statue du Nil au musée du Vatican).

Plus haut, sur la Likwala, affluent du Congo, M. de Brazza m'a dit les avoir aussi rencontrés chez un chef, toujours avec les mêmes caractères.

A-Kôa, A-jongo, A-rimba, A-bongo, toutes ces dénominations désignent donc une seule et même race, celle qui nous occupe.

Descendons vers le sud.

Les PP. Lecomte et Antunès, de la Congrégation du Saint-Esprit, missionnaires dans l'Angola, mais qui ont beaucoup voyagé en deçà et au delà du Cunène, se sont souvent vus en présence de populations semblables. Les unes, troglodytes, sont plutôt noires et portent le nom spécial, on l'a déjà dit, d'*Ova-kwisu*. D'autres, tirant plus

[1] Les *N-Javis* de Marche.

ou moins sur le jaune, sont appelées *Ova-kankala*, *Ova-sékélé* ou *Ova-kwéné*. Mais la dénomination générale, s'appliquant à toutes ces tribus dispersées, est *Ova-twa*, la même qu'au Tanganyika et au Zanguebar...

Une autre population de petite taille et de même caractère, à laquelle nous passons par une transition toute naturelle, habite le sud de l'Afrique : ce sont les *Sân*, surnommés *Bosjesmannen* par les Hollandais, *Bushmen* par les Anglais, et, comme dit le traducteur de Stanley, *Broussards* par les Français. Faut-il les rattacher aux Négrilles?

Il est incontestable que de sérieuses difficultés s'y opposent.

D'abord, M. de Quatrefages n'ose les ranger parmi eux [1], et s'il les fait figurer dans son tableau des races nègres, c'est à titre de *types aberrants*. Mais, d'un autre côté, cette couleur jaune cuivrée qui les fait écarter par l'illustre savant est précisément celle des Négrilles primitifs : nous le verrons dans la suite de cette étude. Et si, par ailleurs, les Sân se rattachent aux nègres « par tous leurs caractères », il semble qu'il n'y ait plus lieu de les maintenir à l'écart.

Le savant collaborateur de M. de Quatrefages, M. le Dr Hamy, dans une note manuscrite qu'il a bien voulu m'adresser, donne une raison plus forte : les Sân seraient dolichocéphales (tête relativement allongée, étroite et longue), tandis que les autres Négrilles seraient, au contraire, brachycéphales (c'est-à-dire à crâne plus ou moins globuleux). Mais les observations faites jusqu'ici sur les Bushmen permettent-elles de donner ce caractère comme général et absolu? Les Bushmen observés n'étaient-ils pas plus ou moins Hottentots? Et enfin l'uniformité des crânes

---

[1] A de Quatrefages, *Introduction à l'étude des races humaines*, p. 341.

de Bushmen est-elle si grande qu'on n'y puisse observer, là comme ailleurs, ni fusion graduelle ni juxtaposition[1]?

Quant à la stéatopygie et au développement graisseux de certaines parties du corps, caractère très marqué chez les Hottentots et les Bushmen, Schweinfurth le premier a constaté jusqu'à quel point il existe chez les Bongos du Haut-Nil (ne pas confondre ceux-ci avec les Négrilles du même nom). D'autres voyageurs ont signalé cette particularité sur certains autres points de l'Afrique, et l'on peut dire qu'il existe à l'état plus ou moins prononcé chez presque toutes les populations noires[2]. Il y a plus; tous ceux qui ont eu l'honneur d'être officiellement reçus par les derniers sultans de Zanzibar, Séyid-Bargash et ses successeurs, ont pu remarquer la stéatopygie, aussi prononcée que celle de la Vénus hottentote, chez un certain Ahmed, le chef des Eunuques, originaire du Soudan... La stéatopygie n'est donc pas spéciale aux Bushmen et ne saurait être donnée comme un caractère de race absolu. Cependant, si tous les Négrilles ne l'ont pas, j'ai été frappé du développement anormal de quelques parties du corps et, en particulier, de la poitrine ou plutôt des seins chez des hommes de cette race, chez ceux surtout dont la couleur était plus claire. Ne serait-ce pas un cas d'atavisme, ou peut-être encore une certaine disposition naturelle à devenir sous ce rapport ce que sont les Bushmen, si telle et telle condition d'existence ou de milieu était par ailleurs réalisée?

Une dernière objection se tire de la langue. Deux caractères principaux distinguent le Hottentot-Bushman :

---

[1] Compas en mains, Prüner-Bey a trouvé deux frères, qui se sont également distingués dans les sciences, et dont l'un est franchement dolichocéphale, l'autre franchement brachycéphale. — P. Chabas, *Études de l'Antiquité historique*, p. 505.

[2] On en trouve des exemples en Europe, et même à Paris.

1° l'abondance des « clicks » ou consonnes claquantes[1];
2° un système grammatical fondé presque exclusivement
sur des suffixes dénotant le sexe.

Ces caractères se retrouvent-ils dans les langues actuellement parlées par les autres Négrilles?

Non, autant du moins que les observations faites jusqu'à
présent permettent de se prononcer. Mais cette constatation ne prouve rien. En effet, tous ces Négrilles parlent
la langue plus ou moins corrompue des tribus chez lesquelles ils vivent ou chez lesquelles ils ont vécu : leur
langue originelle est perdue… N'en serait-il pas de même
des Sân ou Bushmen, et la langue qu'ils parlent, ne l'auraient-ils pas empruntée eux-mêmes aux Hottentots, leurs
vainqueurs et leurs maîtres? C'est donc à ces derniers
qu'il faut s'adresser pour leur demander d'où ils viennent.

Se basant sur les caractères physiques, M. de Quatrefages les regarde comme des Jaunes fortement métissés
de Nègres et descendus probablement de l'extrême Nord,
de l'Abyssinie par exemple, où ils seraient passés des
premiers centres de dispersion. Avant lui, le professeur
Bleek, invoquant des raisons tirées de leur idiome, trouvait à celui-ci des affinités avec ceux du Nord, et formulait
cette conclusion remarquable, que « toutes ces langues,
basées sur le sexe des noms en Afrique, en Asie et en
Europe, appartiennent à une même grande famille, dont
le type primitif le mieux conservé a été sous beaucoup de

---

[1] Il est très difficile d'indiquer le son de ce que les Anglais ont les premiers
appelés les *clicks*. Leur caractère particulier et essentiel, dit Bertin, est d'être formés
par « l'aspiration » du son et non par « l'expiration »; c'est en réalité une pure
vibration provenant d'un claquement de la langue dans la bouche, et nécessairement suivie d'un arrêt avant la prononciation ordinaire de la lettre qui suit. Ces
clicks sont en outre toujours placés au commencement des mots; quand ils figurent
au milieu, c'est que le mot est composé. On en compte neuf : le cérébral, le pala-
tal, le dental, le latéral, le guttural, le labial, le spiro-dental, le linguo-palatal, et
l'indéfini que Bleek appelle l' « unpronounceable ».

rapports le Hottentot [1] ». Or, nous verrons tout à l'heure que, par d'autres caractères, ce même groupe se rapproche de la famille des Bantous... Quoi qu'il en soit, c'est une première explication : en voici une autre.

Les Négrilles étant considérés, nous le verrons plus tard, comme les premiers habitants de l'Afrique, les Sân auraient pu être refoulés d'abord et jusqu'au fond du continent par la première population qui les suivit. Et cette première tribu envahissante, venue du Nord avec ses troupeaux et ses mœurs nomades, se serait métissée avec les Sân, et leurs langues se seraient confondues.

D'ailleurs, s'il y a des différences considérables de vocabulaire et de grammaire avec les Bantous, il est certain qu'il y a aussi de remarquables affinités.

Les clicks eux-mêmes, par exemple, ne sont que des consonnes initiales transformées, ces consonnes initiales que l'on trouve précisément dans tous les dialectes de l'Afrique équatoriale. Ainsi, en khuai (pur bushman), *main* se dit |ô (click dental); en roa (population négrille voisine), c'est *Kô* (click remplacé par un *K*); et en propre langue des Bantous (swahili), c'est *Ko-no*. De même |na,

Combat des Pygmées et des grues (fresque d'Herculanum).

---

[1] Dr Bleek. V. Torrend, *A comparative Grammar of S. A. Languages*, p. 8.

regarde, en bushman, se dit *ona* en mpongwé (Gabon) et
bona en zoulou. Plusieurs autres exemples pourraient être
cités. Et chose curieuse, semblant montrer que ces sons
étranges ne doivent pas plus tenir à l'essence même du
langage que, proportions gardées, le grasseyement et le
zézaiement, c'est qu'ils ont été adoptés par des populations
étrangères à ce groupe, par les Tchouanas, les Cafres, les
Zoulous, et même les Boers pour un certain nombre de
mots hollandais... [1].

Quant à la grammaire elle-même, il est certain que
bien des affinités la rapprochent des Bantous. Les pronoms personnels et possessifs sont presque identiques.

	Bushman (Khuai et Seroa)	Langues *Bantu.*	
Sing. Je, moi,	*mu* (khuai), *in* (roa).	Cfr *mi* (mpongwé)	*ni* (swahili).
Tu, toi,	*â*	*o*	*o*
Il', elle	*ha*	*a* (*yé*)	*a*
Plur. Nous	*Sisi*	»	*Sisi*
Vous	*u*	»	*mu*
Ils	?	*Wi*	*Wa*

Il en est de même des possessifs et des démons-
tratifs.

Les mots et les temps des verbes sont aussi formés de
même façon; l'impératif, par exemple, ne renferme que
le radical du verbe, le futur est exprimé par le mot *tana*,
vouloir (cfr. swahili *taka*), préfixé au radical, etc.

En roa, les noms de nombre sont toujours précédés
du mot *te,* qui originairement, dit Bertin, a pu signifier
doigt; il en est ainsi dans plusieurs dialectes usités par les
Négrilles du Gabon : seulement le mot préfixe est *bi.*

[1] Bertin, *The Bushmen and their language,* p. 14.

La distinction des sexes se fait de même par les mots *mâle* et *femelle* ajoutés au nom de l'animal :

En bushman 'go-*aih*, un bœuf; en swahili *go-mbè-mumé*.
—   'go-*aiti*, une vache: »   *go-mbé-dyiké*.

Inutile de nous arrêter plus longtemps; mais il est certain que plusieurs autres analogies pourraient être relevées, et quand on aura des éléments suffisants, on arrivera sans doute à combler une grande partie du fossé qui semblait séparer ces deux groupes de langues africaines.

Quant aux autres caractères généraux des Bushmen, à en juger par Fritsch et Farini, ils sont tellement semblables à ceux des Négrilles, qu'on est naturellement amené à les rapprocher les uns des autres.

De plus, à partir du pays qu'il occupent aujourd'hui et où ils se disent eux-mêmes avoir été refoulés jusqu'au point extrême où l'on rencontre les « Pygmées », on trouve ces Bushmen représentés par quelques groupes plus ou moins importants, et, chose intéressante, les deux ou trois noms ordinaires de ces petits hommes se retrouvent partout. Ce sont donc à l'extrême sud les Sân, mêlés d'un côté aux Hottentots de couleur jaunâtre, et de l'autre, en moindre proportion, aux Bé-chuana, de couleur noire, et dont le nom paraît identique à celui d'*A-ko-wa*.

En effet, le mot *Be-chuana* est formé du radical *chu*, la douce de *ku*, intercalé entre *Ba-ana, les petits-fils* ou *descendants*, comme *A-ko-wa* est formé du radical *ko* intercalé entre *A-wa, les enfants :* c'est un procédé courant des langues agglutinatives de famille bantoue. Or, étant donné que la signification primitive de *Kô* est *homme* (cfr. roa *Koan,* homme), les *Bé-chu-ana* et les *Ba-kô-a* ou *Ba-ko-wa* seraient les « Enfants des Hommes » ou les « Petits Hommes ».

D'un autre côté, le surnom le plus général que les Bushmen aient parmi leurs voisins bantous est celui de *Ba-tua* ou, disent les Tchwanas, *Ba-roa*. Or, *Ba-roa*, *Ba-tua* ou *Ba-twa*, c'est le nom qu'on retrouve donné aux Négrilles jusqu'au Tanganyika et au Djuba.

Mais nous avons aussi la dénomination de *Sân* attribuée par les Hottentots aux Bushmen. Il est également curieux de retrouver ce mot, avec les variantes inévitables imposées par les distances, dans les *San-yé* que j'ai vus sur le Tana, et les *Tsân* signalés par Kœlle dans la région du Shari.

J'ai dit que les Sân ou Bushmen du bassin de l'Orange sont beaucoup moins isolés qu'on ne l'avait pensé jusqu'ici. En effet, M. Farini nous révélait, en 1886, les *Mkaba*, vraie race de Pygmées des bords du lac Ngami[1]. Plus haut, sur le Zambèze et le Cunène, nous avons les Négrilles de Serpa Pinto, du P. Lecomte, du P. Antunès, et de là nous passons tout naturellement à ceux du Tanganyika, du Congo supérieur, des sources du Nil, de l'Ituri et du Wellé.

Voilà donc les Bushmen réunis à leurs frères : jusqu'à plus ample informé, nous les considérerons comme notre groupe méridional.

Dans cet exposé, il ressort que l'aire de dispersion des Négrilles africains s'étend à presque tout le continent, quoique de larges espaces, au nord surtout, et au sud-est, leur soient étrangers. C'est là une constatation intéressante et, jusqu'à un certain point, nouvelle : elle nous aidera dans les conclusions de ce travail.

---

[1] Farini, *Huit mois au Kalahari* (*Tour du Monde*, 1896).

En attendant, retenons qu'une race spéciale, nettement caractérisée par sa taille, sa couleur, sa conformation physique, ses mœurs, ses traditions, se trouve actuellement dispersée sur toute la terre africaine en groupes plus ou moins importants. De plus, et quoique partout ils gardent les mêmes caractères généraux, chacun de ces groupes a pris, dans sa conformation physique comme dans ses coutumes, quelque chose de la tribu à laquelle il est attaché. Les Négrilles de l'Atlas, mêlés aux Maures, ne sont point tout à fait les Négrilles du Wellé, mêlés aux Momvu; ceux des Gallas ne ressemblent point à ceux des Massaïs; ceux des populations bantoues diffèrent de leurs congénères du pays hottentot. Mais, entre chacun de ces groupes, des relations existent si évidentes, qu'on peut passer insensiblement de l'un à l'autre et que, finalement, on arrive à les juger apparentés par des caractères indéniables.

La suite de cette étude ne fera que confirmer cette première assertion.

IV

CARACTÈRES PHYSIQUES DES NÉGRILLES

A force d'entendre parler de Pygmées, de Nains et de
Nabots, plus d'un, peut-être, sera tenté de donner à nos
Négrilles africains la figure et la taille de ceux qui assié-
gèrent Hercule endormi et furent emportés par le héros,
à son réveil, dans la peau du lion de Némée. Plus modernes, d'autres se rappelleront les admirables aventures
de Gulliver et placeront Lilliput en quelque pays du centre
africain.

Laissons les contes aux conteurs. En effet, les Négrilles
sont simplement, au point de vue de l'aspect général, de
petits Nègres en qui paraissent un peu exagérés tous les
caractères de la race; mais ils n'ont rien d'anormal, rien
d'extraordinaire, rien qui les mette à l'écart de l'humanité
générale. Et si, parfois, des voyageurs en ont donné une
autre description, il faut tenir compte de l'entraînement

et de la fantaisie auxquels, inconsciemment parfois, on paye une trop large part. Tout homme non prévenu, qui verrait un de ces Négrilles entre cent autres Noirs, ne le distinguerait probablement pas. Mais si l'on a fait du type une étude spéciale, et pour peu qu'on ait l'habitude des aspects divers que présentent les tribus africaines, on saura retrouver le vrai Négrille au milieu de tout un groupe qui ne l'est pas : la chose m'est arrivée souvent.

Dans son aspect général, le Négrille, — je parle surtout du Négrille secondaire, c'est-à-dire du Négrille pur métissé de Nègre, — est plus petit que les autres Noirs ; sa couleur est ordinairement plus claire, son attitude moins étudiée, ses bras sont plus longs, ses doigts plus fins, sa tête est plus grosse, son front plus droit, son nez plus épaté, et, surtout, ses sourcils sont plus épais. Enfin, il y a dans toute sa physionomie, sa manière de se présenter, de regarder, de s'asseoir, quelque chose d'impossible à rendre mais qui fait tout de suite reconnaître en lui l'enfant des bois, timide en société, craignant fort d'être remarqué, étranger à toute convention. Aussi son étude anthropométrique n'est pas chose facile, et, pour l'aborder, le faire parler, le dessiner, le photographier, le mesurer, il faut user, souvent, de toute la stratégie dont le chasseur a besoin pour « se mettre en rapport » avec son gibier. A la mission du Fernan-Vaz (Gabon), le P. Bichet a recueilli un enfant de cette race qui peut aujourd'hui avoir de douze à quatorze ans. Petit, trapu, ramassé, il est par ailleurs très agile, s'entend volontiers avec les petits Nkomis, rit, court et s'amuse ; mais dès qu'on le remarque, tout est fini. Il baisse la tête et ne veut plus rien entendre : ne lui demandez pas d'où il est, de parler sa langue, de dire ce qu'il a vu... Il ne regarde jamais en face, même ses camarades, et, dans les commencements de son séjour à la mission, où rien ne lui manquait, il était toujours prêt à rentrer dans la forêt, et il a fallu plus d'une fois l'y aller chercher. Thomas est le modèle des écoliers... de l'école buissonnière.

Gardons-nous donc de confondre le Négrille ou, si l'on veut, le Pygmée avec le Nain ou avec le Crétin.

Outre les Pygmées, il y a, en effet, des Nains chez les Nègres, comme partout, mais leurs caractères sont tout différents : le Négrille est un homme parfait en son genre, et son type est fixé dans une race spéciale ; le Nain est un homme manqué et venu par hasard, par accident, dans une famille dont tous les membres peuvent avoir la taille et la forme ordinaires. Plus petit que le Négrille, mais n'en ayant pas les traits, le Nain est tel, généralement, parce que son buste, de dimension à peu près normale, est porté par des jambes ridiculement courtes. Tel était

Thomas Osoria (profil), Négrille de la mission du Fernan-Vaz (12 à 14 ans).

le petit Égyptien Nem-Hotep, dont il a déjà été question.

Mais sans remonter si loin, nous avons dans notre mission du pays éshira un jeune homme d'environ vingt ans, fils d'un chef important, fort intelligent lui-même, sachant parfaitement donner la réplique et se faire respecter. Amené en France à titre de phénomène par

M. Foret, administrateur au Fernan-Vaz, il fut mis par
lui à l'école et ses progrès dépassèrent ceux de plusieurs
petits Parisiens. Il s'appelle Nzao (l'Éléphant), et, à la
distribution des prix de fin d'année, il a été couronné par
M. Flammarion en personne, qui n'avait jamais vu de si
près pareille étoile. Chargé de le rendre à sa respectable
famille, je suis rentré avec lui du Fernan-Vaz au pays
éshira, et j'ai pu constater que nul autour de lui ne s'avi-
sait de le confondre avec un Négrille.

Un jour, dans une discussion patriotique, un grand
Mpawin qui nous accompagnait s'avisa de l'appeler gorille, en faisant allusion à sa taille et à sa démarche. « Je
ne suis point un gorille, répondit Nzao avec fierté, je suis
Éshira. Je connais mon père et ma mère, mon frère et
mes sœurs; je connais mon village; je connais mon pays.
Mais il y en a d'autres, — il parlait des Mpawins, — qui
ne restent jamais en place, qui envahissent toujours la
terre des autres, et volent ce que les voisins ont planté :
voilà les cousins des gorilles! » Tout le monde applaudit :
le petit Nzao avait battu son adversaire.

Autres aussi sont les Crétins, que renferment quelques-
unes de nos vallées des Alpes et des Pyrénées, qu'on
trouve en Espagne, qu'on dit aussi exister en Afrique,
dans les montagnes de l'Atlas. Petits, jaunâtres, mal formés, presque toujours idiots, ce sont des dégénérés que
l'on ne peut confondre, par conséquent, ni avec les Nains,
ni avec les Pygmées.

Mais passons au détail des caractères physiques du
Négrille.

Le premier qui frappe, c'est la taille. Plusieurs voyageurs ont mesuré des représentants des divers groupes
déjà signalés. Le chiffre le plus bas paraît avoir été obtenu
par Barrow chez les Sân ou Bushmen, où il affirme avoir

trouvé une femme, mère de plusieurs enfants, mesurant 1ᵐ140 de hauteur. Un individu de même race, — est-ce un adulte? — est donné par le Dʳ Weisbach comme n'ayant qu'un mètre [1].

Admettant ce chiffre, — qui cependant n'a pas été contrôlé, — comme terme extrême, nous trouvons par ailleurs les suivants :

Ba-twa de l'Ituri (Stan-
ley)[2], moyenne. . 1ᵐ 15
— un homme. . . 1 240
— sa femme. . . 1 260
Ba-twa du Tanganyika (Dʳ Wolff), moyenne. 1ᵐ300
Akka des Mombutu(Schwein-furth), moyenne. 1ᵐ356
Ba-bongo de Setté-Kama (D. Falkenstein), un homme. 1ᵐ365
A-bongo de l'Ogoüé (P. du Chaillu), moyenne. 1ᵐ360
Sàn ou Bushmen (Divers), moyenne. 1ᵐ370
— (d'après G. Fritsch), moyenne. 1ᵐ440
A - bongo de l'Ogoüé (Marche), moyenne des hommes 1ᵐ510

Thomas Osoria (face), d'après un croquis de Mgʳ Le Roy.

— moyenne des femmes. 1ᵐ415
O-kòa du cap Lopez (Fleuriot de Langle). 1 400
Négrilles du sud de l'Éthiopie (Dʳ Smith), moyenne maximum. 1 525

_____

[1] A. de Quatrefages, les Pygmées, p. 261.
[2] Stanley, Dans les ténèbres de l'Afrique, t. II, p. 92. « Ces Nains, d'une stature variant de 92 à 138 centimètres. » Ces mesures paraissent un peu approximatives.

En ce qui me concerne, j'ai mesuré une centaine de Négrilles appartenant à divers groupes de la côte orientale et de la côte occidentale de l'Afrique. Il serait fastidieux de reproduire tous ces noms et tous ces chiffres, dont

Le nain Nem-Hotep, statuette en calcaire du musée de Boulaq.
(Vᵉ ou VIᵉ dynastie, 28 siècles av. J.-C.)

cependant j'ai conservé la note. Quelques-uns, empruntés aux principaux représentants de la race, seront cependant cités avec intérêt, en comparaison avec ceux qu'on vient de lire.

Mbili-kimo de Malindi (origine inconnue). 1ᵐ250
Bé-kü (chez les Fans du Gabon), un homme (min.) . . . 1 340
    —   —   — (max.) . . 1 510
    —   —   femmes (moy.) . . 1 430

A-bongo du bassin de l'Ogoüé, une femme (min.) 1ᵐ320
     —   un homme (max.) 1 520
A-rimba (chez les Ba-yaga du Mayombe), une femme. . 1 380
    —   —   un homme . . 1 420

Nzao, nain de la tribu éshira (Gabon), 20 ans. Taille, debout 1ᵐ10; assis 0ᵐ57.
(Buste presque normal, jambes très courtes.)

A-jongo (métis du Fernan-Vaz), un homme (min.) . . . 1ᵐ450
    —   —   — (max.) . . . 1 680
Wa-boni (métis du Tana), un homme (min.). 1 480
    —   —   — (max.) 1 700
Wa-ndorobo (chez les Massaï), moyenne. 1 750

Ces derniers chiffres, on l'a remarqué, sont obtenus
chez des métis, chez ceux que nous appellerons plus tard

des « Négrilles tertiaires », c'est-à-dire des Négrilles déjà
métissés à l'origine et, de plus, récemment alliés à des
parents nègres. Ainsi, au Fernan-Vaz, on m'a raconté
qu'un campement d'Akôa étant venu se fixer près du chef
de la famille des Ayundji (tribu des Nkomis), il y a moins
de cent ans, celui-ci fit alliance avec eux et prit une de
leurs femmes; ses enfants en firent autant, et peu à peu
il se forma ainsi une race spéciale, celle des A-jongo, dont
la taille et le type se rapprochent de la tribu alliée, mais
qui ont gardé leur langue, leurs traditions et leurs mœurs
de chasseurs nomades. Cette race cependant ne paraît pas
fixée, et, dans les campements que j'ai visités, on remarque
des types très différents, les uns gardant beaucoup du
Négrille, les autres au contraire empruntant plus ou moins
de la physionomie des Nkomis.

De leur côté, les Wa-boni de l'est ont visiblement aussi
du sang galla et somali dans les veines. Les Wa-ndorobo,
enfin, vivant au milieu des superbes Massaïs, n'ont du
Négrille que les mœurs; leur taille est au-dessus de la
moyenne.

Quant aux types négrilles qui reparaissent plus ou moins
fréquemment dans les tribus voisines, chez les *Bé-shéké*
de famille *mbisho,* par exemple, certains *Ba-nzabi,* quelques *Fans,* nul de ces « revenants » ne descend sensiblement au-dessous de la taille commune, mais plus rarement
encore ils s'élèvent au-dessus.

Revenons aux autres. Comme on le voit, la taille
du Négrille ordinaire se trouve être comprise entre
1 mètre et 1m 50; mais comme ce chiffre d'un mètre paraît
exceptionnel, la moyenne pour les hommes comme pour
les femmes devrait être placée entre 1m 30 et 1m 45 suivant
les groupes.

En somme, nos Négrilles resteront encore ainsi la race

la plus petite du globe, la taille moyenne des Négritos asiatiques étant d'environ 1^m50, et celle des Lapons de 1^m55. C'est ce qu'avait déjà dit M. de Quatrefages[1].

Quant aux proportions générales du corps et des membres, elles ne sont pas assurément chez les Négrilles celles que l'on donne à l'homme académique, à l'Apollon du Belvédère. Généralement, la tête est trop grosse, le cou trop petit, les épaules trop étroites, les bras trop longs, la poitrine trop plate, le ventre trop développé, le tronc trop fort sur des jambes trop courtes. Mais enfin, tout cet ensemble ne fait pourtant pas de notre petit homme un phénomène de laideur, et il serait injuste d'accepter comme uniforme ce court portrait que Farini nous donne de son guide korap du lac Ngami. « Deux boules rondes superposées, la plus grosse plantée sur deux jambes minces. » Le portrait détaillé que Schweinfurth nous fait de son Nsévwé ne me paraît pas non plus s'appliquer à tous les Akka : il se trouvait en face d'un individu mal fait et dont on s'est débarrassé sans peine en sa faveur : son récit le prouve.

Il y a, du reste, bien des différences sous ce rapport. Ethune Sura (littéralement « Demi-Cruchon »), dont je parlerai plus tard, mesure exactement 1^m34 de hauteur : « Pour un Nkü, disent les Fans, c'est sûrement un Nkü[2]. » Mais il est loin d'être difforme ou mal proportionné : c'est, au contraire, un beau petit bonhomme très gai, très agile et très bien fait.

A côté de lui, voici le vieux Mba-Solé. De taille plus élevée, il est fait, pour parler franchement, comme un authentique gorille, avec sa face ravagée, sa peau ridée. Mais cet inimitable paillasse sait si bien tirer parti de cette

---

[1] A. de Quatrefages, les Pygmées, p. 104.
[2] Singulier de Bé-kü (forme fan du Mpongwé Ba-kö-a).

laideur même, il est si comique dans ses danses, si admirablement naturel dans ses gestes, si beau dans ses grimaces, que tout de suite il vous a conquis et qu'on se prend à l'admirer.

Ethune-Sura, Négrille allié des Fans (1ᵐ 34). — A côté de lui un Fan, de taille ordinaire ; d'après une photographie du R. P. Trilles, missionnaire au Gabon.

Ces deux portraits extrêmes, trouvés côte à côte, rendront peut-être compte des impressions diverses des explorateurs vis-à-vis des Négrilles. Mais les moins favorisés paraissent être décidément les purs Bushmen. à cause, sans doute, de la misérable vie qu'ils mènent en leurs déserts.

Quant aux métis des Bantous et à ceux des Gallas.

comme les A-jongo du Fernan-Vaz et les Wa-boni de la
côte orientale, il est certain que le croisement leur a, sous
tous les rapports, été favorable : sans atteindre à la beauté
du type supérieur, ils s'en rapprochent cependant, et,

Mba Solé, Négrille allié des Fans, assis près d'un Noir de taille moyenne ;
d'après une photographie du R. P. Trilles, missionnaire au Gabon.

perdus au milieu des autres, on aurait souvent peine à les
distinguer. Il en est de même et surtout des Wa-ndorobo
du pays massaï.

II. — Comme on l'a vu déjà, la tête est généralement
grosse et ronde, quoique ce caractère soit loin d'être uniforme.

Mais c'est ici le lieu de parler de l'indice céphalique horizontal des Négrilles, à cause de la haute valeur que les anthropologistes lui attribuent.

Se basant sur le rapport existant entre les diamètres antéro-postérieur et transversal du crâne, le Suédois Retzius avait divisé toutes les races humaines en Brachycéphales et Dolichocéphales. Broca, prenant en France ce système pour base, a voulu non seulement faire apprécier le volume du crâne, mais surtout caractériser sa forme au moyen des rapports proportionnels des diamètres ramenés à la forme décimale [1].

L'indice céphalique est donc le rapport centésimal du diamètre *transversal* maximum au diamètre *antéro-postérieur* maximum. Cet indice sert à établir la distinction indiquée. Les chiffres sur lesquels elle repose ont été pris de la manière suivante :

Dolichocéphales,	Dolichocéphales vrais . . .	au-dessous de 75
—	Sous-dolichocéphales. . . .	de 75 »» à 77.76
Mésaticéphales	. . . .	de 77.78 à 80 »»
Brachycéphales,	Sous-brachycéphales	de 80.01 à 83.33
—	Brachycéphales vrais	au delà de 83.83

Partant de ces principes, on s'est donc mis à parcourir le monde pour mesurer les têtes qu'il porte. Il faut bien le dire, le résultat a été singulier, et, comme le constate M. de Quatrefages, l'indice crânien s'est trouvé réunir dans un même groupe, par exemple, les Allemands, les Lapons, les Péruviens, les Auvergnats et les Indo-Chinois.

---

[1] Les deux termes sont donc les deux diamètres antéro-postérieur et transversal, obtenus au moyen du compas d'épaisseur. On les compare, et la plus longue ligne A est prise pour dénominateur. Ex. : Si le diamètre B = 151 millièmes et le diamètre A = 192 millièmes, on divise B par A = quotient 0,7804. Puis on fait avancer la virgule de deux pas et l'on a 78,04 comme indice céphalique. V. Broca, *Instructions anthropologiques.*

Les Nègres du Gabon égalent sur le tableau les Français de l'époque de la pierre polie, et les Parisiens y coudoient les Javanais...

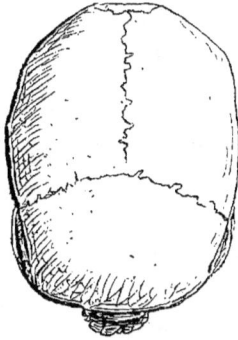

Crâne de Corse (*Norma verticalis*),
présentant les caractères moyens des têtes osseuses européennes.

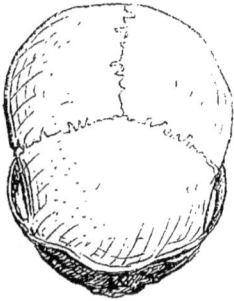

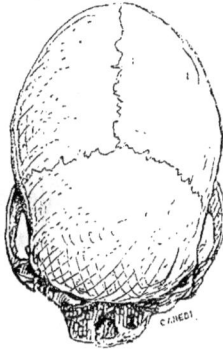

Crâne de Lapon (*Norma vertic.*).   Crâne d'Esquimau (*Norma vertic.*).
Type de brachycéphale (tête globul.).   Type de dolichocéphale (tête allongée).

D'après A. de Quatrefages.
(*Introduction à l'étude des races humaines.*)

Quoi qu'il en soit, quelle est ici la place des Négrilles? Un Akka de Schweinfurth, mesuré par Marno, a donné 80,85, ce qui le met à côté des Basques français. D'autres mesures donnent à M. de Quatrefages, pour des Négrilles de l'Ogoüé, dont M. de Brazza avait rapporté les têtes,

80,77. Enfin les mensurations que j'ai pu faire moi-même présentent des résultats divers. En voici quelques-uns[1] :

	Nkumba (Fernan-Vaz)	70.04
	Sân ou Bushmen (d'après Élisée Reclus)	73.03
Dolichoc.	Akka du British Museum.	74.56
	Adumbwana (Fernan-Vaz).	77.55
	Évongé, homme (chez les Mitchogo).	79.17

	Nkowé, femme (chez les Ndjabi, Haut-Ogoüé).	81.52
	André Mbumba (Fernan-Vaz), métis.	83.22
Brachyc.	Mpira (Fernan-Vaz), métis	83.79
	Bumba (Fernan-Vaz), métis	87.44

Ce qu'il y a de curieux dans ce court tableau, c'est que les chiffres les plus élevés sont obtenus sur des métis : c'est-à-dire que le type négrille passerait de la dolichocéphalie à la brachycéphalie à mesure qu'il devient moins pur.

Ainsi, Bumba est un Négrille *o-jongo* du Fernan-Vaz, dont j'ai déjà signalé la haute taille : 1ᵐ68.

Mpira, originaire du pays éshira, m'a dit être né d'une mère o-bongo (Négrille) et d'un père mu-tchogo (race des Bantous); il a 1ᵐ62 de hauteur.

André Mbumba a été élevé à la mission catholique du Fernan-Vaz; il parle couramment le français, garde un type négrille très prononcé, a de vingt à vingt-cinq ans, et sa taille est de 1ᵐ48. Il est né, lui aussi, d'une mère négrille et d'un père mu-tchogo.

Nkowé est une femme originaire du pays nzabi (rive gauche de l'Ogoüé), de père et de mère négrilles (a-bongo). Elle a 1ᵐ32 de hauteur.

Évongé, né chez les Mi-tchogo, a 1ᵐ45. C'est aussi, du moins il le dit, un pur Négrille.

[1] Dans ces chiffres, j'ai diminué de deux unités le rapport obtenu sur le vivant pour le ramener à ce qu'il serait sur le crâne sec.

Que conclure de toutes ces données, auxquelles beaucoup d'autres semblables pourraient être ajoutées, sinon que, ici comme dans le reste de la race humaine, l'entrecroisement des caractères est frappant?

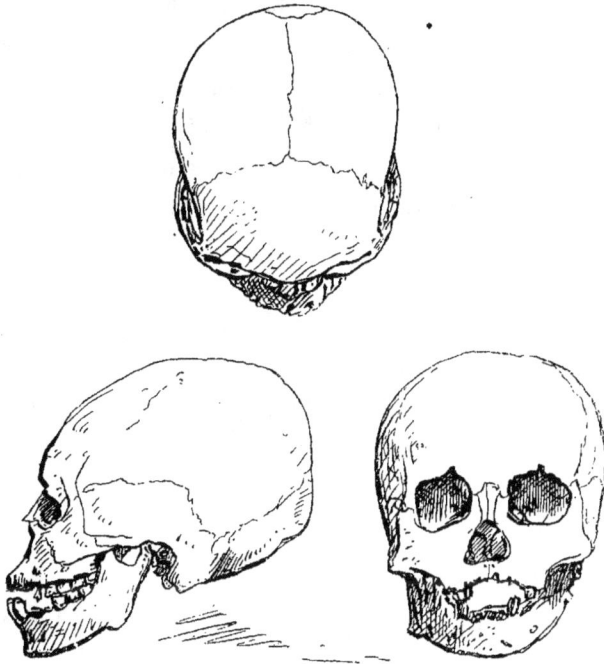

Norma verticalis (brachycéphale).

Profil (prognathisme). Vu de face.

Crâne de Bongo (Négrille du Haut-Ogoüé), d'après A. de Quatrefages.

Bumba, par exemple, a gardé du Négrille ordinaire la tête franchement brachycéphale, et il a emprunté du Nkomi la haute taille, la couleur noire et une partie de la physionomie.

André est resté rouge comme un morceau de cuir neuf, il a le *facies* du Négrille, il en garde la tournure générale; mais s'il est un peu plus haut que le commun, il a surtout gagné dans le métissage sous le rapport intellectuel : il est

très sociable, très ouvert, très actif et répond volontiers
à toutes les questions. Peut-être aussi ce résultat est-il dû
à l'éducation qu'il a reçue à la mission du Fernan-Vaz.

Comme on le voit, il est difficile de hasarder une conclusion définitive d'après ces données. La plus rationnelle,
en tout cas, serait d'admettre deux types de Négrilles
dans la région équatoriale, l'un caractérisé par une tête
courte ou globuleuse, comme les Akôa, l'autre par une
tête longue, comme les Akka et les Bushmen.

De plus, faut-il hasarder une hypothèse? Si ces mensurations étaient continuées, — elles ne sont pas toujours
faciles, — sur un grand nombre de sujets sûrement a-kôa
et sûrement bushmen, peut-être, les uns descendant et
les autres montant, la différence cesserait d'être aussi considérable qu'elle l'a paru jusqu'ici, et le seul caractère qui
sépare ces deux groupes tendrait à disparaître dans la
fusion et l'entrecroisement qu'on a constaté partout ailleurs.

D'un autre côté, il faut en convenir, l'indice montre
bien si le crâne est globuleux (brachycéphale) ou allongé
(dolichocéphale), quand il est pris dans le plan horizontal;
mais il ne permet pas de le représenter tel qu'il est, en
profil et sur plan vertical. En réalité, il n'y a guère que la
photographie et surtout le moulage qui puissent donner
ce résultat. Ainsi, pendant que, vue sous cet aspect, la
tête de l'Européen paraît en général droite et arrondie,
celle du Nègre est portée en arrière et affecte une forme
carrée.

Or ces deux têtes, si différentes d'aspect, peuvent
cependant donner le même indice céphalique!

Cette fusion, constatée pour la forme du crâne, paraît
également dans la couleur. Plus on se rapproche du
Négrille primitif, plus la peau paraît devenir claire, et

c'est un des principaux caractères donnés par les indigènes eux-mêmes. On sait, au reste, que tous les Noirs
naissent blancs ou plutôt jaune-rose [1]. Ils gardent cette
couleur les premiers jours, puis passent progressivement
vers une couleur où le noir domine, mais où le jaune
mêlé de rouge ne disparaît jamais complètement : un
enfant de cinq à six ans, lui-même, est toujours de couleur
plus claire que celle qu'il aura vingt ans plus tard. C'est,

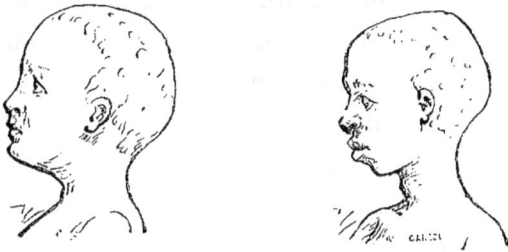

Profil de tête d'enfant blanc. Profil de tête d'enfant noir.

Pour montrer les formes des deux crânes.

au reste, proportions gardées, ce que l'on remarque chez
les Européens, où beaucoup de blonds de deux ans
deviennent châtains à vingt ans et noirs à cinquante. Ce
résultat est dû, on le sait, au pigment cutané qui donne
à la peau humaine sa teinte caractéristique. Chez le noir
comme chez le blanc, le jaune entre toujours pour une
part. Or il semble que, sous ce rapport, le Négrille représente le mieux la teinte primitive et garde toute sa vie la
couleur que les autres Noirs apportent en naissant.

J'ai vu de jeunes enfants de la race, une petite fille en
particulier, Bilogo, qui pouvait avoir dix-huit mois et qui
avait une fraîche couleur jaune et rose partout uniforme.
Mais avec cela un certain petit air vieillot, des sourcils

---

[1] Un peu la couleur des nos 24, 25 et 26 de l'échelle chromatique de Broca.

déjà prononcés, le maxillaire supérieur porté en avant, la faisaient déjà reconnaître et la séparaient des autres enfants du même âge par des caractères qui ne feront que se développer à mesure qu'elle grandira.

Cette couleur spéciale, très différente au reste de celle du mulâtre (né de négresse et d'Européen), reparaît ainsi dans tous les campements de Négrilles. Mais il y a mieux : on la retrouve à l'état erratique chez des sujets de races voisines, plus ou moins fréquemment, comme les Béshéké (A-shékiani ou Boulous) et certaines familles de Fans ou Mpawins. Nous avons même en ce moment, dans nos missions, des enfants de cette provenance dont la couleur est très caractéristique : un, par exemple, né de père et de mère shékés de Ndombo (Gabon), a la peau très claire, surtout à la figure, les yeux gris, et, par ailleurs, un certain air de Négrille très remarquable. Un autre, d'origine fan, présente les mêmes caractères.

Faut-il parler ici d'un cas que je n'ai encore vu cité nulle part et que j'ai remarqué sur les deux côtes d'Afrique? On sait que les albinos, dont la couleur blanc sale est due à l'absence de pigment, ne sont pas rares parmi les Nègres. Il n'est peut-être pas de tribu qui n'en renferme ; et un indigène, digne de foi, m'a affirmé en avoir vu chez les Négrilles A-rimba (forêt de Mayombe). Mais il existe en outre en Afrique, quoique rarement, un érythrisme très caractéristique. Toute la peau est uniformément rouge, rouge de cuivre, comme si elle avait été peinte : le système pileux, les cheveux, la barbe, participent à cette coloration, mais tournent davantage au brun. Les yeux sont clairs et paraissent, quoique à un moindre degré que chez les albinos, supporter mal la lumière. J'ai vu quatre à cinq cas de ce genre au Zanguebar et au Gabon : ces Noirs étaient de vrais Peaux-Rouges, et je ne trouve dans le tableau chromatique de Broca aucune couleur qui s'y rapporte...

Mais revenons à nos Négrilles. Si la couleur claire semble être la couleur primitive, si elle reparaît dans tous les groupes, il s'en faut cependant que ce soit la couleur unique, et bien des Négrilles donnés comme vrais, — ce

La petite Bilogo.

sont, à mon avis, des Négrilles secondaires, dont le métissage remonte à un passé oublié, — sont aussi noirs que les noirs qui les entourent. C'est au reste ce que tous les voyageurs ont constaté[1]. En tout cas, il ne semble pas qu'il y ait lieu de se baser sur la couleur pour partager en

[1] Il est assez curieux de savoir ce que pensent de la couleur humaine les populations africaines de la côte occidentale d'Afrique. Les savants du pays estiment qu'il y a trois couleurs : la noire, c'est celle des hommes actuels; la rouge, c'est celle des ancêtres; la blanche, c'est celle des revenants... Ces conclusions sont assez rationnelles : en effet, les hommes qui les entourent sont noirs; les Négrilles, qu'ils estiment les avoir précédés sur le sol africain et avec lesquels leurs aïeux se sont sans doute mêlés, sont rouges; enfin, les cadavres qui ont séjourné en terre ou dans l'eau perdent avec leur épiderme leur pigment noir et sont blancs.

deux groupes les nains d'Afrique : les Jaunes et les Noirs. En effet, si la teinte générale des Bushmen est celle de la cire jaune, et si, près d'eux, les petits *Ova-kwisu* passent au noir de fumée, il y a des types intermédiaires qui réunissent ces deux extrêmes, et ces types de diverses couleurs se rencontrent parfois dans le même campement.

Comment expliquer cette variété? En résumé, on peut répéter que la couleur du pur Négrille, libre de tout mélange, est celle que l'on rencontre partout dans ces divers groupes, la couleur jaune rouge, mais plus ou moins bien conservée, selon que le groupe lui-même s'est maintenu plus ou moins pur de toute alliance ou bien s'est allié avec des populations plus jaunes comme les Hottentots, ou plus noires comme les Bantous. De plus, nos Négrilles étant essentiellement nomades, un nouvel élément, tantôt plus noir, et tantôt plus rouge, peut s'ajouter à l'un ou l'autre groupe, et déterminer ainsi ces variations entre les deux couleurs constatées chez eux.

Ces remarques s'appliquent du reste à tous les autres caractères.

Toujours d'après les indigènes, une autre caractéristique du Négrille primitif est le développement du système pileux : des poils sur tout le corps, une vraie fourrure, une longue barbe. A vrai dire, me fiant à cette description, produite comme les « noirs du Midi » savent le faire, j'avais cru que je trouverais dans les spécimens signalés des espèces de demi-bêtes : je n'ai jamais abouti, sous ce rapport, qu'à des déceptions. Sans doute, si on compare la généralité des Négrilles à la généralité des Noirs, on comprend que ceux-ci, qui sont presque entièrement glabres, trouvent les autres « poilus comme des singes ». C'est par un motif semblable que la chevelure de l'Européen passe à leurs yeux pour du crin de cheval et est toujours une des principales curiosités de nos curieuses personnes. Mais en fait, si certains Négrilles, rouges et noirs, ont le système pileux relativement développé sur le corps, les bras, les jambes, la figure, il n'y a pourtant rien là, du moins à ma connaissance, de particulièrement extraordinaire, et nous pouvons trouver ce caractère aussi prononcé chez tel ou tel Noir des tribus environnantes. Tel est, par exemple, le petit Éthune-Sura, dont la photographie a été donnée.

Seulement il est à remarquer que les Négrilles à teint clair, si jeunes qu'ils soient, portent presque toujours sur la lèvre supérieure, sur les deux joues et sur les bras, des poils follets, plus ou moins roux, plus ou moins longs et plus ou moins serrés : c'est peut-être là ce que, par hyperbole, on appelle « une fourrure ».

La chevelure est laineuse, abandonnée à elle-même, embroussaillée, noire chez les Noirs, tirant sur le roux chez les autres. Je n'ai point remarqué, à l'état général, la chevelure « à grains de poivre », où les cheveux s'enroulant en petites torsades espacées donnent à la tête un aspect particulier. Mais on trouve cette disposition chez quelques-uns, sinon sur toute la tête, au moins sur les tempes et le bord de la couronne chevelue ; de sorte que l'une et l'autre espèce de ces chevelures se trouvent souvent sur une même tête. C'est également ce qu'on remarque chez beaucoup d'autres Noirs qui, par ailleurs, n'ont rien du Négrille. Au reste, quand les cheveux sont rasés, on les voit tous, chez les uns et chez les autres, implantés de même façon : la fameuse « chevelure à grains de poivre », dont on a voulu faire un caractère anatomique, paraît représenter chez les Nègres ce qu'est chez les Blancs la chevelure frisée. Et il est remarquable que de même que les Noirs à teint clair sont plus portés à avoir ces torsades à grains de poivre, les cheveux frisés se montrent aussi de préférence chez les blonds d'Europe.

Quant à la calvitie, elle est rare parmi les Noirs, et je ne l'ai jamais constatée chez les Négrilles.

III. — Le prognathisme du Négrille, provenant de la projection en avant des maxillaires, est généralement très accentué ; la bouche est presque toujours large ; les lèvres, moins grosses que chez beaucoup de Noirs, donnent parfois, en effet, ce caractère « élongé » remarqué par Schweinfurth ; et le nez, dont la racine se détache sous un front souvent bas et droit, s'étale à la base en un épatement déplorable... C'est un des caractères de la physionomie.

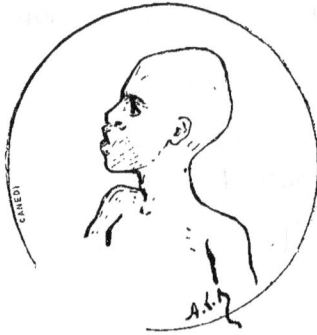

Profil d'enfant négrille (Fernan-Vaz), prognathisme déclaré.

Les sourcils épais, beaucoup plus épais et plus rapprochés que ceux des autres Noirs, en sont un autre très remarquable.

Là-dessous, deux types d'yeux, suivant la couleur des Négrilles : les uns petits, noirs, malins et brillants ; les autres roux, larges et doux, d'une douceur timide qui rappelle celle de la gazelle.

L'œil oblique et bridé des Bushmen ne se voit pas d'ordinaire chez les Négrilles, quoiqu'il reparaisse à l'état erratique chez les autres Noirs, surtout chez les Mpawins. Peut-être les Bushmen tiennent-ils eux-mêmes cette disposition d'un mélange avec les Hottentots.

Rien à dire des dents : obliques et portées en avant comme chez les Noirs, elles sont blanches et saines, quoiqu'ils ne paraissent pas en prendre le soin méticuleux qu'en ont presque toutes les tribus africaines.

Mais un caractère qui se rencontre assez souvent est fourni par la mâchoire supérieure ; chez les enfants sur-

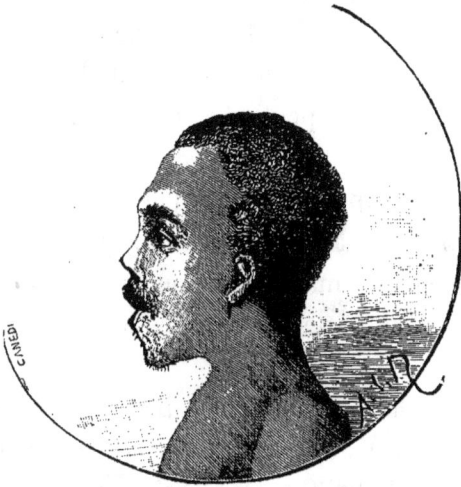

Tête d'Obongo négrille, du Haut-Ogoüé
(Congo français).

tout, elle est conformée de telle sorte que la lèvre, au lieu d'être retroussée, est au contraire arrondie et portée en dedans.

Chez d'autres aussi, les lèvres sont très allongées et empêchent celui qui les porte de fermer suffisamment la bouche pour qu'elles puissent se toucher à l'état de repos. C'est ce qu'on voit dans le type bongo reproduit ici.

Les oreilles sont parfois petites et belles, et parfois, surtout chez les teints clairs, larges et détachées.

« Regarde donc, me disait mon guide chez les Bé-kü, un Mpawin farceur, si ce ne sont pas de vraies oreilles de chimpanzé ! »

Je ne parle pas des « oreilles mobiles » attribuées parfois aux Nègres : c'est une invention puérile.

Le tronc est fort et solidement établi, et si Schweinfurth s'est arrêté à faire remarquer la courbe dorsale de son « Nsevwé », que j'ai moi-même retrouvée ailleurs, il ne serait pas juste, à mon avis, de présenter cette conformation accidentelle comme générale. Parmi nous aussi, il y a bien quelques bossus, et si, un beau matin, on donnait aux Français le costume primitif des Négrilles, la comparaison ne serait peut-être pas si complètement en notre faveur.

L'avant-bras frappe souvent par sa longueur. Chez l'Européen, il arrive à mi-cuisse environ ; il descend plus bas chez le Négrille, mais sans pourtant jamais atteindre le genou. Les doigts sont longs, très fins et fort bien détachés.

Par contre, les jambes sont presque toujours trop courtes par rapport au reste du corps. Le mollet est peu développé, mais la hauteur de la saillie ne paraît pas plus anormale que chez les Nègres ; le talon non plus n'a pas cet allongement exagéré parfois signalé ailleurs ; le pied est relativement gros, mais peu allongé, et cette grosseur paraît d'autant plus que la cheville est généralement très mince. Le dessous du pied est creux, comme chez les grands marcheurs, et à l'empreinte qu'il laisse, on reconnaît souvent le passage de l'un d'eux.

Les orteils n'ont rien d'anormal, quoique le gros orteil s'écarte sensiblement des autres doigts. On comprend d'ailleurs quelle différence doit exister sous ce rapport entre une population où, dès l'enfance, l'on porte des chaussures, et une tribu dont tous les membres vont nu-pieds à travers les bois, le long de sentiers mal tracés, sur des racines et des pierres.

D'un autre côté, les Négrilles sont presque partout de forts grimpeurs : il le faut, surtout pour aller chercher le miel sauvage au haut des arbres. Dans cette opération que nous décrirons plus tard, ils s'aident beaucoup du gros orteil qu'ils font porter sur des lianes serrées de place en place en travers du tronc, et il n'est pas étonnant que, par suite de cet exercice, qui se répète également sur des rochers, cet orteil apparaisse chez eux plus détaché et plus mobile que chez les autres Noirs. Mais quand des voyageurs ont dit, paraît-il, que le gros orteil des Nègres ou des Négrilles est opposable, comme le pouce de la main, ils ont voulu rire un peu et faire disserter les savants. Ce qui est vrai, c'est que parfois, surtout quand leurs mains sont occupées ou qu'ils ne veulent pas se baisser, ces Noirs se servent du gros orteil pour ramasser un objet à terre ou pour s'aider, par exemple, à faire un filet, à coudre un pagne, à tourner une corde. Mais si les Européens perdaient l'habitude de s'emprisonner les pieds dans des chaussures, ils ne tarderaient pas à faire de même, instinctivement, sans grand exercice préalable. J'ai vu le cas. L'homme se sert de tout ce qu'il a et utilise tout ce qu'il peut : il a raison, et c'est précisément par cela qu'il est homme.

Le Négrille passe sa vie dans les bois; c'est là, et ce n'est que là qu'il se trouve vraiment chez lui. Aussi l'acuité de ses sens est particulièrement remarquable, et il est si habile à se dissimuler, à se couler dans la forêt, à circuler partout sans chemin, que, chez tous les indigènes ses voisins, il passe pour se rendre invisible à volonté. Nul mieux que lui ne remarque la trace d'un animal et, si son passage est récent, ne le devine à l'odeur qu'il laisse. Non seulement il sait que cet animal a passé et quand il a passé, mais il distingue la trace de l'homme et sait, par l'empreinte de son pied, à quelle personne de son campement ou des villages voisins il doit la rapporter.

S'ils marchent plusieurs ensemble, ils ont l'habitude de se suivre, et ceux de derrière mettent le pied dans la trace de leur guide : toute une famille peut passer ainsi sans qu'on remarque autre chose que les traces d'un seul homme. Être inaperçu de tous, bêtes et gens, et les apercevoir tous, voilà, en forêt, la règle du Négrille. Par ailleurs, cette habitude a aussi pour but d'épargner à ceux qui suivent les fatigues de la première trouée. Le père précède et tout le monde suit, remplacé au besoin par le fils aîné, et ainsi de suite : c'est, on le voit, la pratique des grues dans les airs.

Leur oreille est toujours ouverte au moindre bruit ; leur œil sait distinguer dans le plus épais fourré la bête cherchée, et ils arrivent à se glisser jusqu'auprès de l'éléphant pour lui planter une lance dans les flancs.

Cette agilité singulière se retrouve dans les danses et les pantomimes où ils sont passés maîtres et pour lesquelles ils sont universellement connus.

La plupart des populations africaines ont la pratique du tatouage et de certaines mutilations, dites ethniques, aussi variables d'ailleurs que la fantaisie humaine. Ce sont, par exemple, des signes caractéristiques de tribu ; d'autres indiquent le nombre de grands animaux qu'on a tués ; ailleurs, c'est une marque d'initiation religieuse ; c'est encore un vestige de cérémonie donnant droit à manger telle viande défendue au vulgaire ; c'est une sorte d'écriture hiéroglyphique gravée sur la peau humaine et dont le sens est perdu pour beaucoup ; enfin, c'est aussi, dans le goût de celui qui le porte, un ornement...

Marche nous dit que les A-bongo qu'il a vus chez Boya,

chef des Ba-kandé, s'épilent les sourcils. Cette pratique n'est pas générale; ils l'ont empruntée à la tribu chez laquelle ils résident, mais elle ne paraît pas connue chez d'autres Négrilles.

Je n'ai vu non plus chez eux ni cicatrices ethniques ni tatouage : seraient-ils antérieurs à ces essais d'écriture? Mais Farini nous dit que ses petits Mkabba du lac Ngami avaient les joues et les épaules tatouées de lignes droites et de couleur bleue. Et il ajoute : « A tous, même aux nourrissons que portaient les matrones, on avait amputé la dernière phalange du petit doigt de chaque main : c'est le signe distinctif de la tribu[1]. »

Rien de pareil, à ma connaissance, n'a été signalé chez les autres Négrilles; mais ce n'est pas

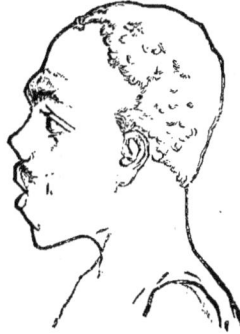

Obongo.

sans quelque étonnement que, depuis, j'ai recueilli incidemment de la bouche d'un voyageur indigène du Fernan-Vaz, qui avait séjourné et trafiqué chez les Ba-bongo du bassin du Haut-Ogoüé, un renseignement analogue. « Quand, me disait-il, le premier-né vient à mourir chez eux, on enlève une phalange du petit doigt à tous les enfants qui naissent ensuite... »

Peut-être y a-t-il là quelque souvenir d'une ancienne coutume, gardée chez les Mkabba et perdue ailleurs.

Ce ne serait pas au reste le seul signe qui classerait ce petit groupe, avec les Sân leurs voisins, parmi les Négrilles primaires. Ils n'ont pas, en effet, la circoncision. Or, dans presque tous les autres groupes de l'Afrique

[1] Farini, *Tour du Monde.*

orientale, centrale et occidentale, cette pratique paraît observée, mais parce qu'ils l'ont prise aux populations voisines; c'est du moins ce qu'ils disent.

Aucun des Négrilles que j'ai vus n'était maigre à l'excès, aucun ne se distinguait par son embonpoint. Cependant, comme j'ai déjà eu occasion de le signaler, cinq ou six spécimens du Fernan-Vaz ou d'ailleurs, et du type jaunâtre, m'ont frappé par une tendance marquée à la polysarcie dans la région supérieure de la poitrine, et même à une sorte de stéatopygie. Un certain Adumbwana en donne un exemple remarquable. Est-ce un souvenir de plus qui les relierait aux Bushmen, est-ce un effet produit sur un organisme identique par une cause générale? Aux physiologistes de répondre; mais il est intéressant de voir, particulièrement dans les régions chaudes et plus ou moins désertiques, ces accumulations de graisse, réserve pour les mauvais jours, chez le mouton, le bœuf, le chameau et l'homme lui-même. C'est aussi, dirait-on, par le même principe de prévoyance que, dans les déserts, une quantité considérable de plantes se trouvent fournies de bulbes où la fraîcheur et la vie se maintiennent et donnent à la plante la possibilité de se maintenir verte, de fleurir et de fructifier pendant que, autour d'elles, tout le reste est desséché.

N'oublions point de signaler un dernier caractère que les Noirs ordinaires aiment à attribuer aux Négrilles : leur odeur. Un jour que je demandais à un Mpawin si lui et les hommes de sa tribu épousaient quelquefois des femmes de cette petite race, que par ailleurs il me vantait :

« Non, me répondit-il sèchement.

— Et pourquoi?

— Elles puent trop.

— Ah! elles se frottent sans doute avec de l'huile, de la graisse?

— Non. C'est Dieu qui les a faites comme cela. Elles puent tout naturellement, sans le faire exprès... »

Eh bien! ce Mpawin dégoûté disait vrai. Tout naturellement le Négrille émet vraiment une odeur caractéristique; c'est Dieu qui l'a fait comme cela!

Les Négrilles sont-ils de constitution faible et sujets aux maladies? Il semble que non. Habitués dès l'enfance à courir les bois, endurcis à toutes les intempéries, couchant n'importe où, vivant de ce qu'ils trouvent, eux seuls peuvent se permettre impunément ce genre d'existence. Les vieillards ne sont point rares parmi eux. Ils connaissent d'ailleurs une quantité de simples qui remédient aux affections ordinaires. La fièvre, chez eux, — car nul n'en est complètement indemne, — n'affecte pas la forme maligne et rebelle que nous lui connaissons chez les Européens. Ils la traitent surtout par la transpiration. Contre les rhumatismes et toutes les douleurs locales, ils ont les ventouses et les scarifications. Mais si la variole s'abat sur ces pauvres enfants des bois, comme elle l'a fait récemment dans un de leurs campements du Fernan-Vaz, elle a des effets désastreux.

Je n'ai vu non plus chez eux ni plaies de mauvaise nature, ni maladies de peau, ni dartres, pourtant si communes en ces pays, pas non plus cette mystérieuse maladie du sommeil qui se répand aujourd'hui du Sénégal jusque dans l'Ogoüé et le Congo.

Mais quand les groupes se dispersent trop et que nos Négrilles sont obligés de se marier entre eux, sans recourir à d'autres campements, il paraît qu'ils présentent moins de résistance et que les maladies les terrassent rapidement.

Tel m'est apparu le type général des Négrilles dans les divers campements que j'ai pu visiter. Rapprochons-le, pour finir, de celui qu'esquisse Paul Crampel : on verra que les deux sont parfaitement conformes, et en lisant le portrait des petits hommes que, à tort, on lui a nommés Ba-yaga, j'ai cru revoir ceux que j'ai moi-même rencontrés.

« Au physique, dit-il, il y a opposition complète entre les Bayagas et les M'fans.

« Les Bayagas sont des nains, comparés aux M'fans dont la taille est souvent de 1^m75 à 1^m80 : ce sont de petits hommes si l'on regarde simplement leur moyenne, que j'ai trouvée de 1^m40. Ils sont gros, trapus, bien proportionnés, musculeux. La couleur de leur peau est dans les bruns jaunes; leur pilosité est développée sur tout le corps. A première vue, les détails physiques qui, chez eux, frappent le plus sont : la proéminence des arcades sourcilières, la grande épaisseur des sourcils sans intervalles, la saillie des pommettes. Vu de profil, le nez est généralement plutôt busqué et forme une ligne coudée; vu de face, il paraît large et descend bas vers la bouche. Le cou est très court; la tête rentrée dans les épaules; la poitrine large, bombée; le bras fort, le poignet gros; les jambes sont cagneuses. La saillie du talon est assez marquée, l'attache du pied très grosse. A l'état de repos, les Bayagas ont généralement les pieds en dedans, et le genou a l'air de se continuer par le mollet et le pied tout d'une pièce.

« Un caractère physionomique domine tous les autres : c'est une expression habituelle de peur, d'effroi même, qui fait que, lorsqu'on les examine, les Bayagas gardent toujours la tête basse et semblent trembler. Néanmoins, leur curiosité doit être très grande, car lorsque, en causant avec eux, je détournais la tête pour les fixer ensuite brusquement, je voyais tous les yeux rivés sur moi[1]. »

[1] Harry Alis, *A la Conquête du Tchad.*

V

CARACTÈRES INTELLECTUELS

I. — Certains anthropologistes semblent encore ne
considérer dans l'homme, précisément, que ce qui n'est
pas la caractéristique de l'homme : son organisme et ses
fonctions matérielles. C'est être volontairement incomplet
et injuste.

D'autres, se faisant de lui une conception théorique,
posent en axiome indémontré que l'homme primitif est un
« gorille mal dégrossi », que son intelligence n'est pas
autre que celle de l'animal, que la moralité et la religion
sont des préjugés, mais que, de progrès en progrès, il est
appelé à monter au sommet où ils se placent eux-mêmes
et qui est le *summum* de la civilisation actuelle. Dès lors,

tous les faits constatés doivent être interprétés conformé-
ment à la théorie, et il est curieux de voir ces hommes,
qui parlent toujours au nom de la science, dogmatiser
avec une intransigeance et un parti pris que ne connut
jamais aucun de ces pauvres docteurs du moyen âge tant
maltraités par eux, et si mal connus.

C'est ainsi, par exemple, qu'on nous représentera « l'an-
thropoïde du Néander-thal ou de la Naulette, solitaire et
nu, dans l'atmosphère épaisse, sur le sol marécageux,
son caillou en main, vaguant de fourré en fourré, cherchant quelque plante ou baie comestible ». *Mutum et
turpe pecus,* avait déjà dit Horace. Muet et vil bétail, qui
n'a même pu parler que par hasard : et tels sont encore,
ajoute-t-on, « ces sauvages d'Afrique qui ne se comprennent pas la nuit, et dont les mots indéterminés ne
peuvent se passer du geste [1] ».

Il faut admirer en ce court extrait la vue ferme et claire
que son auteur, écho de tant d'autres, a eue de l'homme
préhistorique de Néander-thal; mais s'il n'est pas mieux
renseigné sur son compte que sur les populations actuelles
dites sauvages et en particulier sur les Nègres d'Afrique
« qui ne peuvent se comprendre la nuit », — qui jamais
a pu se moquer ainsi du public? — il n'y a vraiment pas
lieu de trop plaindre nos pauvres ancêtres. On peut être
heureux, et même intelligent, sans avoir tout le confort
et toutes les petites connaissances de détail d'un professeur
de l'École d'anthropologie de Paris : c'est ce que prouve
la plus simple étude, faite sur place et sans parti pris,
des Nègres et des Négrilles, c'est-à-dire des plus humbles
représentants de l'humanité.

Nous avons vu, d'abord, que rien, dans les caractères

[1] A. Lefèvre, *les Races et les Langues*, p. 5-6.

physiques des Négrilles, ne peut être invoqué comme preuve de leur faible intelligence. Leur taille, leurs proportions, leurs traits ne sauraient être pris pour argument : brachycéphales, ils le sont en compagnie des Allemands du sud, des Auvergnats, des Russes, des Turcs, des Mongols, des Bretons et des Basques; et s'ils ont une capacité crânienne minime, — ce qu'on ignore, — les Chinois, les Hindous et les anciens Égyptiens, qui n'ont jamais passé pour des brutes, se trouveront être leurs voisins[1]. Nous sommes donc, encore une fois, contraints d'abandonner la théorie pour nous en rapporter aux faits.

Or, quand on a vécu, ne fût-ce que quelques jours, dans la société de ces petits hommes, quand on a pu leur parler dans leur langue et en se passant des fantaisies d'un interprète, quand on a discuté avec eux, répondu à leurs questions, entendu leurs réponses et pris attention à la conception qu'ils se font de la vie, — ils sont aussi libres, après tout, de s'en faire une que les philosophes et les sociologues de tous les pays, — on ne peut qu'être frappé d'une chose : de notre vanité ridicule, à nous, qui commençons par nous mettre simplement au plus haut degré de l'échelle intellectuelle et qui plaçons les autres plus bas, à proportion qu'ils nous ressemblent moins...

Cette impression, je l'ai ressentie très vive dans la rencontre et l'entretien que j'eus autrefois avec les Bonis de la forêt de Sokoké et que j'ai déjà en partie rapportée; je l'ai retrouvée sur la côte occidentale en visitant les divers campements de Négrilles que j'ai pu atteindre. En somme, ces gens n'ont ni académies, ni bibliothèques, ni systèmes; mais ils raisonnent. Ils raisonnent, et si l'on ne peut partager pour soi leur conception de la vie, elle

[1] A. de Quatrefages, les Races humaines, p. 193-217.

en vaut cependant bien une autre. Il faut en convenir
sincèrement.

Un jour d'août 1889, — mon carnet de voyage, que
je retrouve, me guidera facilement, — je quittais Mombassa (Zanguebar), où je séjournais depuis quelques mois,
pour me rendre plus au nord, à Malindi. C'est une ville
qui fut prospère en son temps et qui porte encore, attesté
par une colonne se dressant sur une pointe, le souvenir
de la domination portugaise aux siècles passés. Saint
François Xavier, — il le raconte dans ses lettres, — y est
descendu, y a discuté avec les musulmans qu'il y trouva,
et n'en a rien obtenu : moi non plus... C'est aujourd'hui
une colonie arabe en décadence, par suite de la désertion
des anciens esclaves et de la difficulté que rencontrent les
propriétaires pour s'en procurer d'autres.

J'avais là un vieil ami dans la personne d'un Hindou
de Bombay, établi comme commerçant, propriétaire de
plusieurs immeubles, et qui en mit gracieusement un à ma
disposition : une sorte de magasin en ruines, où l'on relé-
guait tout ce qui ne pouvait trouver place ailleurs. Mon
fidèle cuisinier Séliman y choisit un coin à son goût,
et l'installation fut bientôt faite. J'étais seul avec lui et
une toute petite gazelle, dont le gouverneur m'avait fait
cadeau. Il n'est rien de tel que la société des bêtes : doux
souvenirs !

Or, Ali bin Dina, mon hôte, avait comme esclave et
commissionnaire un petit individu qui se disait Galla,
mais que j'appris plus tard être un métis de Boni : ce fut
lui qui me fit voir le Mbili-Kimo dont j'ai déjà parlé et
qu'on disait originaire du sud de l'Abyssinie.

Mais j'appris bientôt que, au delà des grandes cam-
pagnes qui entourent Malindi, erraient plusieurs familles
de ces nomades, de ces Bonis, Wa-sanyé, ou Wa-twa,

qui nous occupent en ce moment. Mon programme comportait précisément une exploration de l'intérieur de ce pays, alors tout à fait inconnu. Après avoir organisé une très modeste caravane, je partis.

Dès le lendemain matin, nous arrivions en face d'un étang appelé Bartum, du nom, me dit-on, d'un ancien chef de famille boni, qui avait longtemps résidé sur ses bords. Plus loin, nous trouvons des branches desséchées du fleuve Sabaki qui se jette dans la mer, entre Malindi et Mambrui. Nous marchons dans ce sable, nous remontons le cours du fleuve lui-même, nous le traversons, nous le retraversons : très rude étape, au cours de laquelle nous voyons un premier campement de Wa-sanyé.

Le lendemain, la journée se passe, intéressante, dans un village de Wa-nyika et de Giriyamas qui ont fui la sécheresse et la famine de leur pays et sont venus s'établir ici, sur les bords de l'eau. Successivement, je reçois les hommages du chef, du sous-chef, des guerriers, des jeunes gens, des dames, des enfants. Une manière polie de tirer profit de l'étranger, en lui offrant des cadeaux et en lui en faisant donner... Mais, après tous les autres, et quand je croyais les présentations terminées, voici venir Gallo-Gallo, le chef des Wa-sanyé, dont, la veille, nous avions rencontré le modeste campement. Lui ne donne rien, son rôle consistant à toujours recevoir. La raison, il me l'explique : c'est que tous les autres, Noirs et Blancs, sont des étrangers sur sa terre, et que, dès lors...

« Quelle est ta terre ? lui dis-je.

— Mais, me répondit-il sans sourciller, c'est toute la terre !... »

J'enregistre ce mot sublime, et je donne à son auteur une poignée de sel...

Le jour suivant était un samedi, 31 août. Devant nous,

au sud, s'étendait une grande forêt, la forêt de Sokoké,
qu'on peut traverser en un jour, nous disaient les indigènes, mais qui, du côté de l'intérieur, « n'a jamais de
fin ». De grand matin, nous nous y engageons, dans la
pensée que le lendemain, dimanche, nous pourrons nous
reposer dans un village de l'autre côté. La journée s'an-
nonce belle, un petit sentier court devant nous sous les
bois, et au moment où nous y entrons, un oiseau nous
réjouit de son chant.

« Cet oiseau qui crie à droite, dit Séliman, c'est un
signe de bonne chance ! »

Une heure se passe, deux heures, trois heures, quatre
heures, nous marchons toujours; mais voici que, à un
moment donné, le sentier finit brusquement. Sans nous
en apercevoir, nous avions perdu la route véritable pour
nous engager dans un chemin d'éléphants. « N'importe,
dit le guide, il s'agit de marcher devant soi : nous arri-
verons bien quelque part. Toute forêt finit où la plaine
commence ! »

A midi, nous étions toujours sans route, exténués de
fatigue, obligés de ramper, de sauter, de lutter contre les
lianes, les épines et tout le sous-bois qui entravait notre
marche, mourant de soif. Plusieurs fois, l'un de nous
monte sur un arbre pour voir s'il n'y a pas un point de
repère qui puisse nous guider : rien, sinon, partout, l'im-
mensité de la forêt uniforme et qui « n'a jamais de fin ».

Le désespoir a gagné la caravane. Au commencement,
on rappelait à Séliman son oiseau de bon augure, pour
rire un peu ; mais maintenant tout le monde se tait, et,
dans leur résignation fataliste, les Noirs plus ou moins
musulmans qui m'accompagnent disent simplement :
« Nous mourrons ici, et personne ne nous retrouvera
plus. C'est Dieu qui l'a voulu... » Là-dessus, dix fois,

Zanguebar (Afrique orientale). — Mon intérieur à Malindi.

vingt fois, ils jettent leur charge par terre, s'allongent dessus, mâchent quelques feuilles pour tromper leur soif, et refusent de marcher.

Ma position n'est pas brillante. J'ai une petite boussole de poche, j'ai un podomètre, je prends un crayon, je fais semblant de me livrer à de profonds calculs, et, d'un air plein de confiance, j'indique à tout hasard une direction, en me recommandant à la Providence, la Providence du missionnaire perdu...

Vers six heures du soir, quand déjà nous agitions la question d'établir notre campement et de nous retirer dans les arbres, à cause des éléphants, des lions et des léopards dont nous apercevions à chaque instant les traces, voici enfin que nous constatons, par des branches coupées, le passage de l'homme. Courage! Quelque temps après, lorsque la nuit commençait à nous envelopper, nous étions dans un tout petit sentier bordé de pièges... Au loin un enfant se sauve, la forêt s'éclaircit, une fumée légère paraît au-dessus des arbres, un village!

C'était un campement de Bonis : quatre ou cinq cases rondes et misérables.

Le lendemain, dimanche, jour de repos — pour plus d'une raison. Or, après avoir raconté notre aventure, même l'heureux présage de ce vieil oiseau de Séliman, donné mes petits cadeaux et gagné sa confiance, je me permis de faire à mon hôte quelques observations sur le dernier des péchés capitaux, vulgairement connu des théologiens et des écoliers sous le nom de paresse.

Devant mes arguments et mes reproches, un autre aurait baissé la tête.

Le vieux releva la sienne, tout en continuant d'arranger une boîte en écorce d'arbre :

« Et pourquoi travailler? me répondit-il. Est-ce que la

terre ne nous donne pas, à nous, tout ce qu'il faut pour vivre, sans que nous ayons besoin de tant la tracasser, comme font les esclaves? »

Un peu interloqué, je hasardai pourtant une objection :

« Alors, pourquoi demandez-vous de la farine à ceux qui labourent, du linge à ceux qui voyagent?

— C'est un droit, dit le chef. Ceux qui labourent prennent un coin de la terre, coupent un bout de la forêt, tarissent un étang, écartent les bêtes... Or, à qui sont les terres, les forêts, les eaux et les bêtes? C'est à nous. Et toi, quand tu passes, tu suis un sentier...

— Quand j'en trouve.

— Tu suis un sentier : ce sentier, c'est nous qui l'avons fait dans nos bois. Il est à nous. Où étais-tu, quand, pour la première fois, nous le foulions de nos pieds?

— Mais si personne ne passait dans vos sentiers et ne cultivait vos terres, vous n'auriez rien à demander aux autres. De quoi vivrez-vous?

— De quoi vivent les singes? Quand tu verras les singes mourir de faim, les Bonis mourront aussi.

— Ah! les Bonis sont des singes?

— Si tu veux le croire, tu peux le croire... Ce qui est certain, c'est que, sans travailler la terre plus que les singes, nous avons la viande des animaux, le miel des abeilles, le cœur des palmiers, les fruits de la forêt, les feuilles, les herbes, et nous vivons.

— Oh! les feuilles, les herbes, ce n'est pas très substantiel.

— Nous savons tout ce qui se mange, nous, et tout ce qui ne se mange pas. Les autres cultivent pour eux-même; mais c'est Dieu qui a planté pour nous.

— Et le linge?

— Si nous avons du linge, nous en prenons; si nous

Zanguebar (Afrique orientale). — Avec le philosophe Boni.

n'en avons pas, les bêtes que nous tuons nous prêtent leur peau.

— Je n'ai jamais vu, dis-je au vieux, personne de votre race comme esclave chez des gens de la côte.

— Précisément. Les gens de la côte savent qu'il n'y a rien à faire avec nous pour travailler leurs champs, voilà pourquoi ils ne nous prennent pas. Quant à vendre l'un de nos enfants comme esclave, comme font d'autres tribus, nous aimerions mieux mourir tous.

— Ceci est parfait, répliquai-je, et en cela nous nous ressemblons, vous et nous. Mais pourquoi vous bâtissez-vous de si petits villages, des cases si misérables? Ne craignez-vous pas des tribus ennemies, la guerre, le pillage?

— C'est justement pour éviter le pillage et la guerre que nos cases sont ainsi faites. Nous n'avons rien : à qui n'a rien on ne vole rien. Les grands villages, les fortes palissades, les troupeaux, les champs, mais c'est tout cela qui attire l'ennemi!... Et puis, quels villages bâtir? Pour dormir la nuit, est-ce que nos campements ne suffisent pas à des chasseurs? Le jour, nous avons les bois. »

A ce drôle d'homme, ma philosophie ne trouvait franchement pas grand'chose à répondre. Et il parlait toujours.

« Quand il y a tant de maisons ensemble si bien garnies, si bien bâties, les disputes, les injures et les vengeances ne manquent jamais : deux hommes avec chacun une poule, c'est assez pour créer des inimitiés pour une vie d'homme.

— Mais vous, vous n'avez jamais de querelles?

— Nous, nous vivons en famille de manière que, dans chaque campement, il n'y ait qu'un chef qui est le père de tous les autres, qui commande et qui est obéi. Là aussi il n'y a que des frères et des sœurs. Le jeune homme qui veut se marier va chercher sa femme au loin, et il se fait plus tard, avec sa femme et ses enfants, un nouveau campement... »

Voilà, si je ne me trompe, d'étranges idées en matière d'économie politique et sociale. Mais ce qui semblera dépasser les bornes, c'est qu'on est obligé d'avouer que, à son point de vue spécial, n'ayant besoin de rien, et n'étant pas d'ailleurs gêné dans ses mouvements par une nombreuse société ambiante qui occupe toute la terre, ce nomade a peut-être raison !

En tout cas, mon philosophe sans le savoir m'étonna et m'intéressa beaucoup. Il me donna d'ailleurs quantité d'autres renseignements qui trouveront place au cours de cette étude, et nous nous séparâmes bons amis. Sa femme me fit cadeau de griffes de lion magnifiques, lui-même me céda un arc et des flèches, avec une provision de poison végétal, et ne fit aucune difficulté pour nous donner un guide destiné à nous sortir de la forêt par le chemin le plus court.

Tous mes hommes étaient en marche : il fallait se quitter.

« Sais-tu, me dit-il alors, pourquoi tu t'es perdu dans le bois ?

— C'est que le guide ne connaissait pas son chemin.

— Non. C'est que, au village de Baté, tu n'as pas bien traité l'un de nous ; tu as ri de lui quand il t'a dit être le maître de la terre, et tu ne lui as donné qu'une pincée de sel...

— Qui t'a dit cela ?

— Bien avant ton arrivée, Gallo-Gallo était ici et il m'a raconté ton aventure. Ne ris jamais de nous : nous connaissons les secrets des choses que bien des autres ignorent, et nous savons nous venger de ceux qui nous méprisent. »

Cette révélation fut un trait de lumière. Au campement suivant, en reconstituant les circonstances dans lesquelles nous nous étions égarés, nous nous souvînmes que le sentier, le bon, le vrai, s'était trouvé encombré de lianes à un moment donné; puis, voyant à gauche un chemin plus dégagé, nous l'avions pris et nous nous étions perdus!

La main de ce vieux sorcier de Gallo-Gallo avait passé par là. Sachant où nous devions aller, il avait pris les devants et nous avait joué ce petit tour. Mais je ne veux plus m'en plaindre : sans lui je n'aurais pas rencontré mon philosophe, et « le chemin est ardu qui conduit à la sagesse ».

Revenons maintenant à la philosophie de ce primitif et dégageons-en quelques données.

Ce que l'homme, dit-il, doit rechercher avant tout pendant son court passage en ce monde, c'est le bonheur. Le bonheur, nous l'avons, — pas sans mélange, — mais enfin nous l'avons devant nous dans ses principaux éléments : ne rien faire que ce qu'on veut bien, courir les bois, aller à la chasse, manger ce que nous sert la nature, réduire nos besoins au strict minimum; nous tenir dans le voisinage d'une tribu « d'esclaves » qui travaillent la terre, pour profiter à l'occasion de leurs produits et échanger avec eux notre superflu; rester en paix avec tout le monde, nous secourir entre frères, et, si nous sommes menacés, déguerpir; prendre des femmes qui nous ressemblent, élever nos enfants comme nous l'avons été nous-mêmes, vivre en famille, sans biens inutiles; errer libres à travers la forêt immense, nous reposer au campement, chanter, rire et danser les jours d'abondance, espérer les jours de

disette, souffrir ce qu'on ne peut empêcher, mourir puisqu'on ne peut toujours vivre, voilà pour nous la vraie
manière de comprendre la vie... Maintenant, si d'autres
trouvent mieux de faire autrement, s'ils préfèrent travailler
sans fin ni trêve, thésauriser des masses de choses qu'ils
ne consommeront jamais, chercher querelle à tout le monde
dans des guerres interminables, abattre les arbres et bâtir
d'inutiles palais, ne les en empêchons pas; mais nous,
nous préférons nos bois, nos chasses et notre liberté...

Sans doute, dira-t-on. Mais, si tout le monde raisonnait
ainsi, la terre serait bientôt trop étroite, et la vie deviendrait impossible.

Peut-être; mais si tout le monde aussi raisonnait
comme certains philosophes et réformateurs de sociétés
très civilisées, si tout le monde pensait que la morale est
une invention puérile et qu'il n'y a de vrai que la matière
et la force, la vie serait-elle meilleure? En réalité, quand
on n'est pas guidé et soutenu par des principes supérieurs
et des croyances religieuses qui forcent la conscience,
chacun va devant soi sans se préoccuper du voisin autrement que pour l'exploiter, s'en servir ou s'en défaire...
On se plaint quelquefois du temps qu'il faut à une idée
pour pénétrer les masses; si les masses étaient pénétrées
des idées qu'exposent certains professeurs officiels des
principales capitales d'Europe, la moitié de la société tue-
rait l'autre, et ce qui en resterait s'entre-mangerait.

Les Négrilles sont moins dangereux, et partant, plus
civilisés. Les Négrilles sont les fils aînés de la terre, ils
la connaissent, ils en vivent. Et chose curieuse! les autres
Noirs le savent si bien partout que, sur l'autre côte, dans
la région du Gabon, lorsqu'ils vont à la pêche, à la chasse,
à la récolte du caoutchouc ou des fruits de la forêt, ils
s'abstiennent, sous peine de ne rien trouver, d'appeler

les A-kôa par leur nom. A-t-on besoin d'en parler? Il faut dire « les hommes courts » ou « la grande nation (*inongo ivolo*) ». En pénétrant dans l'immense forêt, il semble qu'on mette le pied dans leur jardin : en nommer le propriétaire, presque le dieu, vous porterait malheur.

Cependant, et malgré les beaux raisonnements qu'ils peuvent émettre et auxquels je n'ai fait que donner une forme, les Négrilles ont besoin, dans cette vie au jour le jour, de déployer une intelligence singulière pour faire face à tous les imprévus, à toutes les disettes, à tous les accidents.

Parce qu'ils n'ont pas notre organisation, nos procédés, nos lois, notre littérature, nos arts, nos sciences, nous les jugeons inintelligents : mais est-ce là le point de vue auquel il faut vraiment se placer? Chaque race, en somme, a l'intelligence conforme au genre de la civilisation qu'elle a et veut avoir, suivant les circonstances, son passé, ses moyens et ses goûts; et cette intelligence, pour tirer parti de la situation spéciale dans laquelle elle se trouve, est supérieure souvent à celle d'une autre race qui a d'autres mœurs. Il est clair qu'un Négrille, par exemple, placé en face d'un tableau noir où il faudrait démontrer un théorème de géométrie, s'en tirerait assez mal; mais aussi, — je ne dis pas cela parce que je leur veux du mal, — qu'on transporte un professeur de l'École d'anthropologie de Paris ou de Berlin en pleine forêt africaine avec un arc, des flèches et une lance, qu'on lui donne même un mouchoir autour des reins, qu'on l'abandonne ensuite à ses conceptions et qu'on lui dise : « Vis et marche! » il est à craindre que ce savant ne se trouve aussi embarrassé devant la nature que le Négrille devant le tableau noir. Ces deux hommes, à vrai dire, sont intelligents, mais leur intelligence est orientée différemment...

Sans doute, il serait paradoxal de prétendre qu'il n'y a aucune différence intellectuelle entre l'un et l'autre et affirmer que les Négrilles sont, dans l'ensemble, aussi intelligents, aussi perfectibles, aussi capables de progrès que les Européens. Non, le soutenir, ce serait imiter l'exagération de ceux qui, sans les avoir étudiés, les appellent sérieusement des « gorilles mal dégrossis ».

Mais ce sont bien des hommes, et des hommes qui, placés dans des conditions désastreuses, dans des forêts sans fin ou des déserts immenses, avec l'outillage le plus simple, les procédés les plus rudimentaires, arrivent cependant à triompher de la nature, à fonder des familles, à se perpétuer, à goûter la joie de vivre, et à préférer leur existence à tous les prétendus avantages d'une civilisation qu'illumine l'étincelle électrique et que chauffe la vapeur... Voilà la vérité.

III. — Il faut maintenant descendre au détail des caractères intellectuels, parmi lesquels le langage, « un des plus hauts attributs de l'espèce humaine, » dit M. de Quatrefages, occupe un rang supérieur.

D'abord, les Négrilles ont-ils une langue commune?

Dispersés comme ils le sont, et depuis tant de siècles, ce serait miracle s'il en était ainsi. Il n'en est pas ainsi.

Mais c'est déjà un point très remarquable que, abstraction faite des innombrables surnoms que reçoivent ou se donnent leurs différents groupes, on puisse retrouver, comme on l'a vu, une racine identique autour de laquelle évoluent diverses appellations qui tendraient à les réunir sous un nom commun, des bords de l'Orange aux forêts de l'Ogoüé et aux sources du Nil. Il s'agit du monosyllabe *Ko,* qui signifie *nègre* dans l'ancien égyptien et se rapproche singulièrement du hottentot *Khoï* (*Koï*), qui veut dire *homme*, et du bushman *Khué* (*Ku-é*) qui leur sert à se désigner eux-mêmes. Or ce mot *Kho, Khu, Kü, Kw*, etc., préfixé et suffixé suivant le génie des tribus environnantes, donne des appellations qui, toutes, désignent nos Négrilles dans leur proche bouche. Ainsi nous avons :

Khu-ai ou *Khu-é*, bassin de l'Orange (Bushmen) ;

Nama-ku-a [1] (sud de l'Orange) ;

A-Kw-a ou *A-Kka* (Haut-Ubangi ou Wellé) ;

Bé-kü ou *Ba-Kü*, chez les Fans (Afrique occidentale) ;

Bo-Ku-yo (Mekuk du San Bénito) ;

Li-Ko-ya (Kombés, nord du Gabon) ;

Ba-Kô-a (Bengas) ;

A-Kô-a (Mpongwés du Gabon), etc.

Que conclure ? Les *A-Kô-a* seraient ainsi « les hommes », les vrais, les premiers, ceux qui, se trouvant en face de l'animal, se sont tout de suite distingués de lui en se désignant par un nom.

Quant à l'autre appellation également très répandue qu'on leur donne, chez les Bantous, mais qu'ils ne se donnent pas, — la distinction est nécessaire, — celle de *Wa-twa, Ba-twa, Ova-twa*, etc., c'est un surnom dont il faut décidément chercher la signification dans le mot : *Ta, chasser*, et dont le passif est : *Twa*. Aux yeux des populations environnantes, nos Négrilles sont, en effet, les *Chassés*, les *Dispersés*, les *Errants*, les *Vagabonds*, comme nous dirions les *Bohémiens*, noms qu'ils portent au Cunène, au Tanganyika, au Tana, sur une ligne qui traverse du nord-est au sud-ouest tout le continent africain. C'est l'interprétation que m'a tout de suite fournie le P. Antunès, supérieur de la mission de Huilla ; et, chose curieuse, je la vois confirmée par une note que je retrouve

---

[1] Les *Nama-kua* sont des Bushmen dégrossis (Galton).

dans un carnet de voyage. C'était dans le campement des Bonis de la forêt de Sokoké, dont il a été question. Je disais au chef, mon « philosophe » :

« On vous appelle Bonis, mais les gens de la côte disent aussi *Wa-twa...* »

Le vieux m'interrompit :

« Nous ne sommes pas des *Wa-twa,* répondit-il avec quelque humeur, et toi, mon ami, ne nous appelle pas de ce nom ; nous sommes les *Wa-ta.* »

Or, entre ces deux noms la différence est grande, en effet : le premier (du verbe *Twa, être poursuivi*) veut dire « les chassés » ; le second (de l'actif *Ta, chasser,* ou du nom *U-ta, arc, arme de chasse*) signifie les *Chasseurs* ou les *Hommes de l'arc.*

Mais si maintenant nous passons de là au détail de la langue, nous ne trouverons plus, du moins avec les données actuelles, aucune règle pour nous guider. La raison en est simple : c'est que tous les groupes de Négrilles rencontrés jusqu'ici parlent une sorte de patois qui paraît étranger à leurs voisins, mais qui, de fait, est emprunté à d'autres tribus près desquelles ils ont précédemment séjourné. Ainsi, toujours, quand j'ai eu l'heureuse fortune de rencontrer des campements de Pygmées, j'ai demandé si, outre la langue dont ils se servaient pour communiquer avec les populations du voisinage, ils n'en parlaient pas une autre entre eux : « Oui, me répondait-on, et nous ne la comprenons pas. » J'interrogeais les Négrilles, en leur faisant traduire certains mots, toujours les mêmes, quand ils voulaient bien s'exécuter. Mais la comparaison me montrait par la suite que ces mots appartenaient à la langue d'une tribu ou de plusieurs tribus plus éloignées... Je continuais :

« N'avez-vous pas encore une autre manière de parler ? »

On souriait, et l'on me disait parfois :

« Oui ! encore une... »

Mais c'étaient, parmi les Bantous, des mots bantous, empruntés à une autre tribu plus éloignée, ou déformés, ou retournés.

J'ai ici des vocabulaires réunissant un bon nombre de ces mots, recueillis chez les divers Négrilles de la région gabonaise (A-kôa, A-jongo, Ba-bongo, A-rimba, etc.). Le travail de comparaison que j'avais commencé là-dessus, et qu'a bien voulu continuer, en le dépassant de beaucoup, le P. Sacleux, montre que toutes ces expressions, désignant les nombres, les objets les plus communs, les idées les plus générales, etc., peuvent se rattacher aux langues de l'Afrique équatoriale, quoique parfois il faille, pour trouver une forme authentique, passer d'une mer à l'autre... Ces tableaux sont trop étendus pour figurer ici : ils seraient fastidieux pour ceux qui ne s'occupent pas des questions, si intéressantes d'ailleurs, de philologie africaine. Il nous suffira de dire que, en général, les A-kôa du Gabon se rapprochent, pour la langue, des Shékés, A-shékiani ou Boulous ; les A-jongo (Fernan-Vaz), des Mitchogo de la rive gauche de l'Ogoüé, des Eshiras, et, pour quelques mots, des Nkomis ; les Ba-bongo (Haut-Ogoüé), des Ma-sango et des Ba-duma. Les Bé-kü ont adopté le langage des Fans. Les Wa-mbuti, de Stanley, ont beaucoup d'expressions des Ba-vira ou des Ba-sésé de la forêt. Dans le nombre, il en est même qui leur sont communes avec les A-kôa du Gabon : la pluie, par exemple, se dit chez eux *mbua*, le même mot qu'en swahili de Zanzibar, où l'on prononce *mvua*.

La même remarque a été faite pour les Aba-twa de l'U-rundi, aux sources du Nil.

Dans cette famille des langues bantoues, on distingue

deux types de numération, peut-être trois : l'un par deux, l'autre par cinq, le dernier par dix.

J'ai cru reconnaître le premier chez les A-rimba, cette race négrille signalée par le marin Battel au xvie siècle ; mais il m'a été impossible d'arriver là-dessus à une certitude.

Le deuxième type existe chez les Shékés ou Boulous, les Ma-sango, et la plupart des Négrilles gabonais : arrivés à cinq, ils continuent par « cinq et un, cinq et deux », etc., jusqu'à ce que, ayant repassé tout ce qu'ils ont de doigts, ils ferment les mains en disant, pour traduire notre dix : « deux poings. » Dans ce système, « la centaine » se dit simplement « cinq (fois) deux poings », c'est-à-dire cinquante.

Le troisième type de numération ressemble au nôtre : un, dix, deux dix, trois dix, etc., jusqu'à cent. Mais ce type est visiblement un perfectionnement du second, et l'on distingue encore comment il a été formé : huit, par exemple, se dit « quatre et quatre ».

Les pronoms personnels ont dans toute l'Afrique équatoriale une grande analogie.

Il en est de même des mots *père, mère, fils* ou *fille, homme, femme, bête, arbre, terre, soleil, ciel, eau, pluie, rivière, œil, dent, nez,* etc.

Plusieurs noms d'animaux sauvages ou domestiques, d'une mer à l'autre, et du Nyanza au Cunène, s'identifient d'une manière remarquable : tels sont ceux, par exemple, de l'éléphant, du crocodile, de l'hippopotame, du cochon, de la pintade, du chien, du bœuf, de la chèvre, de la poule.

Mais, encore une fois, cette question, pour être traitée à fond, demande des développements spéciaux qui, à cause de leur aridité apparente, ne peuvent trouver place ici.

Qu'il nous suffise d'ajouter que la constatation établie chez les Négrilles affiliés aux Bantous est à faire aussi pour les autres groupes. Les Bonis, par exemple, dispersés parmi les Gallas et les Somalis, parlent une langue qu'ils tiennent de ces deux populations. Les Ndorobos ont un massaï plus ou moins corrompu. Enfin les Bushmen se servent d'une langue, riche d'ailleurs en expressions, qui a de nombreuses affinités avec celle des Hottentots et descend évidemment d'une souche commune, dit É. Reclus, quoiqu'elle en diffère maintenant beaucoup pour la syntaxe. Les radicaux des mots sont les mêmes, et les deux langages procèdent par agglutination avec suffixes, tandis que ce sont au contraire des préfixes qui, dans le système des Bantous, marquent les accords. Le dictionnaire hottentot-bushman, de Bleek, non terminé, devait contenir onze mille mots : ce chiffre dit assez que la langue n'est pas déjà si pauvre.

Ainsi, passant de tribus en tribus et séjournant près d'elles plus ou moins longtemps, parfois seulement quelques semaines, plus souvent de longues années, les Négrilles ont fini par se constituer un vocabulaire spécial, un peu comme nos bohémiens, et qui, tout en étant la langue de tout le monde, n'est en réalité la langue de personne. Il faut ajouter qu'ils ont une tendance générale à déformer les mots empruntés en leur donnant un caractère de dureté particulière : dans leur bouche, par exemple, *t* devient facilement *k* et le *g* se transforme souvent en un *h* très aspiré.

Il arrive ainsi que, dans le même campement, on a parfois deux, trois, quatre termes et plus, pour désigner le même objet : chez les A-kôa du Gabon, *homme* se dit tout aussi bien *onomé* que *mulomé, mulumo, nbendé-ma* et *mbedé-okôa*[1].

---

[1] *Onomé* est le mot mpongwé ou gabonais (Cfr *o-n-omé* avec swahili de Zanzibar *m-umé*). *Mulomé* se rattache aux langues de l'intérieur (Cfr avec *Mulume* dans l'An-

Ce n'est pas tout. Toujours enclins à échapper à l'examen, à se cacher, à se mettre à l'écart, ils s'arrangent de manière à établir entre eux une langue de convention, en transposant les syllabes suivant des lois à eux connues. Ainsi devant des étrangers, *taluku,* tabac, devient *takulu* et *kuluta; tako,* qui a le même sens en gabonais, se change de cette façon en *kota* qui, dans cette langue, signifie « prendre ». On arrive par là, avec les mots les plus ordinaires, à se rendre parfaitement incompréhensible aux intrus. Les Français connaissent également, du reste, ce procédé, et c'est par lui que plus d'un *Durand* se transforme en *Randu.*

Dans ces conditions, et avec nos connaissances actuelles, il faut renoncer, on le voit, à découvrir la langue primitive des Négrilles et à établir par ce moyen des points de contact, à l'exception de celui-là même, entre les petites races africaines.

On a déjà vu par ailleurs que les *clicks* des Hottentots et des Bushmen, si on ne les observe pas chez les Bantous de l'Afrique orientale, — excepté, ici et là, à l'état de très rare exception [1], — ne seraient pas à eux seuls, cependant, une ligne de démarcation radicale. Le *click* est une consonne transformée, et ceux qui sont au courant de la philologie africaine savent avec quelle facilité ces consonnes se transforment !

Ce manque de langue proprement nationale, cependant, n'empêche pas nos petits hommes d'avoir leurs maximes, leurs proverbes, leurs fables, leurs contes, leurs chansons. Souvent, ces « morceaux » viennent de loin, car ils les citent dans une tout autre langue que celle qu'ils

gola, le Rua, le Héhé, le Nyika, etc.). *Nbendé-ma* (*mbendé-oma*) signifie « le corps de quelqu'un », et *mbende-okoa* « le corps d'un homme, d'un *okoa* ».

[1] Dans le fan ou mpawin, il y a au moins un mot de ce genre.

emploient couramment. Ainsi, les Békü parlent le fan. Lorsque Mba-Solé voulut bien nous donner une représentation, il commença par chanter en fan : tous les assistants le comprenaient. Mais subitement, voilà qu'il s'oublie, et, dans le feu du succès et le bruit des applaudissements, il se lance dans une chanson accompagnée de danse d'où personne ne pouvait plus rien tirer. Malheureusement, revenu au repos, il fut impossible de la lui faire répéter pour en prendre copie.

Veut-on quelques exemples de cette littérature primitive? Voici d'abord un petit dialogue entre le *Kau* et le *Ngomba,* deux mots que nous traduirons pour plus de clarté, quoique cette traduction ne soit pas complètement juste, par le « Rat » et le « Porc-épic ». Ce dialogue, par où l'on commence toujours, contrairement à la manière d'Ésope, résume la moralité de la fable qui suit :

Kau na Ngomba.	*Le Rat et le Porc-épic.*
KAU : « Molonda avéké ; botimba. »	LE RAT : « Les fruits sont mûrs ; ils passent vite (hâtons-nous !) »
NGOMBA : « Molonda avéké ; bodiya. »	LE PORC-ÉPIC : « Les fruits sont mûrs ; ils dureront (ne·nous pressons pas !) »

« A la saison des pluies, le Rat amassa beaucoup de fruits et apporta de l'eau dans sa case de dessous terre, avec des coquilles de limaçon. Puis il attendit...

« A la saison sèche, plus de fruits, plus d'eau. Son voisin le Porc-épic vient lui porter ses plaintes et mendier près de lui. Le Rat lui répond : « J'ai besoin de garder « mes provisions, car je suis sot et un peu lourdaud ; « mais tu es jeune et tu cours vite, va chercher. A qui sait « courir, la forêt ne refuse jamais ce qu'il faut pour « vivre. »

C'est, on le voit, un peu l'histoire du Lièvre et de la
Tortue de notre La Fontaine, mêlée à celle de la Cigale et
de la Fourmi. C'est en même temps une comparaison de
la vie nomade et de la vie sédentaire, chacune avec ses
avantages et ses inconvénients. Il est inutile de le dire, le
Négrille y est représenté par l'agile Porc-épic, toujours
en mouvement dans la forêt ; les autres trouvent leur image
dans ce lourdaud de Kau qui, pour vivre, a besoin de
faire des provisions.

J'ai déjà parlé de Mba-Solé, du groupe des Bé-kü établis
chez les Fans-Ésamven, aux sources de la rivière
Égombiné (affluent du Komo), au Gabon. C'est un bonhomme qui perdrait sûrement son temps à concourir pour
le prix de beauté ; mais nous eûmes le plaisir de le trouver
très communicatif, et quand, le soir venu, au petit clair
de lune qui commençait, on l'invita à nous donner un
spécimen de ses talents, il s'exécuta sans trop de résistance.

Tout de suite le cercle se forme : nos guides et notre
suite sont aux « premières » ; les Fans du village,
hommes, femmes et enfants, stationnent où ils peuvent ;
les tout petits, hissés sur les épaules de leurs auteurs,
regardent par-dessus toutes les têtes et ne sont pas les
derniers à montrer leur satisfaction en tapant des pieds ou
des mains sur la poitrine et la crinière où ils ont élu domicile. Dans l'intérieur du cercle, les acteurs Bé-kü se sont
accroupis, et tantôt en groupe, tantôt isolément, ils nous
donnent une représentation qui nous laisse, le P. Trilles
et moi, absolument étonnés. Je ne décris point les danses
singulières d'Éthune-Sura (1ᵐ 34), qui, les jambes entourées de petites castagnettes en fruits desséchés, faisait,
toujours en mesure, avec un bruit extraordinaire et continu, des mouvements d'une agilité surprenante, et des

sauts dont nul, auparavant, ne l'eût jugé capable. Aux yeux de notre suite, c'est lui qui a remporté le prix.

Mais, à notre avis d'Européens, Mba-Solé est beaucoup plus intéressant. Lui danse, chante et fait la mimique à la fois. Malheureusement, il est impossible de donner une idée de cet art de l'enfant des bois, supérieur, en son genre, à tout ce que j'ai vu chez les Noirs.

La première chanson est à refrain, répétée avec entrain par toute l'assistance. Les enfants de la mission, qui nous accompagnaient, prétendent l'avoir retenue et ils nous en ont ensuite donné le sens. C'est sur la foi de ces inter- prètes que je transcris.

Refrain.

Mba-Solé : Le poisson fait...   *Tous :* Hip !
—   L'oiseau   —   —   Viss !
—   Le marmot —   —   Gnân !

Mba-Solé.

Je me jette à gauche,
Je me tourne à droite,
Je fais le poisson
Qui file à l'eau, qui file,
Qui se tortille, qui bondit !

Tout vit, tout danse, et tout chante...
Le poisson. . . . . Hip !
L'oiseau . . . . Viss !
Le marmot . . . . Gnân !

Mba-Solé.

L'oiseau s'envole
Vole, vole, vole,
Va, revient, passe,
Monte, plane et s'abat.
Je fais l'oiseau.

Tout vit, tout danse et tout chante...
Le poisson . . . . Hip !
L'oiseau. . . . . Viss !
Le marmot . . . . Gnân !

Mba-Solé.

Le singe de branche en branche
Court, bondit, et saute,
Avec sa femme, avec son mioche,
La bouche pleine, la queue en l'air.
Voilà le singe ! Voilà le singe !

Tout vit, tout danse et tout chante...
Le poisson. . . . .   Hip !
L'oiseau . . . .   Viss !
Le marmot . . . .   Gnân !

Successivement, sept ou huit couplets se déroulent
ainsi, accompagnés d'une variété de gestes extraordinaires, légers, comiques, et d'un naturel absolu ; car, en
même temps que les paroles, il faut que la mimique représente la bête chantée.

Tantôt notre bonhomme est en l'air, et tantôt le voilà
par terre. Tout est en mouvement : la tête, la langue, le
corps, les pieds, les mains ; il danse, il saute, il se ren-
verse, il vole, il frétille, il se couche, il se tord ; mais tout
se fait en mesure, et c'est une vraie merveille que de le
voir, un vrai plaisir que de lui répondre au refrain.

Andang. . . . .   Mwing !
Ngong . . . .   Viss !
Môn . . . .   Nyâ !

Mais il est malin, le vieux, et trouvant, sans doute, que
l'occasion est bonne d'exhaler ses plaintes sur les Mpawins
qui l'exploitent, devant les Européens qui paraissent pour
la première fois en ce village reculé, il improvise une
chanson satirique. Comme les bouffons du roi, il paraît
qu'il a droit de tout dire, pourvu que ce soit en chantant :

« Je ne crains rien, sinon... que ma bosse ne rentre. »

. Il commence :

> La forêt est grande, le vent est bon :
> En avant les Bé-kü[1], l'arc au bras !
>
> Par ici, puis par là, par là, et par ici.
> Un cochon ! — Qui tue le cochon ? —
> C'est le Nkü. — Mais qui le mange ? — Pauvre Nkü ! —
> Dépèce-le toujours : tu te régaleras des tripes...
>
> Pan ! un éléphant par terre !
> — Qui l'a tué ? — C'est le Nkü. —
> Qui aura ses belles dents ? — Pauvre Nkü ! —
> Abats-le toujours : ils te laisseront la queue...
>
> Sans maison, comme les singes,
> Qui ramasse le miel ? — C'est le Nkü. —
> Et qui le lèche à s'en faire un ventre ? — Pauvre Nkü ! —
> Descends-le toujours ; ils te laisseront la cire !...
>
> Les Blancs sont là, de bons Blancs !
> — Qui est-ce qui danse ? — C'est le Nkü !
> Mais qui fumera son tabac ? — Pauvre Nkü !
> Assieds-toi quand même, et tends la main ! »

Les Mpawins ont compris : ils rient, mais un peu jaune. Pour nous, nous nous exécutons sur-le-champ, et lui donnons le tabac demandé, avec recommandation de ne pas le laisser fumer par d'autres que par « le pauvre Nkü ».

Il est en veine. Et comme, dans la journée, il nous a mimé la chasse à quelques animaux, nous lui demandons de le faire ici dans toutes les règles. Là, Mba-Solé devient simplement inimitable.

A tout seigneur tout honneur. C'est d'abord le tour de l'éléphant, et nous voyons se dérouler tout le drame : le départ pour la chasse, la marche dans la forêt, l'apparition de la bête qui mange tranquillement (l'un des bras, faisant la trompe, porte des fruits à la bouche), l'approche du

---

[1] *Bé-kü* (*ü* se prononce comme *u* français). *Bé-kü* est le pluriel, *Nkü* est le singulier.

chasseur, si doucement, la manière dont il se glisse sous l'animal, et, une fois là, un pied solidement campé en arrière, l'énergie rapide avec laquelle il lui crève le ventre avec sa terrible lance ; puis le bruit de la course effrénée à

Mba-Solé, dans la danse des abeilles.

travers la brousse, et, finalement, la lourde chute du colosse, son dépeçage, l'enlèvement de ses dents, la réjouissance enfantine autour de son cadavre énorme... Tout y est ; mais cette extraordinaire mimique ne va pas seule : au départ, il y a le chant préparatoire ; à la fin, il y a le triomphe. C'est extraordinaire de vérité et d'expression.

Et la chasse au gorille ? Comme l'animal est bien repré-

Gabon (Afrique occidentale). — Les sauts d'Éthune-Sura.

senté, se roulant voluptueusement dans l'herbe, sur le dos, et étendant de là ses longs bras pour arracher un fruit à sa portée? Tout à coup, il se redresse : inquiet, il regarde autour de lui. Et pendant que, lourdement, il déguerpit sur ses quatre mains, les premières phalanges de ses membres antérieurs repliées, le Nkü tend son arc et lui lance sa petite flèche empoisonnée. Un rugissement sourd, un arrêt, puis une course furibonde, et, subitement, voilà la masse qui tombe... Le chasseur se précipite et lui plonge son couteau dans le cœur; le gorille tourne l'œil, allonge les bras, frissonne, lèche son sang qui coule et agonise sous nos yeux...

La mort du sanglier est très curieuse aussi. Le voilà qui fouille les racines, ne se doutant de rien, grognant un peu, et si heureux! La flèche l'atteint : les cris qu'il pousse sont imités au naturel et du plus haut comique.

Mais où ce vieux paillasse de Mba-Solé se surpasse, c'est dans la chasse au miel. Il passe, indifférent, dans la forêt, fredonnant un petit air, quand tout à coup il s'arrête : il a remarqué du miel sauvage dans l'excavation d'un rocher. Il réfléchit, fait du feu, allume une torche, se passe à l'épaule une boîte en écorce, et, son couteau entre les dents, le voilà parti; il escalade le rocher, il monte, il saute, il glisse un peu, se reprend, tombe encore, puis arrive. La torche fonctionne, le couteau aussi, et allongeant une langue de dimension invraisemblable, il s'administre une large lampée de miel... Quelle jouissance! — Tout à coup, grimace épouvantable : une abeille l'a piqué! Il arrache le dard rapidement et se remet à la cueillette. Mais une, deux, trois abeilles, dix autres bientôt, cent autres recommencent l'attaque, et le vieux devient d'un comique irrésistible : une est sous son menton, l'autre dans ses cheveux, une plus indiscrète s'acharne sur son énorme nombril; mais, avant qu'il ait pu l'enlever, un dard plus aigu que tous les autres lui fait pousser un cri. La plus méchante bête de l'essaim a pénétré sous le mince chiffon qui entoure les reins de l'envahisseur et s'est logée, — hélas! comment dire cela?...

« Mba-Solé! crie un de nos guides, pas de bêtises devant les Minissés! »

Mba-Solé n'entend plus rien : on dirait vraiment qu'il a l'essaim à ses trousses! Mais l'effet est tel que plusieurs se roulent dans l'assistance, à force de rire, et l'un de nos enfants demande grâce en criant : « C'est trop! c'est trop! je vais en mourir!... »

Le fait est que ce bonhomme est d'un naturel, d'une agilité et d'un comique extraordinaires.

Près de lui, les autres membres de sa tribu jouissent de son triomphe, mais nul ne manifeste sa joie plus librement que le petit Éthune-Sura, et la large mâchoire qu'il nous montre dit son bonheur sans mélange; lui aussi rit de toutes ses forces et de toutes ses dents! Le péché de jalousie qui éclôt au théâtre, dit-on, comme en son parterre naturel, paraît inconnu de ces comédiens des grands bois.

La danse est un art, et les Négrilles que j'ai vus y sont passés maîtres. Schweinfurth nous rapporte la même chose de ses Akka, et les indigènes leurs voisins vont parfois les chercher très loin pour leurs fêtes.

Quant aux Bushmen, tous les voyageurs disent combien ils aiment leur vie, leurs jeux et leurs danses. Eux aussi ont des fables, des contes, des proverbes, et ils improvisent des chants avec une facilité remarquable.

Passons à l'extrême nord du continent. Nous y trouvons les petits hommes de l'Atlas, signalés par R. G. Haliburton : quatre pieds de haut, teint d'un rouge brunâtre, chevelure courte et crépue. Actifs et braves, ils possèdent de remarquables talents d'acrobates. Et passant de ceux-ci à l' « Akka » figuré sur un monument égyptien, vieux peut-être de quatre mille ans, le Dr Caze ajoute : « Une inscription antérieure d'un millier d'années, et expliquée par le professeur Sayce, parle d'un nain Denga « qui dansait divinement[1] ».

Tout comme Éthune-Sura, tout comme Mba-Solé...

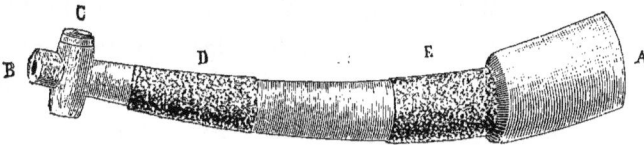

A. Partie évidée où l'artiste met la bouche pour parler et chanter.
B. Extrémité percée d'un trou.
C. Partie recouverte d'une peau légère, comme dans le mirliton.
D.-E. Peau de « Gueule-Tapée » (espèce de grand lézard).

INSTRUMENT DE MUSIQUE
usité dans la danse d'initiation Akoma, chez les Fans.

L'instrument, en ivoire sculpté, a 50 centimètres environ de longueur; c'est le travail d'un Négrille (Nkü).
L'artiste, pour se servir de cet instrument, se place un petit mirliton sous le nez et un autre en travers de la bouche. L'effet obtenu est très curieux.

Je n'ai jamais eu l'occasion de voir ce que sont les Négrilles du Gabon pour la musique instrumentale et pour le dessin, mais je les suppose, sous ce rapport, peu avancés. Seulement, une fois, dans un autre village de Fans, on m'a montré un instrument singulier fait d'une dent d'éléphant évidée, ressemblant à un énorme mirliton et orné de dessins fort curieux : l'œuvre était d'un Négrille, et c'est la plus remarquable que j'aie vue en ce genre. Malheureusement, jamais on ne voulut me céder

_____
[1] Revue des Revues, 15 mai 1896.

cette pièce intéressante : le propriétaire était absent, et je
dus me contenter d'en prendre le dessin.

Par ailleurs, dans les loisirs du campement, ils s'amusent
à battre de deux baguettes un tam-tam rudimentaire fait
d'un morceau de bois mou et creusé. Ils ont aussi d'autres
instruments de musique, mais tout cela n'est généralement
qu'un mobilier emprunté. — Un de ces concerts nous est
décrit par M. Roberts, de Batanga (au sud du Cameroun),
dans la *Missionary Review* (1897) :

« Un bâton d'un pouce et demi de diamètre était posé sur
le sol et servait de piano. Deux femmes, qui tenaient de
chaque main une baguette, frappaient à tour de bras sur
cet instrument rudimentaire. Un gros billot de bois,
creusé par le haut et recouvert d'une peau de cerf, servait
de tambour.

« Un instrument de métal, ayant la forme des cloches que
les montagnards européens attachent au cou des vaches,
tenait lieu de cymbales. Les femmes qui n'avaient aucune
partition à jouer dans cet orchestre retentissant chan-
taient à plein gosier et battaient la mesure avec les deux
mains. »

Parmi les Bé-kü, nous avons également trouvé ce jeu
répandu partout en Afrique et qui consiste en un morceau
de bois plat creusé de deux rangées de trous où les deux
champions placent et déplacent de petits cailloux ou des
graines rondes, suivant certaines règles connues. Ce jeu
comporte une réelle dose de calcul, et le P. Trilles, qui y
est passé maître, voulant me donner l'occasion de prendre
le portrait d'un jeune Négrille de couleur très claire, fit
avec lui deux ou trois parties : elles lui permirent de constater qu'il n'avait pas affaire à un sot. J'ajoute que les
vrais Négrilles n'ont point cette sorte de damier dans leurs
campements : ceux-ci le tenaient de leurs voisins.

D'industrie, il n'en faut pas parler chez les Négrilles ; leur spécialité est précisément de ne pas en avoir, ou plutôt de n'avoir que celle qui convient à leur genre de vie, réduite systématiquement à la plus extrême simpli-

Chez les Négrilles : Le joueur de damier africain.

cité. Cependant on voit chez eux les objets strictement nécessaires, mais avant tout on se sert de ce qu'on a sous la main sans, pour ainsi dire, rien façonner : des fruits évidés forment des vases, des écorces dont le bois a été enlevé tout d'une pièce donnent des boîtes, des peaux font des sacs, etc. Mais nul ne les égale, il faut en convenir, pour faire des filets, tendre des pièges, des nœuds coulants, des lacets, préparer le poison dont ils enduisent leurs flèches, et qui tue en peu de temps, je l'ai vu, les plus gros animaux. — Dans l'Urundi (sources du Nil), où les forêts ont disparu et les bêtes sauvages diminué, les Ba-twa ont dû se livrer à la culture et à l'industrie : ils fabriquent des pots qu'ils ornent de figures, des nattes, des corbeilles, et même des barques formées d'un tronc d'arbre.

Les Négrilles travaillent-ils le fer? La tradition des tribus de la côte occidentale l'affirme, mais elle revêt un caractère légendaire qui rappelle celle des Nutons de Belgique, des nains, eux aussi, dont l'un des traits caractéristiques était la métallurgie clandestine.

« Il y a longtemps, longtemps, me disait un jour mon guide et ami Mwakaga, du Fernan-Vaz, des A-koa résidaient dans les cavernes de Kumu-na-Bwali (sur le Ngunyé, affluent de l'Ogoüé). Ils étaient petits, blancs et barbus. C'étaient eux qui fabriquaient les flèches, les lances, les haches et les couteaux pour tout le monde, quand nous-mêmes ne le pouvions pas encore. Mais il était absolument défendu de les regarder travailler. Or, un jour, un homme se glissa sur un tronc d'arbre qui dominait leur atelier et regarda...

« Le chef forgeron se mit à l'œuvre, alluma son feu, y mit le fer, forgea, mais ayant essayé de faire une hache, il fut étonné de ne plus réussir : « Il y a quelqu'un par ici, » dit-il. Et ayant levé la tête, il vit l'étranger sur son arbre. Aussitôt tous les A-kôa disparurent comme des esprits, le privilège de travailler le fer leur fut retiré, et l'homme, ayant connu leur secret, l'enseigna autour de lui. Voilà comment nous avons appris des A-kôa à faire nos couteaux et nos haches. »

Est-ce là un conte imaginé pour expliquer l'origine de l'industrie du fer, très ancienne en Afrique, ou serait-ce

le souvenir plus ou moins légendaire d'un fait historique?
Ce qui paraît certain, c'est que les groupes de Négrilles
de la côte occidentale, comme ceux de l'Est africain,
tirent aujourd'hui leurs lances, leurs flèches, leurs couteaux et leurs hachettes des populations voisines avec
lesquelles ils sont en rapport. Stanley donne le dessin de
pointes de flèches de ses Wa-mbuti; mais il écrit ensuite :
« Ils excellent dans la
confection des poisons,
qu'ils échangent contre
bananes, patates douces,
tabac, couteaux, lances
et flèches [1]. » C'est
aussi ce que j'ai vu
partout au Gabon.

Le briquet de bois.

Dans l'Urundi, au
contraire, les Ba-twa
forgent avec beaucoup
d'habileté les lances,
couteaux, hachettes, etc., qui se trouvent dans tout le
pays d'alentour. De même, les Nains de l'Atlas passent
pour d'habiles chaudronniers, et quant aux Ndorobos du
pays massaï, — si vraiment il faut voir en eux des descendants métissés de cette race primitive, — ce sont eux,
précisément, qui sont les forgerons attitrés et obligatoires
de leurs puissants voisins.

Les Négrilles, d'ordinaire, n'ont pas de pirogues, et
à quoi bon les pirogues d'ailleurs pour une population qui
ne reste jamais en place? Quand il leur faut traverser une
rivière profonde, ils ont bien vite fait d'établir un pont
provisoire avec des lianes, et s'il s'agit d'un fleuve trop

[1] Stanley, *Dans les ténèbres de l'Afrique*, t. II, p. 94.

large, ils réunissent, au moyen de cordes végétales, des
billes de bois léger formant radeau, et les voilà passés.
D'autres fois on les a vus s'embarquer sur de larges écorces
d'arbres, relevées en forme de pirogues.

Ils font le feu mieux que personne au moyen du briquet
de bois, comme aussi du caillou dont ils retirent l'étincelle. Celle-ci est recueillie sur une sorte de champignon
rappelant l'amadou ou encore sur un duvet végétal, très
sec, dont ils ont toujours une provision et qui leur est
fourni par le palmier à huile ou par le fromager. Inutile
de décrire longuement ce briquet de bois employé chez
tous les peuples primitifs du monde entier et qui paraît
remonter aux origines mêmes de l'humanité. Ce sont deux
morceaux de bois sec, l'un dur, l'autre mou. Ce dernier
est posé par terre, retenu sous les pieds de l'opérateur, et
percé en son milieu par un petit trou, où l'on place verti-
calement la pointe du bois dur : il n'y a plus qu'à tourner
rapidement entre les mains celui-ci dans celui-là. Avec de
l'adresse, de l'agilité et de la patience, la fumée finit par
paraître, et « il n'y a point de fumée sans feu ». Mais on
le comprend, cette opération demande toujours un certain
travail ; aussi s'applique-t-on dans les campements, et même
en voyage, à conserver toujours quelques tisons « vivants ».

Le feu est du reste une de leurs grandes jouissances ;
ils aiment à former cercle autour, accroupis, et ouvrant
vers la flamme leurs petites mains. La nuit, ils ont toujours un foyer près d'eux, et parfois ils se couchent jusque
dans la cendre chaude.

Ils ont aussi des torches, et c'est encore la forêt qui les
leur donne. Il leur suffit, par exemple, d'enlever la résine
qui exsude de l'*okumé*[1] et de l'entasser dans l'écorce

---

[1] L'Okumé (*Okoumea Klaineana*, — Pierre, — ainsi nommé du P. Klaine, missionnaire au Gabon, qui en a le premier recueilli les fleurs et les fruits) est un

desséchée d'une branche bien droite. Plus simplement, ils s'éclairent encore avec les tiges de l'amôme[1] rassemblées et liées avec de petites cordes; car cordes, cordelettes, fils et ficelles sont abondamment fournis par les écorces de certains arbres, par de nombreuses plantes textiles, par des lianes de toute espèce et de toute dimension.

Au reste, en tout cela rien de surprenant. M. de Brazza m'a raconté que, se trouvant un jour chez un chef des bords de la Likwala, affluent de droite du Congo, il vit arriver quelques-uns de nos petits hommes. « Qui sont ces gens-là? demanda-t-il. — Comment? répondit le chef, tu ne les connais pas? Ce sont eux qui ont inventé le feu... »

Leur case, leur hutte, leur abri, — c'est, en effet, tout ce qu'on voudra, — est aussi simple que possible et présente à peu près le même caractère dans toute l'étendue de l'Afrique. C'est une demeure essentiellement temporaire, et nul mieux que les Négrilles ne donne plus raison aux sages paroles de l'Écriture : *Non habemus hic manentem civitatem*. Elle est faite de branches fixées en terre et recourbées, puis couverte d'herbes ou de feuilles, suivant les circonstances. Suivant les circonstances aussi, et suivant les groupes, ces huttes sont ovales, rondes, ou, comme au Fernan-Vaz, formant une sorte de tronçon coupé par la moitié. En tout cas, ces cases sont très petites, faites uniquement pour contenir un ménage et n'être occupées que de nuit. Sur de petits piquets, une

---

grand arbre que l'on trouve dans toutes les forêts de l'Afrique équatoriale. Sa racine fournit aux indigènes des torches, et son bois de magnifiques pirogues. On en fait aussi de très beaux meubles, et on l'exporte même en Europe sous le nom de faux acajou.

[1] *Amomum citratum.* La pulpe du fruit, de saveur acidule et parfumée, est agréable à manger. On en compte plusieurs espèces.

large écorce d'arbre, plus ou moins assouplie à coups de
maillet, est établie : c'est le lit. Un petit morceau de bois
tendre forme l'oreiller. Près de là, à portée du bras, le feu
brûle; on se réveille de temps en temps pour l'attiser, on
laisse gronder la tempête au-dessus des arbres ou chanter
les insectes par les beaux clairs de lune : mais en tous les
temps la famille est heureuse...

A l'instinct du chasseur, développé chez eux d'une
manière étonnante et très favorable pour exercer l'intelligence, j'aurais dû ajouter la grande facilité qu'ils ont pour
se diriger sans s'occuper des chemins et pour retrouver
partout leur campement. Il est vrai qu'ils savent s'aider
de diverses manières, en coupant de petites branches, en
laissant quelques marques, en observant tel arbre ou tel
accident de terrain. Mais ils ne s'égarent presque jamais.
Cependant cette faculté diminue sensiblement et disparaît
presque avec ceux qui ont quitté de bonne heure leur
famille et sont élevés en dehors d'elle : c'est évidemment
une habitude acquise.

Il en est de même pour la marche du temps. De jour et
de nuit, les Négrilles savent où ils en sont, guidés par le
soleil, par la lune, par les étoiles, par le chant des oiseaux,
des insectes, par une sorte de sentiment intérieur.

Mieux que les autres ils sauront aussi dire si la pluie est
proche ou si le beau temps va se montrer.

Ils comptent les jours par les phases de la lune, et, au
Gabon, les années par la récolte de la noix de *mpoga*.
Mais plus volontiers, pour parler du passé, ils se reportent
à tel événement remarquable, à « quand j'étais grand comme
cela, quand un tel tua son premier éléphant, quand nous
habitions tel campement ».

Parmi les constellations, les Pléiades paraissent être les
plus connues, et leur retour en bien des endroits de

l'Afrique est salué avec une sorte d'enthousiasme : c'est le commencement d'une saison nouvelle et, souvent, l'époque des semailles.

Par ailleurs, nos petits hommes ne paraissent pas s'inquiéter beaucoup d'astronomie; ils acceptent tels qu'ils se présentent les phénomènes naturels, sans se demander d'où ils viennent et sans se préoccuper d'une solution qu'ils ne peuvent trouver. Le tonnerre ne leur cause point de frayeur; c'est pour eux « la pluie qui va venir ». Ils estiment la lune faite pour éclairer l'homme la nuit et lui permettre de compter ses jours; le soleil est chargé de nous éclairer pendant le jour et de faire pousser les forêts, comme la terre a mission de porter les hommes et de les nourrir, en attendant qu'elle les dévore...

Toute cette astronomie n'est pas très relevée, mais elle dépasse cependant celle que, dans un livre de haute science, on attribue aux Hottentots, lesquels « regardent le soleil comme un morceau de lard trop haut pendu » ! A dire vrai, cette trouvaille est si intéressante qu'aucun Hottentot n'eût pu la faire tout seul, d'autant que le Hottentot ne connaît pas le lard; il lui a sûrement fallu l'aide d'un professeur de haute École...

Livingstone rend le même témoignage des aptitudes étonnantes des Bushmen pour tirer parti d'un pays ingrat entre tous.

« Les Bushmen, dit-il, paraissent être les aborigènes de la partie méridionale de l'Afrique. Ce sont de vrais nomades, assez ressemblants à des babouins, qui ne cultivent pas la terre et n'ont d'autres animaux domestiques que des chiens d'une misérable espèce. En revanche, ils connaissent tellement bien les habitudes des animaux sauvages qu'ils les suivent pendant leurs migrations, les surprennent et s'en nourrissent à l'endroit même où la

chasse a eu lieu. A la chair du gibier, qui forme leur principale nourriture, ils ajoutent les racines et les fruits
sauvages que les femmes vont chercher.

« La crainte que leur inspire la visite des étrangers les
pousse à fixer leur résidence loin du voisinage de l'eau,
souvent même à cacher l'endroit où ils la puisent, en
remplissant avec du sable les fosses qui la leur fournissent
et en allumant du feu à la place même où ils font cette
espèce de citerne. Lorsqu'ils veulent tirer de l'eau pour
leur usage, les femmes mettent dans un sac ou dans un
filet qu'elles portent sur le dos vingt ou trente coquilles
d'œufs d'autruche, percées d'une ouverture assez grande
pour y introduire le doigt, et qui leur servent de vases.
Elles fixent au bout d'un roseau, qui peut avoir soixante
centimètres de long, une touffe d'herbe qu'elles enfoncent
dans un trou de la profondeur du bras et l'y assujettissent
au moyen du sable mouillé qu'elles foulent à l'entour;
appliquant ensuite leurs lèvres à l'extrémité libre du
roseau, elles opèrent le vide dans la touffe d'herbe : l'eau
y arrive et ne tarde pas à monter dans leur bouche. A mesure que le liquide est aspiré du sol, gorgée par gorgée,
il descend dans la coquille d'œuf posée par terre à côté du
roseau, à quelques centimètres des lèvres de la femme
qui l'attire; il est vidé par un brin de paille dont il suit
l'extérieur, mais où il n'entre pas [1]. »

« La vie fugitive des Sân, ajoute É. Reclus, ne leur
permet guère d'exercer une industrie quelconque. Dans
les districts où ils ne se sont pas encore emparés de fusils,
ils se servent d'arcs et de flèches à pointes de fer empoisonnées, ou même de pierre aiguisée, de verre, de silex
éclaté. Les Sân sont peu vêtus : les riches se bornent au

---

[1] Livingstone, *Explorations dans l'Afrique australe.*

kaross, c'est-à-dire à la peau de mouton ; mais tous aiment à s'orner le corps et le visage avec des colliers d'osselets, des flèches, des plumes d'autruche ; ceux du Kalahari ont des bâtonnets dans la cloison des narines. La plupart n'ont pas de huttes : ils vivent dans les cavernes ou les trous d'animaux, passent la nuit sur les cendres chaudes d'un foyer, et tendent une natte sur des pieux pour se protéger du vent. Mais leur existence d'aventures développe chez eux une singulière adresse, et ceux d'entre eux que l'on a capturés dans la jeunesse, et qui se sont assouplis à la vie de domesticité, apprennent facilement tout ce qu'on leur enseigne : ils deviennent des pêcheurs habiles ; comme bergers, ils sont inappréciables ; mais que de fois n'ont-ils pas abandonné leurs demeures civilisées, où ils avaient, du moins, la nourriture en suffisance, pour reprendre leur sauvage indépendance, leurs courses de hasard et leur misère ! D'ailleurs, si besogneux qu'ils soient, il leur reste encore plus de vitalité qu'à leurs voisins pour la consacrer à la danse, aux chants, à l'improvisation ; ils sont peintres aussi, et sur les rochers de leurs cavernes on a découvert en maints endroits des images en rouge d'ocre ou même polychromes représentant des animaux, des scènes de chasse, des combats, des rencontres avec les Boers détestés. Ainsi la vie de ces Bushmen, que chacun, naguère, Cafre ou Hottentot, Hollandais ou Anglais, se croyait en droit de tuer comme des bêtes féroces, ne s'écoule point sans idéal. Leur trésor de fables, de contes et de mythes est d'une richesse qui étonne les chercheurs [1]. »

Dans l'étude qu'il en a faite sur place, M. Bertin insiste sur leur grand talent d'imitation. « On cite un Bushman,

---

[1] É. Reclus, *Nouvelle Géographie universelle,* t. XIII.

écrit-il, employé par un Boer comme serviteur, qui avait
l'habitude d'imiter d'une manière frappante toutes les personnes de la ferme et les étrangers qui la visitaient; mais
il s'était toujours refusé à contrefaire son maître, qui était
bon pour lui. Ce talent d'imitation se traduit bien par les
peintures et les sculptures laissées par les Bushmen sur
les murs de leurs cavernes et sur les rochers. Ces dessins
sont faits avec des argiles de différentes couleurs, et les
sculptures avec un simple couteau de silex. Quoique ces
représentations ne montrent pas le même degré d'habileté, toutes sont frappantes de ressemblance et l'intention
de l'artiste ne reste pas douteuse. Plusieurs de ces peintures confinent à la caricature. Le Boer, le Hottentot avec
ses grands pieds et son corps grotesque, le noir Cafre sont
d'une vérité remarquable. Il est vraiment étrange de voir
ces sauvages primitifs peindre avec un roseau et sculpter
avec un caillou sur les rochers. Le Hottentot, même le
Cafre, ne pourraient certainement produire le pire de ces
dessins, quoiqu'ils aient atteint un plus haut degré de civilisation. Le Bushman possède aussi un instrument de musique, rudimentaire sans doute, mais qui confirme encore
ce singulier mélange de vie sauvage et de goût artistique[1]. »

Nous l'avons vu : musique et dessin paraissent beaucoup moins développés chez les Négrilles de la forêt
équatoriale, excepté peut-être parmi les groupes découverts par le P. Trilles dans la vallée du Dja ou Ivindo,
affluent de l'Ogoüé. Influence du milieu peut-être. Mais
leur talent d'imitation est le même, et nous avons dit avec
quel succès remarquable ils s'appliquent à étudier spécialement les mœurs des animaux, à se servir de ces connaissances pour leurs chasses, et à les reproduire dans leurs

[1] G. Bertin, *The Bushmen and their language*, p. 7.

jeux. C'est aussi grâce à cela, prétendent les autres indigènes, qu'ils arrivent à se suffire en forêt : ils observent les singes, et, tout ce que les singes mangent, ils le mangent.

Il est curieux, d'ailleurs, de constater la haute idée, en un sens, que se font de nos petits hommes les tribus voisines : elle est partout la même. Nous l'avons vu chez les Bonis de la forêt de Sokoké : il ne faut point les mépriser, car ils possèdent les secrets des choses, et ils ont des moyens mystérieux, quand ils le veulent, d'exercer leur vengeance, ne fût-ce qu'en égarant le voyageur dans les bois.

Les Nains de l'Atlas inspirent les mêmes sentiments, sentiments mélangés de respect, de dégoût et de crainte. « Ils portent bonheur, dit-on, mais il ne faut pas parler d'eux. Or, c'est exactement l'opinion des Bengas et des Gabonais, qui, s'ils veulent être heureux dans la chasse, ne doivent pas prononcer le nom des A-kôa. Ils gagnent largement leur vie, ajoute le Dr Caze, à jeter des sorts et à dire la bonne aventure. Ils connaissent les étoiles et savent trouver de l'argent en écrivant sur des plaques de bois... [1].

Cette science des choses cachées est un des motifs qui retiennent précisément nos Négrilles chez certains grands chefs. Point d'homme important, me disait un Noir, qui n'ait ses A-kôa près de lui pour les consulter. Le roi Denis, qui a donné le Gabon à la France et avait en son temps une autorité considérable, gardait ainsi, toujours à sa portée, de vieilles sorcières a-kôa qu'il interrogeait souvent sur les dispositions intérieures des siens, dans la crainte qu'il avait d'être trompé et trahi. Un jour, dit-on, il reçoit la visite d'un parent qui lui affirme son dévouement et son affection : « Tu mens, lui répond Denis, je sais que tu apportes en ce moment même un fétiche

---

[1] Dr Caze, *Revue des Revues* (15 mai 1896).

contre moi; ouvre cette caisse. » On ouvre : le fétiche est
au fond... Le chef avait été renseigné par sa « voyante ».

Me trouvant un jour à Bata (Guinée espagnole), j'y
reçus la visite d'un indigène instruit, ministre presbytérien
et directeur d'une mission. C'est, en outre, un grand
chasseur, qui n'oublie jamais d'envoyer sa part d'éléphant,
de bœuf ou d'hippopotame au P. Davezac, lequel, à son
tour, prodigue à lui et aux siens ses soins médicaux :
échange de bons procédés. Je demandai à Etiani Nyényé
de me dire par écrit ce qu'il savait des Nains du pays
kombé. Le lendemain, il me répondait par les détails
suivants, traduits littéralement de la langue indigène et
gardant à cause de cela une partie de leur saveur :

« Les Ba-kwéya sont des hommes pas longs, et même
courts. Ils tuent beaucoup d'animaux. Ils ne sont point
méchants. Ils demeurent dans des cases qui ne sont pas
même des cases. Ils ne font point de jardins pour planter
le manioc ou le bananier. Ils mangent des cordes de la forêt
(des lianes), du miel et de la chair des bêtes. Ils savent la
danse, la vertu des plantes et beaucoup d'autres choses.
Les Blancs possèdent la science de la mer : nous n'avons
point d'autre nation qui les dépasse en cela. Il en est ainsi
des Ba-kwéya pour la science de la terre : aucune nation
ne peut les dépasser en cela. Ce sont eux qui étaient au
commencement, et ils ont gardé la science des choses
cachées. Ils sont à la racine du monde. »

En terminant cet exposé des caractères intellectuels des
Négrilles, faut-il parler de leur aptitude à goûter les
charmes et les connaissances variées de notre civilisation?

« Schweinfurth, dit M. de Quatrefages, fait un assez
triste tableau du caractère et de l'intelligence de son
Nsévwé. Il le représente comme n'ayant pu apprendre ni
l'arabe, ni aucun des dialectes du pays... Au contraire,

le comte Miniscalchi a trouvé dans d'autres, Tébo et Chairallah, des élèves affectueux, reconnaissants et très disposés à s'instruire. Tous deux, mais surtout Tébo, avaient de vraies dispositions pour la musique. Deux ans après leur arrivée en Europe, ces deux Akkas savaient lire et écrire... » Et plus loin : « Tous deux éprouvent vivement le sentiment de l'émulation. Dans leurs classes, ils se sont montrés supérieurs à leurs compagnons d'études européens âgés de dix à douze ans. Les notes que leur professeur a mises sous les yeux de M. Giglioli prouvent qu'ils s'étaient remarquablement bien tirés des épreuves qu'ils avaient subies en composition, en arithmétique, en analyse grammaticale et en dictée.

« La comtesse Miniscalchi a donné des leçons de musique à Tébo. M. Giglioli a entendu cet Akka jouer sur le piano, avec assez de sentiment et beaucoup de précision, deux morceaux d'une certaine difficulté [1]. »

L'expérience ne porte ici que sur trois Akkas : l'un est peu intelligent, les deux autres ne diffèrent pas ou diffèrent peu, à cet âge, de leurs camarades italiens. Mais, on le comprend, ces données sont insuffisantes. Et si les Négrilles s'emparaient de tel ou tel enfant de Paris ou de Rome, ils pourraient constater que lui aussi s'est montré incapable d'apprendre convenablement leur langue et de faire un chasseur présentable : ils auraient tort d'en conclure que les Blancs sont des imbéciles...

Dans toutes nos missions du Gabon, nous avons eu occasion d'avoir des enfants de cette petite race. Un d'eux, Osangé, métis d'O-kôa et de Benga, peut avoir aujourd'hui trente-cinq à quarante ans d'âge et 1^m 45 de hauteur. Il habite la pointe Santa-Clara, près de Libreville, se

---

[1] A. de Quatrefages, *les Pygmées*, p. 265 et suivantes.

montre peut-être un peu plus paresseux que le commun de ceux qui l'entourent, — c'est beaucoup dire! — est toujours en course, comprend et parle couramment le français; quant au reste, il ressemble à tout le monde.

Un autre a été élevé à Lambaréné, dans l'Ogoüé; il ne s'est pas distingué de ses camarades par des aptitudes intellectuelles particulières.

André Mbumba est un élève du Fernan-Vaz, né d'une mère okôa et d'un père ishogo; il a le type très caractérisé de la race, la tête grosse, la poitrine large, le teint jaune. Il a aujourd'hui de vingt-deux à vingt-trois ans et fait le commerce pour le compte de son maître. Je le rencontrai un jour, au pays éshira, où il essayait de ramasser du caoutchouc chez les indigènes, et je l'ai revu depuis au Fernan-Vaz. C'est un excellent enfant, doux, serviable, plein de reconnaissance pour les missionnaires qui l'ont instruit et baptisé. Depuis quatre ans qu'il a quitté la mission, il est resté très fidèle à ses pratiques religieuses et, par ailleurs, il montre une intelligence au moins égale à ceux de son âge, parle plusieurs langues et comprend suffisamment le français.

J'ai déjà parlé du petit Thomas Osoria. Il venait, quand je l'ai vu, d'entrer à la mission du Fernan-Vaz et gardait beaucoup de sa nature de sauvageon. Le premier à courir dans les bois, il se trouvait généralement le dernier pour entrer en classe. Mais il est adroit et ne manque pas d'intelligence. C'est, m'a-t-on dit, un pur O-kôa du type noir, ramassé, court et pas beau.

Enfin, un enfant d'environ quinze ans, un pur aussi, mais à peau claire et présentant tous les signes de la race, a reçu l'instruction primaire et religieuse chez Félix Répontyombo, chef de la rive gauche de l'estuaire du Gabon. Baptisé sous le nom de Noël, il a appris très facilement, plus vite que la majorité des enfants qui étudiaient avec lui, tout ce qu'on lui a enseigné. C'est également un très bon enfant et qui a toute la confiance de Félix.

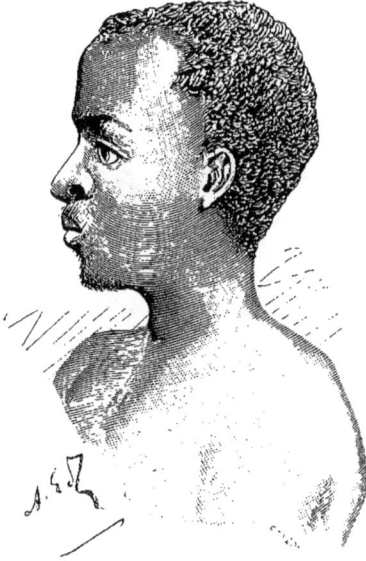

André Mbumba. Type de métis (mère négrille, père nègre).

Âge, 20-25 ans; taille 1ᵐ 48; indice céphalique, 83-22.
Peau couleur claire, cheveux crépus, barbe naissante.
Nez épaté, fortes narines, oreilles bien faites.

Que conclure de ces faits? Ils ne nous montrent pas sans doute que nos petits hommes constituent une race supérieure; mais tout observateur attentif et sans préjugés sera de l'avis du grand naturaliste et du grand savant tant de fois cité dans cette étude : « Malgré leur petite taille, leurs bras relativement longs, leur gros ventre et leurs jambes courtes, les Akkas sont bien de véritables hommes, et ceux qui avaient cru trouver en eux des demi-singes doivent être aujourd'hui pleinement désabusés[1]. »

[1] A. de Quatrefages, les Pygmées, p. 269.

VI

CARACTÈRES RELIGIEUX DES NÉGRILLES

Qu'est-ce que la religion et qu'est-ce que la morale ?

Avant de signaler les faits qui, chez les populations inférieures, se rapportent à ces mots, il est nécessaire, en effet, de s'entendre sur la signification qu'il convient de leur donner.

Nous entendons par religion la foi qu'a l'homme en un principe supérieur, vivant et personnel, et l'obligation de le reconnaître par un certain culte.

La morale est le sentiment du bien et du mal, indépendamment de tout intérêt immédiat et tangible.

Nous n'avons pas à examiner d'ailleurs, en cette étude,
si la religion peut aller et va sans la morale, et la morale
sans la religion ; pas davantage d'où vient la morale et
d'où vient la religion. Il s'agit simplement de voir, en
interrogeant les faits, malheureusement toujours trop peu
nombreux, si religion et morale existent chez la race des
Négrilles africains, au moins dans la mesure que com-
portent les définitions qui viennent d'en être données.

En ma qualité de missionnaire, j'ai toujours cherché à
me rendre un compte exact des croyances et pratiques
religieuses des populations indigènes : c'est mon métier.

Mais ce titre même est, paraît-il, de nature à rendre
mon témoignage suspect, et c'est pourquoi je suis obligé
de le défendre. M. de Quatrefages pense que « la vive foi
d'un missionnaire est souvent une cause d'erreur ; il arrive
d'ordinaire au milieu des peuples qu'il veut convertir avec
la haine de leurs croyances, qui pour lui sont des œuvres
du démon. Trop souvent il ne cherche ni à s'en rendre
compte ni à les connaître. Sa seule préoccupation est de
les détruire[1]. » Et ailleurs l'éminent anthropologiste cite
avec indignation cette phrase du Rév. Moffat, le gendre
de Livingstone : « L'homme est sans conscience jusqu'à
ce qu'on lui ait déclaré la volonté de Dieu. »

Je ne suis pas chargé de défendre les assertions des
missionnaires protestants, — au contraire ; mais, pour
la consolation de M. de Quatrefages et de ses collègues,
je dois dire que si cette théorie était régulièrement sou-
mise à l'approbation de l'Église catholique, elle serait
immédiatement condamnée. Ce n'est pas l'homme qui
donne à l'homme sa conscience, c'est Dieu qui la fait
naître avec lui. Seulement, par suite de l'infirmité de la

---

[1] A. de Quatrefages, *l'Espèce humaine*, p. 550.

nature, il arrive que cette lumière intérieure s'obscurcit plus ou moins suivant les individus, les pays, les peuples et les temps. L'obscurcissement volontaire est coupable, l'autre ne l'est pas. Mais chacun, à part les idiots, qui ne sont pas responsables, reçoit avec la vie la clarté nécessaire pour en bien user. C'est à « l'envoyé de Dieu » à discerner si cette étincelle reste encore au cœur de l'homme, à la raviver au besoin, et à essayer de lui donner la direction que sa foi lui dit être la seule bonne.

De même, le missionnaire catholique ne condamne pas en bloc les croyances et les pratiques qu'il trouve chez les tribus africaines : en s'informant, en allant au fond des choses, en fouillant sous les ruines accumulées par tant de causes, il est, au contraire, souvent étonné de retrouver précisément ce qui fait le fond de sa propre religion, ce qui fut la religion primitive et ce qui est resté, on peut le dire, la religion universelle.

Mais, au surplus, rien n'empêche d'admettre que ces notions de religion et de morale soient entièrement ou presque entièrement éteintes chez un individu, une famille ou même une tribu entière.

Voilà, en somme, ce que pensent les missionnaires ; et je n'y vois rien qui puisse les empêcher de discerner des faits se rattachant à la religion des indigènes.

Par contre, il nous serait facile d'établir que nombre de voyageurs et de savants se montrent vraiment inaptes à juger de ces questions. Je ne parle pas seulement des matérialistes doctrinaires qui, avant tout examen, posent en principe que l'homme part d'un point où il n'a et ne peut avoir ni religion ni morale, et passe successivement et nécessairement par les phases suivantes : matérialisme inconscient, animisme, polythéisme, théisme, — pour en revenir, enfin de compte, au matérialisme conscient.

Avec ceux-là, il n'y a pas à raisonner : leur siège est fait. Mais ce qui est assez curieux, c'est qu'ils prétendent invariablement s'appuyer sur la science, et qu'on les croit.

Et pourquoi les explorateurs sont-ils parfois inaptes à parler de religion? Disons-le franchement : c'est parce que, souvent, très savants sur beaucoup de choses, très forts en chimie, en physique, en mécanique, en linguistique, en administration, ils sont en religion d'une ignorance extraordinaire. Si l'on attribuait à la science, qui fait leur spécialité, ce qu'ils attribuent à la religion, qui fait la nôtre, on les ferait bondir de colère ou sourire du plus juste mépris. Or la religion est aussi une science, et, pour la connaître, il faut l'étudier, la comprendre et la retenir... Les preuves de cette assertion abondent : on peut même dire qu'il est peu, très peu de travaux scientifiques, où des plumes non chrétiennes mettent la religion chrétienne en cause, qui ne contiennent des erreurs grossières, des méprises étonnantes.

Mais assez de ce petit plaidoyer *pro domo*, et revenons à nos Négrilles, et avant d'aborder les caractères religieux de ces derniers, parlons de ceux des Nègres : la comparaison est intéressante.

Constatons-le d'abord : pas plus chez les Négrilles que chez les Nègres, — chez ceux, du moins, que j'ai eu occasion de visiter, — il n'existe de corps de doctrine proprement dit, avec ses interprètes chargés d'en assurer l'intégrité, de l'expliquer et de le transmettre.

On trouve chez eux, sans doute, des féticheurs, des sorciers, des initiations, comme aussi des croyances communes, des sacrifices, un culte; mais tout cela ne forme pas un code religieux distinct qui s'enseigne officiellement et se perpétue à travers les générations, comme, par exemple, l'islamisme, le bouddhisme et autres religions positives. Il résulte de là que si l'on demande à un Nègre quelle est sa religion, ce qu'il croit et ce qu'il professe, il pourra parfaitement répondre en libre-penseur sincère et perfectionné : « Je ne crois rien, je ne professe rien, je n'ai pas de religion. »

Et pourtant, il en a une. Mais c'est une sorte de religion inconsciente qui se transmet à l'état de tradition et se professe, plus ou moins pure, sous la garde du père de famille et des anciens.

Quelle est cette religion?

On parle couramment du « fétichisme grossier des Nègres ».

Si l'on veut dire par là que les Nègres « adorent » des morceaux de pierre, des arbres, des statuettes de terre ou de bois, auxquels ils attribuent un pouvoir propre et surnaturel, c'est, à mon sens, une erreur. Le vrai culte des Noirs bantous, sur l'une et l'autre côte, s'en va aux âmes des morts, aux mânes, aux ombres ; c'est, si l'on veut, le culte des ancêtres.

Que l'homme, après sa mort, soit récompensé ou puni, c'est une question sur laquelle les uns se prononcent dans le sens de l'affirmative, comme les Fans qui ont leur *Ototolan* ou enfer ; les autres paraissent n'avoir pas conscience de cette justice future, et la plupart, en tout cas, s'en préoccupent fort peu. Mais

> Je connais même sur le point
> Bon nombre de... blancs qui sont nègres.

La raison en est simple : de leur nature, les Noirs portent un faible intérêt au bonheur ou au malheur des autres. Si, par exemple, on leur montre une peinture de l'enfer faite dans le goût naïf et frappant des imagiers populaires, le supplice de tous ces damnés qui se roulent dans les flammes les fait plutôt trépigner d'aise : le héros, là-dedans, c'est le diable, car c'est lui le vainqueur. Quant à eux-mêmes, ils sont par essence indifférents à l'avenir; la prévoyance figure au dernier rang de leurs vertus, et, pour ces grands enfants, « à chaque jour suffit sa peine. »

L'important pour eux n'est donc pas la vie future, c'est la vie présente.

Or, quand l'homme meurt, pensent-ils, il est incontestable qu'il se détache de lui quelque chose, et ce quelque chose a un nom dans toutes les langues africaines, un nom spécial qui n'appartient qu'à cela et qui n'est plus celui par lequel on distingue le principe vivant dans l'homme et lui donnant l'intelligence. Sur la côte orientale, et très loin même dans l'intérieur, cette « ombre » s'appelle *Mu-zimu, Mo-zimo*, etc., mot qui paraît venir des mots-racines *zima*, disparaître aux yeux, et *zimua*, reparaître (en swahili). Ailleurs, sous d'autres noms, c'est la même chose.

Au Gabon, l'expression *Abambo*, les *mânes*, paraît se rapporter au verbe *bamba*, qui signifie *briller*.

Cette âme dégagée du corps peut tourner bien ou mal, rester indifférente dans son séjour (*Ku-zimu*), ou rôder autour des lieux et des personnes auxquels elle fut mêlée. Tout dépend de son passé, de ses dispositions, de la liberté qui lui est laissée, de son pouvoir, de la conduite des vivants vis-à-vis d'elle. Mais en général, plus un homme a été puissant, riche, savant, grand en bonté ou en malice, plus son ombre aussi a de pouvoir pour le bien et pour le mal dans l'au delà du tombeau.

Il s'agit donc, avant tout, de la fixer en un lieu pour qu'elle ne vague pas trop dans les villages, ne nuise pas aux enfants et ne trouble point le sommeil des vivants. Car ce sont ces « ombres », précisément, que nous voyons

dans nos rêves, et c'est pourquoi nos rêves ont une signification. Malheur à celui, par exemple, qui m'y aura été

Un *mu-zimu* près d'un baobab.

désigné comme voulant m'empoisonner : pour qu'il n'abou-
tisse pas, je n'ai rien de mieux à faire qu'à prendre les devants
vis-à-vis de lui, et, après succès, je remercierai l'ombre
bienfaisante par un petit cadeau porté en son lieu de repos...

Il s'agit de fixer l'ombre. Aucun enterrement ne va sans une cérémonie, plus ou moins compliquée, ayant ce but reconnu de tous. D'abord, les femmes doivent se réunir pour pleurer, épouses, parentes, voisines... Et elles pleurent en effet, par conviction ou par devoir, manifestant ainsi sans doute l'embarras où le mort les laisse, l'affection qu'elles lui portent, mais prouvant à son esprit, et le lui criant au besoin, combien elles sont sensibles à son départ.

Avec l'enterrement, viennent d'ordinaire les conjurations : l'ombre est priée, parfois poliment, mais souvent avec imprécations, injures et épithètes satiriques, de laisser les vivants tranquilles, plus tranquilles que du temps de l'union avec son corps.

D'ordinaire, on lui fait aussi des offrandes : c'est un peu de tout ce qui a pu lui convenir dans la vie : du vin de palme, du maïs, quelques pincées de farine, des morceaux de linge et des vases qu'on a toujours eu soin d'ébrécher, non par crainte qu'on les enlève, mais par symbolisme réel. Ces offrandes sont déposées sur le tombeau. Par le même principe, on sacrifie ailleurs des femmes et des esclaves, pour ne pas laisser dans l'isolement celui qui s'en va. Seulement il arrive souvent que l'ombre ayant apparu en songe ou manifesté son pouvoir en bien ou en mal, il y a lieu de consulter le « voyant », le sorcier, et de lui demander ce qu'il faut faire. C'est alors que tel endroit retiré, tel arbre, telle caverne, peuvent être désignés comme la résidence du *Muzimu* et consacrés à son culte : *Sacred to memory*, comme disent les Anglais.

Dans beaucoup de tribus, on élève ainsi de petites cases au pied d'arbres spéciaux, à l'embranchement des chemins, à l'entrée des villages, et l'on y porte ses offrandes et ses prières à la crainte d'un danger quelconque, ou avant d'entreprendre une affaire importante.

Ailleurs, on fait davantage : on dépose une statuette en terre ou en bois, où l'on renferme quelques restes du défunt, un peu de ses cheveux, un peu de ses ongles, un peu de sa peau, etc. C'est là surtout que viendra se fixer la larve de l'homme qui cherche le repos, et l'on saura l'y trouver au moment du besoin.

La fin de deuil, après laquelle on se partage ordinairement l'héritage, donne lieu à de nouvelles cérémonies : on balaye la tombe, on fait quelques offrandes, on organise des danses spéciales, on mange et on boit ; c'est « une fin de deuil », c'est-à-dire un commencement d'allégresse. Et souvent ce commencement est si complet que, de plaisir et de boire, on reste sur place.

Sur la côte occidentale, c'est encore cela, et c'est mieux. Presque partout on détache, après que le temps voulu est écoulé, le crâne desséché du défunt, on le nettoie, on l'orne, on le peint, puis on le met dans une boîte d'écorce ou de bois, on fait à son intention une sorte de petite chapelle derrière la case familiale, et c'est à lui qu'on s'adresse dans les principales nécessités de cette misérable existence, à lui qu'on consacre les enfants qui viennent de naître, les petits qui sont malades, à lui qu'on demande le bonheur à la chasse, le succès dans les voyages, la victoire à la guerre.

Outre ce culte essentiellement familial, il en est généralement un autre qui s'adresse au « génie », — donnons-lui ce nom faute de mieux, — au génie protecteur du village et reconnu plus ou moins universellement dans la tribu. Il y a des pays où rien ne se fait en son honneur que des danses et certaines cérémonies plus ou moins compliquées ; mais il y en a d'autres où l'on voit, comme au pays des

Mitchogo, dans la vallée de l'Ogoüé, de véritables niches
ou chapelles qui lui sont dressées au fond des maisons
communes et où il a sa statue en bonne place, avec, à
l'occasion, ses danses, ses réjouissances et ses sacrifices.
Quel est ce génie? Est-ce aussi une âme d'ancêtre, est-ce
un démon, est-ce un être incréé? On ne se l'explique pas
bien, ou même on ne se l'explique pas du tout ; mais enfin,
il a son nom, sa vertu, et presque toujours son temple.

D'où vient le mal? C'est une question que tous les
peuples du monde se sont faite, les Nègres comme les
autres.

Le mal, dans la pensée de ceux-ci, peut avoir bien des
causes ; mais il y a sûrement des influences secrètes qui en
sont les instruments et qui peuvent être, en quelque sorte,
gouvernées par certaines personnes et certaines pratiques
pour la perte d'un individu, d'une famille, ou d'une tribu
entière. Que les agents directs de ces influences soient des
esprits mauvais qui n'ont rien d'humain, c'est ce qu'on
pense en plusieurs tribus ; que ce soient simplement des
« ombres » devenues méchantes, c'est ce que d'autres sup-
posent ; que ce soient enfin de mauvais sorciers, des arti-
sans de magie noire, en possession d'un fétiche qui leur
permet de se rendre invisibles ou de se dissimuler sous la
figure d'animaux, c'est également ce que l'on dit ailleurs.
Mais sans se demander trop longtemps, — ce qui est du
reste inutile, — quelle est au juste la nature de ces agents
de malheur, on constate simplement qu'ils existent, qu'ils
provoquent telle maladie spéciale par leur présence ou leur
influence, tel accident, telle épidémie, et qu'il importe de
s'en préserver, ou de s'en débarrasser. On le fait en leur
donnant ce qu'ils réclament ou en neutralisant leur action
par une pratique secrète, où le sacrifice figure presque
toujours ; et c'est pourquoi, là aussi, pour cette pratique

et ce sacrifice, il faut l'assistance d'un spécialiste, d'un contre-sorcier.

J'ai dit que ces influences supérieures peuvent être au service de certaines personnes et dirigées dans tel ou tel sens. Ces personnes sont les mauvais sorciers, bien différents des autres, puisque les uns enlèvent les « sorts » et

Tombeau chez les Ma-sango (Vallée de l'Ogoüé), avec offrande et foyer.

que ceux-ci les jettent, quoique plusieurs fassent concurremment l'un et l'autre, selon le désir du client qui paye. Par des conventions à eux connues, ils peuvent, par exemple, se changer en léopard, en sanglier, en hippopotame, en caïman, en chauve-souris, en boule de feu, etc., circuler où ils veulent sous ces figures empruntées, pendant que leur corps réel est dans la case, et causer ainsi tous les dommages ; mais si on peut mettre la main sur un bon contre-sorcier, simplement il tirera sur la bête enchantée et, s'il l'attrape, c'est le bonhomme qui périra... D'autres fois, et le plus souvent, il fabriquera une figure quelconque, y appellera l'influence désastreuse, et l'y clouera pour un temps indéfini. C'est, comme on le voit, l'envoûtement dans toute sa perfection.

Une autre façon de nuire est d'envoyer une maladie : le contre-sorcier peut encore être en ce cas consulté avec profit ; il verra, dans son miroir magique, la figure du coupable et le désignera ; il y connaîtra aussi l'auteur d'un vol ; il y trouvera l'objet perdu...

Ainsi, dans cette malheureuse existence, le remède est partout à côté du mal : c'est une consolation.

Et puis, comme il y a des influences supérieures mauvaises, il y a aussi dans la nature des forces cachées qui peuvent être utilisées pour le bien.

Nous passons ainsi aux divers « fétiches » protecteurs des villages, protecteurs des maisons, protecteurs des champs, protecteurs des personnes : fétiche pour éloigner l'ennemi, fétiche pour détourner la maladie, fétiche pour être heureux à la chasse, fétiche pour devenir riche et gagner le cœur des Blancs, fétiche pour avoir une nombreuse famille, fétiche pour voler sans être pris. Et ce fétiche peut être contenu dans un arbre, une pierre, une corne, une poudre ; mais c'est le plus souvent tout un amalgame de choses plus ou moins singulières.

Seulement, ici, la ligne de démarcation devient difficile à établir entre la superstition, la religion et la science. Il est incontestable, en effet, qu'il y a, dans la nature, des choses qui ont « une vertu cachée » : la racine d'ipéca a la vertu cachée de faire vomir. En remplissant un flacon de cinq ou six drogues différentes et en les mêlant *secundum artem,* les docteurs de la Faculté de Paris prétendent obtenir tel et tel résultat. Un bracelet fabriqué de telle façon et avec tels éléments électrisera le corps humain et lui enlèvera ses rhumatismes... Eh bien, en Afrique, on a

trouvé mieux : c'est, par exemple, un remède, pareillement composé de divers ingrédients, qui rend invulné-
rable à la guerre ; c'est un autre qui fait marcher sans
fatigue ; c'est un autre qui fait mieux que guérir, il pré-
vient les maladies... Mais, en somme, ces procédés se
ressemblent : il y a là simplement une question de plus ou

Fétiche protecteur d'une plantation (cinq vieilles feuilles de bananier
consacrées par le féticheur).

de moins. Nos médecins objecteront que ces drogues de
sauvages sont sans effet. Peut-être ; mais les vôtres, chers
docteurs ?...

Fétiches, amulettes, remèdes, poisons et contre-poi-
sons, tout cela a donc la même origine : les forces secrètes
de la nature, vraies ou supposées telles. Seulement tout
le monde ne les connaît pas, et si les Blancs ont leur
science, les Noirs ont aussi la leur :

Felix qui potuit rerum cognoscere causas !

C'est au même principe encore qu'il faut rapporter ce
sentiment qu'on a partout de la « Justice immanente » et
qui donne lieu aux épreuves diverses destinées à faire con-

naître le coupable : épreuves du feu, de l'eau bouillante,
du poison, etc. Malheureusement, c'est là, sous le couvert
de cette justice, qu'on fait généralement passer les injustices
les plus grandes, que s'assouvissent les vengeances, que
les jalousies se donnent libre carrière, que les vols effrontés se commettent, que les ruines s'accumulent, et que les
haines se perpétuent. Mais l'usage qu'en font les hommes
n'empêche pas la justice d'exister, et c'est pourquoi, quand
même, on y a toujours recours.

Toujours comme chez nous...

En traitant de la religion des Noirs bantous, il ne faut
pas oublier de parler d'une autre institution religieuse,
politique et sociale, — car tout cela se tient intimement, —
et dont l'existence fournit à qui veut les voir de curieux
rapprochements : je veux parler des initiations secrètes,
ou, si l'on veut, de la franc-maçonnerie des Noirs. Sous
un nom ou sous un autre, ces sociétés se sont partout
développées en Afrique occidentale, et il y a des pays où
l'on doit sérieusement compter avec elles; on les trouve
aussi chez des tribus de l'autre côte. Il y en a pour les
hommes et pour les femmes; mais toujours, si l'on veut
y entrer, il faut avoir dépassé l'enfance et arriver à l'époque
de la puberté.

Le but général, au fond, est celui-ci : maintenir dans
la tribu, toujours par la crainte des châtiments et de la
mort, les usages relatifs au culte des mânes et des esprits
mauvais, aux sacrifices, aux prohibitions, à tout ce qui
constitue en un mot le « paganisme »; fournir aux initiés
des avantages appréciables, au point de vue matériel et
social, par exemple en leur réservant certaines dignités,
en frappant d'interdit telle viande, tel produit, etc., pour
les profanes, les femmes, les enfants, en faisant, à certains
moments de l'année, payer à ceux-ci un tribut en nature

sous la menace de « l'esprit qui veut manger », de manière
à faire dans la société, aux dépens des autres, de solen-

Gabon (Afrique occidentale). — Fétiche protecteur de village (Vallée de l'Ogoüé).

nelles ripailles ; maintenir les femmes et les enfants dans
le devoir ; enfin former entre les « frères » un lien qui per-
mette aux autorités cachées de se faire obéir aveuglément.

Mais, comme on le comprend, il y a des initiés de divers grades. Les jeunes gens font simplement partie de la société et suivent le courant. Au-dessus, il y en a qui lui appartiennent à un degré supérieur et qui dirigent le mouvement. Mais ceux-là aussi reçoivent l'impulsion de deux ou trois grands féticheurs, peu ou point connus, souvent étrangers au pays, et auxquels on attribue les pouvoirs les plus extraordinaires, les relations les plus fidèles et les plus familières avec les esprits. Chacune de ces catégories fermées a son nom spécial.

En tout cas, le secret doit être absolu.

Je revenais du pays éshira. Blessé au pied, j'étais resté en arrière de la caravane, et un jeune homme du Fernan-Vaz, fils d'un chef important, baptisé à la mission mais rentré de bonne heure en son village et repris peu à peu par la vie païenne, n'avait pas voulu m'abandonner seul en chemin. Nous parlions tous les deux, bien seuls, sous le couvert de la grande forêt silencieuse, et cheminant lentement le long du petit sentier. Je profitai de ce moment pour rappeler mon compagnon de route aux sentiments qui l'animaient autrefois, et peu à peu il se trouva amené à me faire aussi ses confidences :

« Je te dirai bien quelque chose, fit-il, mais il faut que tu me promettes de ne le révéler à personne, car si on le sait on me tuera.

— Parle, lui dis-je.

— Eh bien, je suis de l'*Omwiri*... Le P. Buléon, qui l'a appris, m'a dit que c'est mal pour un chrétien, et il refuse de m'admettre à l'église tant que tu ne m'auras pas toi-même pardonné.

— Il a raison.

— Je le sais bien. Mais j'étais entré là-dedans, comme beaucoup d'autres, par curiosité et désir de voir ce qui s'y passait. On m'avait dit, au reste, que si je n'en faisais pas partie, je n'aurais jamais ni fortune, ni relations, ni chance, rien... Et puis, je voulais dire aussi que j'étais de l'*Omwiri* et m'asseoir avec les hommes.

— Je comprends tout cela. Mais dis-moi comment tu fus reçu, ce qu'on te demanda, ce qu'on te fit.

— Oui, je te dirai tout, seulement c'est un secret, un grand secret...

« D'abord, pour entrer dans la société, il faut être homme et payer : les enfants ne sont pas admis.

« La chose se passe le soir, quand il fait nuit, entre hommes seuls, et dans la case de l'*Omwiri*, qui se trouve généralement au bout du village. Le postulant se présente innocemment, amené par deux camarades; mais aussitôt qu'il est entré, tous ceux qui sont là tombent dessus, l'insultent et le rossent à coups de bâton. On le couche ensuite par terre et on le couvre de feuilles de bananier : c'est comme un homme mort.

« Alors on va chercher l'*Omwiri* dans la forêt. Il a son conducteur qui l'appelle d'un cri particulier, plusieurs fois répété : *Hi! ha! a-a-a! Hi! ha! a-a-a!* Après un temps plus ou moins long, pendant lequel les femmes et les enfants tremblent au fond des cases, — car celui qui verra l'*Omwiri* mourra, — l'*Omwiri* répond, s'approche de son guide, et se laisse conduire à la case où il est attendu...

— Je t'arrête. Qu'est-ce que cet *Omwiri?* »

Très bas, mon franc-maçon répondit :

« C'est un homme comme tous les hommes... Et c'est justement là le secret qu'il ne faut jamais dire; car si on le savait, il ne ferait plus peur à personne, et les autres ne nous obéiraient pas. C'est un homme; seulement il est couvert et défiguré de telle façon, avec des peaux, des feuilles, des herbes, qu'on ne voit rien de sa figure, rien de son corps, rien de ses pieds, rien de ses mains... On dirait un paquet qui marche.

« Il arrive à la case, et pendant que tous gardent le silence, il demande d'une voix basse et contrefaite, qui paraît sortir de son ventre :

« — Qu'y a-t-il?

« — Hélas! répond le maître-sorcier, un profane est entré parmi nous.

« — Tuez-le, » dit simplement l'*Omwiri*.

« Après un silence, quelqu'un demande grâce :

« — C'est mon parent, c'est mon ami, il ne savait ce qu'il faisait... »

« D'autres se joignent à celui-là, et l'*Omwiri* finit par accorder la vie, à condition que le profane soit purifié.

« Alors on le conduit près de l'eau, on le couche de nouveau par terre, et on lui rase le corps entier. Le sorcier lui fait ensuite une entaille au bras gauche, avec un petit couteau spécial; trois autres lui sont aussi faites au poignet, et dans chacune d'elles on met du jus de certaines plantes fétiches. (C'est en se frappant sur ces marques, de la main droite, que l'initié fera dans la suite ses serments en disant : *Omwiri, Mangongo, Kibi,* etc., suivant les tribus. C'est le nom du démon auquel on s'est donné et qui est appelé en témoignage de la vérité... ou de ce qui devrait l'être). »

Cette marque du bras, au Fernan-Vaz et ailleurs, a la forme d'un double triangle, mais la base du second n'est pas formée : au poignet, ce sont trois lignes superposées. Quand ces cicatrices sont guéries, elles forment un tatouage en relief que portent la plupart des Noirs adultes de ces pays.

Le postulant est ensuite couvert de boue sur tout le corps, et sa toilette se complète de raies, de dessins et de

Gabon (Afrique occidentale). — L'*Omœiri* sortant de la forêt.

signes bizarres, en couleur rouge et blanche, qu'on lui fait autour des yeux, sur le front, les joues, la poitrine, partout. Dans cet accoutrement, il est ramené à la case et reçu par l'*Omwiri*.

Mais une nouvelle épreuve l'attend. On lui met en mains un fusil chargé, ou un arc avec flèche empoisonnée, et on lui dit :

« Regarde dans ce coin de la maison. C'est le cadavre d'un de nos faux frères que nous avons tué, parce qu'il a révélé nos secrets… Ainsi tu mourras, si tu dis un mot de ce que tu as vu ou entendu parmi nous. Et maintenant, montre-nous si tu es un homme : feu ! »

Le coup part, une acclamation y répond, et l'on procède ensuite à l'enterrement du coupable qui, — ajoutons-le pour ne pas effaroucher les âmes tendres, — n'est qu'un simple mannequin.

« Et tu crois, dis-je à mon franc-maçon repentant, qu'on tue ainsi ceux qui révèlent les secrets de l'*Omwiri?*

— Sûrement, répondit-il, et non seulement ceux-là, mais tous les autres dont on veut se défaire par jalousie ou par vengeance. C'est pourquoi tu en vois tant parmi nous qui meurent on ne sait comment… Quelquefois, l'homme est frappé en pleine réunion ; d'autres fois, il est empoisonné sans qu'il puisse savoir d'où le poison est venu ; d'autres fois encore, on le suit dans la forêt, et quand il est seul on l'abat. Enfin, il est des cas où c'est l'esprit lui-même qui tue ceux… »

A ce moment, un bruit singulier se fit au-dessus de nous : d'instinct, le jeune homme s'arrêta, effrayé, comme si l'*Omwiri,* qui l'avait entendu, allait exercer sa vengeance sur nous deux.

Silence…

Puis, tout à coup, une énorme branche d'arbre pourrie

tombe en travers du sentier, et se brise à nos pieds. Ce fut fini : le reste de l'étape, nous parlâmes d'autre chose.

Je n'ajouterai qu'un mot : au pays noir comme au pays blanc, la direction des affaires, comme disait lord Beaconsfield, n'est qu'aux mains d'un petit nombre, et ceux qu'on voit gouverner sont rarement ceux qui gouvernent.

L'*Omwiri* est donc l'association secrète établie dans la région du Gabon « pour le maintien des lois ». Mais de qui tire-t-elle son nom et quelle est la puissance qui l'inspire ?

Nous mettons ici le pied sur un autre domaine : du culte nous passons au dogme, et nous n'y trouverons pas des choses moins intéressantes.

Il est une puissance cachée qui préside aux choses de la terre, *Ombwiri,* comme *Anyambyé,* — nous le verrons tout à l'heure, — préside au gouvernement du ciel... *Anyambyé n'Ombwiri!* s'exclament les Noirs du Gabon dans les grandes circonstances. Le Maître du ciel et le Prince de la terre, voilà donc les deux pouvoirs supérieurs au-dessous desquels tout s'agite, et c'est en l'honneur de l'un d'eux, d'*Ombwiri,* que paraît établie, avec ses rites, ses pratiques et son culte, l'association secrète de l'*Omwiri* ou du *Mwiri,* destinée à maintenir son pouvoir.

IV. — En lisant l'exposé général qui précède, on s'est demandé peut-être ce que cette religion fait de Dieu, de celui que nous venons de désigner précisément sous le nom d'*Anyambyé.*

Eh bien, elle n'en fait rien du tout. Elle le laisse où il est, dans l'inaccessible lointain où le met sa nature spéciale, transcendante, et dominant notre monde, le monde des vivants et des morts, de sa puissance aussi incontestable qu'inexpliquée.

Toute langue lui attribue un nom. Et s'il est difficile, à cause, sans doute, de l'ancienneté de ce nom et des variations qu'a subies la langue, de lui trouver aujourd'hui une signification certaine et précise, on saura, du moins, à quoi s'en tenir par les surnoms qui lui sont donnés et qui, eux, appartiennent à la langue actuelle. Sur la côte orientale, Dieu se dit presque partout *Mulungu,* et sur la côte occidentale *Nzambi :* ces deux mots se retrouvent dans l'intérieur, avec, naturellement, les variantes impo-

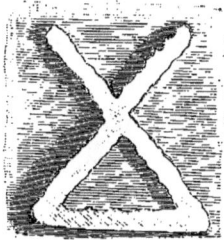

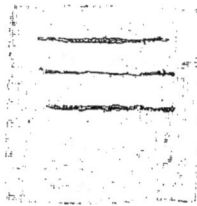

Marques de l'*Omwiri* sur le bras gauche (tatouage en bourrelet).

sées par la suite des temps et la fantaisie des peuples. Que veut dire *Mulungu,* et que veut dire *Nzambi?* On se le demande ; mais les Mpongwés du Gabon, par exemple, ne laissent aucun doute sur leur conception de la divinité quand ils l'appellent aussi, — s'ils ne veulent pas prononcer son nom, — *Reri yajyo* (Notre Père); *Mu-anga* (Celui du ciel, ou le Lumineux); *Oma w'Igunu* (Celui d'en Haut). — Les Gandas l'ont à leur tour surnommé *Katonda* (le Créateur), et les Zoulous *Un-kulunkulu* (le Grand-Grand ou l'Ancien des jours) [1].

Voilà donc ce qu'est Dieu dans l'esprit des Noirs : un être à part et qu'il est impossible d'atteindre.

---

[1] En mpongwé (Gabon), *Ungulungulu* signifie : « Celui qui est la force même, le Tout-Puissant » (de *Ngulu,* force). — Le grand blasphème des indigènes est celui-ci : *Ungulungulu jélé Anyambyé,* « le Tout-Puissant n'est pas Dieu » ou « Ce n'est pas Dieu qui est le Tout-Puissant ».

Les âmes des morts, les ombres, les esprits, les forces secrètes de la nature, on peut les conjurer, les utiliser, les diriger, les capter pour ainsi dire : il suffit pour cela de connaître la manière et de mettre la main sur l'homme, le spécialiste, le sorcier qu'il faut. Mais pour Dieu et contre Dieu, il n'y a rien à faire : il est inaccessible.

Tout au plus, s'il est reconnu être l'auteur d'une grande calamité, osera-t-on blasphémer son nom avec colère, à moins de lui offrir tel et tel sacrifice avec un cérémonial plus ou moins compliqué ; mais on ne peut répondre du succès de cette offrande, comme s'il s'agissait d'un esprit ordinaire, d'une ombre d'ancêtre : il sera satisfait peut-être, mais, en somme, il fera ce qu'il voudra. Voilà Dieu, qui fait vivre et qui tue, qui donne et qui retire, et contre lequel nous ne pouvons rien.

C'est pourquoi nous voyons le Noir se préoccuper partout, et avant tout, des influences immédiates qu'il s'agit de capter à son profit ou dont il faut détourner la malice : influences dues aux forces cachées de la nature, aux ombres des morts ou aux esprits plus ou moins vaguement soupçonnés comme préposés à la garde de certains sommets, de telle forêt, de telle caverne.

Dieu est derrière et au-dessus, et partout où il veut.

Voilà, si je ne me trompe, le résumé, — mais ce n'est qu'un résumé, et il est nécessaire de ne point l'oublier, — de la religion des Noirs bantous.

Il a été souvent question, dans cet exposé, de sacrifice. Le sacrifice est, en effet, partout, et, pour ne l'avoir point remarqué, ou ne lui avoir donné presque aucune importance, il faut n'avoir prêté à la vie africaine qu'une attention bien superficielle ou ne posséder que des notions par trop sommaires en matière religieuse.

Le sacrifice est, en effet, l'essence même du culte, dans

tous les pays et dans tous les temps. En Afrique, on le
trouve en toutes les tribus et sous toutes les formes :
le buveur de vin de palme verse les premières gouttes de
son breuvage avant de le porter à ses lèvres ; le chasseur
offre une partie, si faible qu'elle soit, de l'animal abattu ;
le pêcheur rejette à la mer quelque chose du poisson qu'il
vient d'en tirer ; le laboureur laisse au champ qu'il récolte,
parfois exposé sur une sorte de petit autel ou déposé par
terre en un coin spécial, un épi de maïs ou de sorgho ;
le navigateur tue une poule et frotte de son sang l'avant
de sa pirogue ; le malade dispose son offrande devant
l'ombre de l'ancêtre ; le guerrier ne s'aventure pas sans
avoir fait son sacrifice ; le sorcier demande invariablement
qu'on tue une poule, une chèvre, un mouton, un bœuf,
pour la délivrance d'un possédé, pour la cessation d'une
maladie, pour le succès d'une entreprise.

Mais il y a des tribus et il y a des cas où le sang de
l'animal domestique ne suffit plus : il faut celui de l'homme.
Et l'homme est tué, et il est mangé, pour communier à la
victime : nous voici arrivés à l'anthropophagie. On s'éton-
nera peut-être de voir donner à cette pratique si répandue
une origine religieuse. Je ne parle pas des cas, possibles
en Océanie, inconnus en Afrique, où l'homme mange son
semblable, comme sur la *Méduse*, par besoin. Mangé par
besoin, l'homme peut aussi l'être par goût, comme il l'est,
dit-on, dans le Haut-Oubangui ; mais il n'en fut pas ainsi
dès le principe, et je serais étonné que, même actuellement,
on mangeât un homme sans cérémonial et sans aucun
prétexte.

Chez les Fans, l'homme est aussi mangé par haine, mais
ce sentiment n'exclut pas le sacrifice : l'ennemi mangé
donne satisfaction à l'ombre du parent, de l'ami ou de
l'allié qu'il fallait venger et qui, sans cette expiation néces-

saire, ne laisserait pas de repos à ce qui reste de sa famille.
Celui qui a été mangé est en effet supposé disparaître
totalement : rien n'en reste, ni de son corps, ni de son
ombre. En l'anéantissant complètement, après l'avoir fait
passer par les deux issues naturelles qui constitueront
l'humiliation suprême..., on donne à celui qu'il a tué
ou offensé la satisfaction la plus parfaite qu'on puisse lui
offrir.

Ailleurs, on tue et on mange l'homme pour l'élection
d'un chef nouveau, pour l'enterrement ou la fin de deuil
d'un chef défunt, pour un anniversaire, pour la cessation
d'un grand fléau, pour le succès d'une entreprise extraordinaire. Mais le motif premier est toujours le même : il
s'agit d'offrir un sacrifice de haute valeur aux mânes des
ancêtres ou aux esprits malfaisants, afin de se les rendre
propices ou d'écarter leur influence.

J'ai été très lié avec quelques anthropophages, — je dis
avec, je ne dis pas par : — c'étaient, en temps ordinaire,
de très braves gens, des âmes douces et des cœurs
tendres... Mais leurs ancêtres avaient ainsi fait ; c'étaient
leurs lois, c'était leur religion, c'était leur conscience, et
ils continuaient « les coutumes ».

Tel est le sacrifice. Il est universel en Afrique, et nuls
plus que les Noirs ne donnent raison à la parole que saint
Paul applique à la Victime qui a racheté le monde de son
sang : *Sine sanguinis effusione non fit remissio.*

Résumons. En remontant des pratiques du culte aux
idées religieuses qui les inspirent, et en essayant de les
classer en ordre, — ce que, évidemment, les indigènes
ne font pas, — nous trouvons la théologie des peuples
bantous ainsi caractérisée :

1° Une divinité supérieure : ici personnelle, distincte,
créatrice ou du moins organisatrice du monde, maîtresse

souveraine des éléments et de la vie humaine, parfois
même rémunératrice du bien et vengeresse du mal; là,
se confondant plus ou moins avec la lumière, le ciel, le
soleil, restant dans un vague lointain et ne s'occupant
guère des hommes que pour les faire mourir; partout,

Gabon. — Le sacrifice de la poule à l'avant de la pirogue (Haut-Ogoüé).

inaccessible aux mortels et, à cause de cela même, ne
faisant l'objet d'aucun culte spécial et suivi;

2° Une divinité terrestre, un « Prince de ce monde »,
spécialement chargée des sociétés, veillant au maintien
des lois, en frappant de mort, de maladie ou de ruine ceux
et celles qui ne les observent pas, distribuant le bien et le
mal, pouvant être influencée par un culte, des prières, des
sacrifices, et dirigeant en particulier des associations
fermées, établies en son honneur et pour le maintien des
coutumes anciennes;

3° Des puissances inférieures, dont les unes essentiellement méchantes, exigeantes, tyranniques; les autres plutôt bonnes et protectrices des tribus, des familles, des maisons, des personnes, toutes plus ou moins capricieuses et pouvant être influencées par des prières et des sacrifices, chassées par telle pratique, ramenées par telle autre.

4° Parmi ces puissances, figurent les âmes dégagées des corps, les « larves », les « ombres », les « mânes » des ancêtres, de ceux qui ont laissé un nom célèbre, de ceux qui se sont manifestés après leur mort, comme de ceux qui ont disparu récemment, qu'on a connus, et dont on garde pieusement la mémoire. C'est à ces mânes surtout que va le culte public, familial et privé, c'est pour eux que sont les fêtes, c'est d'eux que l'air est rempli, c'est à eux que sont réservés certains arbres, certaines forêts, certains quartiers, certains sanctuaires domestiques; ce sont eux qui sont consultés sur les affaires importantes et qui interviennent dans les occasions solennelles où la famille est engagée : naissances, mariages, commerce, procès, guerre, voyages, etc.

5° Enfin, il y a les vertus secrètes des choses, attachées par la nature même à telle pratique, à tel objet, à telle plante, etc.

Voilà, il me semble, l'ensemble de la théologie des Bantous, étonnamment semblable pour le fond à celle des Romains, des Grecs et, en somme, de tous les peuples. Mais il ne faut pas se lasser de le répéter, nulle part on ne trouve ces croyances formant un corps dogmatique, fidèlement enseigné, universellement connu et adopté par toutes les tribus et tous les individus, systématiquement groupé enfin, comme il l'est ici pour la grande commodité du bienveillant lecteur européen. Chacun en prend ce qu'il peut et ce qu'il veut. Et pourvu que, sous prétexte de neutralité, on ne s'applique pas, comme en pays civilisé, à vexer le voisin dans l'expression de sa croyance ou l'exercice de son culte, nulle part comme en Afrique il n'est plus facile de s'octroyer « la liberté de penser ». Malheureusement, plus l'esprit humain cherche son émancipation loin de la vérité religieuse, plus il tombe sous la tyrannie de l'irréligion.

V. — Cette digression générale sur la religion des Nègres n'était pas inutile avant de parler de la religion des Négrilles.

En effet, j'ai été singulièrement frappé de la différence qui existe, sous ce rapport et à leur avantage, entre nos petits hommes et les tribus voisines, différence que j'avais constatée sur la côte orientale et que, à mon étonnement, j'ai retrouvée la même de l'autre côté de l'Afrique.

Lorsque je tombai, par grand hasard, sur le campement des Bonis dont il a été question, près de Malindi (Zanguebar), et que j'eus lié connaissance et conversation avec le chef, je lui fis une remarque qui m'avait frappé. Contrairement à l'habitude des populations bantoues des environs, païennes ou plus ou moins musulmanes, ces Bonis ne portaient aucune amulette.

« Je ne vois pas chez vous, lui dis-je, — nous parlions le swahili qu'il connaissait bien, — je ne vois pas chez vous de *dawa*, d'*irizi*, et de toutes ces choses que portent les autres tribus, au cou, au bras et partout.

— Non.

— Pourquoi ? Est-ce mauvais ?

— Nous ne connaissons pas cela.

— Mais si le *pépo* (l'esprit) entre dans le corps de l'un de vous, comment faites-vous pour l'en faire sortir?

— Le *pépo* ne vient jamais chez nous : il ne connaît que les Wa-nyika et les Musulmans.

— Vous n'avez pas non plus de sacrifices (*sadaka*), par exemple quand vous tuez un buffle, quand vous trouvez du miel, quand un malheur vous menace?...

— Écoute, puisque tu veux tout savoir. Quand je tue un buffle, j'en prends un petit morceau, le meilleur; je le mets sur le feu : une partie reste à brûler, et je mange l'autre avec mes enfants. Si je trouve du miel, je n'en emporte point avant d'en avoir jeté un peu dans la forêt et vers le ciel. Et quand j'ai du vin de palme, il faut d'abord en répandre un peu par terre... C'est cela que tu voulais savoir?

— Oui... mais en faisant cela, tu ne dis rien?

— Si. Je dis, par exemple : « *Waka*, tu m'as donné ce buffle, ce miel, ce vin. Voici ta part. Prête-moi encore la force et la vie, et qu'il n'arrive point de mal à mes enfants. »

Waka est le nom galla de Dieu. Je le savais, mais il était mieux de faire l'ignorant et de permettre à cet étonnant sauvage de s'expliquer lui-même.

« *Waka?* dis-je. Qu'est-ce que *Waka?*

— Tu ne connais pas Waka? répondit-il. Mais c'est le maître de tout, celui que les Swahilis appellent *Mu-ungu*. Il nous a donné ces terres, ces forêts, ces fleuves, tout ce que tu vois : nous en vivons... Mais il est sévère : il en veut sa part, et nous la lui donnons.

— Vous l'avez vu?

— Vu *Waka!* Qui jamais pourrait voir *Waka?*... Mais lui nous voit bien. Quelquefois il descend dans nos campements et fait mourir l'un de nous. Alors, nous enterrons

bien bas celui dont il a pris la vie, et ceux qui restent vont
plus loin : car il est dangereux de rester 'sous l'œil de
Dieu... »

Avant de boire le vin de palme : la libation.

Ces idées d'un coureur des bois sur Dieu et le sacrifice
qui lui est dû, je le répète, me frappèrent beaucoup à cette
époque : supérieures, et de beaucoup, à celles communé-
ment répandues parmi les populations agricoles, séden-

taires et relativement civilisées des environs, elles renver-
saient les conceptions que je m'étais faites et qui voulaient,
selon les livres, que la science religieuse et autre aille de
pair avec la civilisation matérielle.

L'an d'après, j'eus du reste occasion de voir en partie
confirmées les relations de mon sauvage, aussi théologien
que philosophe.

C'était à *Ndéra*, dans le fleuve *Tana* ou *Pokomo*, où
nous cherchions à installer une mission. J'avais un jour
accompagné le F. Acheul à la chasse ; mais, après avoir
beaucoup marché, couru et rampé dans les bois, nous
fûmes pris par la nuit, égarés, perdus. Heureusement, à
nos cris finirent par répondre d'autres cris, et guidés par
une lumière que nous apercevions de loin au haut d'un
arbre, nous arrivâmes à un endroit, à l'orée de la forêt,
où trois jeunes gens recueillaient du miel. L'un était en
haut avec une torche, la torche qui nous avait servi de
phare. Quand il eut fini, il descendit les précieux rayons
dans une corbeille, que reçut en bas son camarade. Nous
en demandâmes un peu, car ils étaient si beaux et nous
avions si grand'faim !

« Attends d'abord, » nous dit le chasseur.

Et cassant un rayon en trois, avec un grand air de
recueillement et de religieux respect, il en jeta une part
loin devant lui, dans les bois, une à droite, et l'autre à
gauche. Après quoi, il en mangea lui-même, et nous
donna ensuite tout ce que nous voulûmes prendre.

« Qu'est-ce que tu as fait là ? lui dis-je. Est-ce que ce
miel n'est pas bon, que tu l'as jeté ?

— C'est notre habitude à nous, me répondit-il, et nous
l'avons prise des Wa-twa (Bonis). Pour avoir du miel
une autre fois, il faut commencer par donner sa part à
Dieu... »

Passons maintenant de l'autre côté du continent. Nous voici chez les *A-jongo* du Fernan-Vaz (Gabon), population de Négrilles métissés, mais qui prétendent avoir conservé les traditions primitives de leur race. Ce qui est certain, c'est qu'ils vivent près d'une tribu, celle des Nkomis, remarquable par sa beauté physique, son intelligence et le développement matériel de la civilisation, mais étonnamment attachée aux plus mauvais fétiches, sacrifiant pour un rien des esclaves, et réduisant la femme à tout ce qu'il y a de plus moralement bas. A côté de cette tribu, belle, riche, orgueilleuse et bien vêtue, voici donc ces pauvres A-jongo, campés dans leurs forêts.

« Tu viens, dis-je à l'un d'eux, qui me parlait volontiers depuis quelque temps, de prononcer le nom de *Nzambi* : qu'est-ce que *Nzambi* ?

— *Nzambi*, dans notre langue, c'est *Anyambié* dans la langue des Nkomis (c'est-à-dire Dieu).

— Bien, je comprends. Mais où demeure-t-il, que fait-il, qu'est-ce qu'on dit de lui ?

— *Nzambi? Nzambi* demeure en haut, et c'est lui qui parle par le tonnerre pour dire aux hommes que la pluie va tomber. N'as-tu pas entendu? Il y a des jours et des nuits où toute la forêt en tremble... C'est le maître de tout, il a tout fait, tout arrangé, et devant lui nous sommes bien petits !

— C'est lui qui a fait vivre les hommes ?

— Oui, et c'est lui qui les fait mourir.

— Mais, dis-je, quand un homme est mort, et qu'il a été méchant, qu'il a volé les autres, qu'il a tué, qu'il a empoisonné, qu'est-ce que *Nzambi* fait de lui? Dis-moi tout cela. Je te dirai après ce que nous, nous croyons.

— Eh bien! écoute... »

Et mon pauvre sauvage prit un air de tristesse frap-

pante, parlant à voix basse et comme pour ne pas être
entendu de je ne sais quel esprit voisin :

« Écoute, quand l'un de nous vient à mourir, son ombre
s'enfonce en terre et plonge très bas, très bas... Puis, elle
se relève peu à peu, remonte, remonte, remonte... jusque
chez Dieu. Si l'homme a été bon, Dieu lui dit : « Reste là,
« tu auras de grands bois, et tu ne manqueras de rien. »
Mais si l'homme a été méchant, s'il a volé les femmes des
autres, s'il a tué, s'il a empoisonné, Dieu jette cette larve
dans le feu.

— Dans le feu! dis-je tout étonné. Où ce feu se trouve-
t-il?

— En haut, répondit le sauvage.

— C'est bien, fis-je après quelques instants de silence.
Qui t'a appris ces choses-là?

— C'est ce que nous disons tous, répondit-il. Nos pères
pensaient ainsi, et nous pensons de même. Mais vous
autres, Blancs, vous devez savoir encore autre chose... »

Ce qui est certain, c'est que les Nkomis païens connaissent fort bien Dieu, *Anyambié;* mais nulle part chez
eux on ne trouve cette idée de récompense et de châtiment, postérieurs à la mort, si clairement exprimée par
les A-jongo.

Contrairement aux Nkomis, les A-jongo ne portent pas
non plus d'amulettes.

Contrairement aux Nkomis, ils ne se préoccupent pas
des revenants (*abambo*), pas davantage des sorciers chan-
gés en bêtes à la façon de nos loups-garous, pas davantage
des fétiches innombrables inventés pour perdre le voisin.

Seulement, ils ont des recettes pour faire bonne chasse,
et, chose également contraire à tous les procédés des
Noirs environnants, ceux-ci ne firent pas la moindre difficulté de me les montrer, de m'introduire dans la petite

case qui renfermait ces objets, de me les mettre en mains, de me donner même une répétition destinée à m'édifier sur la manière de s'en servir.

C'étaient d'abord des œgagropiles, espèces de boules

Négrille du groupe des « Békü ».

grosses parfois comme un œuf de poule, composées de poils fins rassemblés en une masse solide et trouvées dans l'estomac de sangliers, de léopards et autres bêtes de la forêt. Sur ces boules, qui proviennent des peaux d'animaux mangés et qui ont, dans l'esprit de ceux qui s'en servent, une grande vertu, on avait tracé deux lignes qui se croisaient : l'une rouge, l'autre blanche[1].

[1] L'œgagropile (gr. αιξ, αίγος, chèvre; πῖλος, laine) n'est autre chose que le

Puis, il y avait du *mpemba*, qu'on s'était, du reste, procuré chez les populations voisines, lesquelles en font un continuel usage. C'est une substance de l'aspect d'un morceau de blanc d'Espagne et composée de terre blanche, pétrie avec des ossements humains déterrés et réduits en cendre [1].

Il y avait des plumes rouges de la queue du perroquet gris, réunies en petits paquets.

Il y avait des oreilles et des queues d'éléphant, des queues de cochon, des queues de porc-épic, des cornes d'antilope, etc., le tout régulièrement étalé sur une sorte de petite table.

Le chasseur s'accroupit dans la case minuscule pendant que nous le regardions par la porte : « Voilà, nous dit-il ; la nuit, j'ai rêvé que j'étais à la chasse, et j'ai vu des bêtes. C'est un signe. Alors, le matin, j'entre ici, je dispose devant moi toutes ces choses, par terre, comme ceci. Puis, je prends cette clochette, — une espèce de double clochette en bois, également usitée chez les Nkomis, — et, en l'agitant, je dis : « En route! En route! J'ai vu l'éléphant, j'ai vu le cochon, j'ai vu l'antilope... Antilope, éléphant, cochon, toute bête du bois, qui que tu sois, tu m'as été donnée... J'ai faim de viande, ma femme a faim, mes enfants ont faim... Je pars : personne ici ne me reverra avant que je n'aie abattu l'un de vous... En route! En route! »

Et, subitement, le petit bonhomme se frotta de *mpemba*, prit son arme, sortit de la case, et, sans plus tourner la tête, il disparut dans la forêt.

bézoard (du persan *bedzhar*, contre-poison). Les Orientaux attribuent aussi à ces concrétions une efficacité merveilleuse : chez eux, comme dans toute l'Afrique, c'est à la fois un remède et un talisman.

[1] Sur la côte orientale, on emploie aussi, mais d'une manière plus mystérieuse, l'*unga wa ndéré*, qui a la même origine.

Les *Békü,* qui, on s'en souvient, sont les Négrilles attachés à la tribu des Fans, nous donnent à peu près les mêmes renseignements sur leurs idées religieuses.

C'est *Mba-Solé,* notre vieux danseur, qui a maintenant la parole. Mais disons d'abord que les Békü non plus ne portent pas d'amulettes : du reste, je n'en ai jamais vu au cou des divers Négrilles que j'ai pu rencontrer. Mba-Solé confirme les renseignements précédemment donnés. Ils voient, dit-il, le gibier en rêve, et c'est là-dessus qu'ils partent, sûrs de ne point rentrer les mains vides.

Mais, chez eux, le grand fétiche pour la chasse est celui-ci. Pour se le procurer, il s'agit d'abord de tuer un homme. Chez les Mpongwés, les Fans et beaucoup d'autres, cet homme doit être un parent rapproché, un fils ou une fille, un neveu, une épouse, dans le cas où le fétiche est destiné à donner la richesse ; mais les Békü n'ayant point cette préoccupation, il leur suffit de tuer un individu quelconque, même un ennemi. Puis lorsque dans la tombe le cadavre commence à se décomposer, on prend sa tête qu'on détache du tronc. On enlève la cervelle, le cœur, les yeux, les poils du corps (cheveux, cils, sourcils, etc.), on mêle le tout suivant une formule secrète, avec des incantations spéciales, et quand cet étrange composé est sec, on s'en frotte pour acquérir un peu de la puissance supérieure dont on est doué dans l'autre vie, et en particulier l'invisibilité.

Le chasseur a du reste soin de se peindre le corps de mouchetures noires et blanches qui lui permettent, pense-t-il, d'approcher du gibier et de le tirer à coup sûr.

Mais les Békü n'ont pas, affirment-ils, de fétiches pour nuire aux personnes, leur lancer des maladies, leur retirer la chance ou les faire mourir...

Quant à Dieu, connu sous le nom fan de *Nzame,*

« c'est, nous dit Mba-Solé, l'auteur du ciel, des astres, de la lumière, des yeux où la pupille nous renvoie son image et où réside la vie... »

Il eut, dans le principe, des rapports avec une divinité mère, de nature inférieure, et c'est de là que par un prodigieux enfantement sortirent à la fois bêtes et gens, chacun avec sa forme, sa nature et sa destinée.

Outre cette cosmogonie bizarre, qui paraît bien d'origine fan, — quoique les Bushmen, d'après Campbell, croient aussi en l'existence d'un dieu mâle et d'un dieu femelle [1], — Mba-Solé admet les esprits, les revenants, la condamnation des méchants dans l'*Ototolane* et une sorte de métempsycose, partie animale, partie humaine. « Car, dit-il, quand on sut pour la première fois qu'il y a des Blancs et qu'on en vit, on se dit que c'étaient *les revenants* des anciens Noirs. »

Somme toute, et si curieuses que soient ces données, elles n'ont que peu d'intérêt pour nous faire connaître la théologie des Négrilles : on y reconnaît trop l'influence étrangère des Mpawins. .

Que si maintenant nous passons aux Sân du Sud africain, toujours dans le but de voir ce qui les éloigne ou les rapproche de nos A-kôa du Gabon, nous constatons simplement que leurs données religieuses ont une grande analogie avec celles que nous venons d'exposer.

Eux aussi ont la notion d'un grand Être auquel ils attribuent tout ce qui dépasse la puissance humaine : c'est le maître de toutes choses. Ce chef de tout (*Kaang*), qui est au ciel et qu'on ne peut voir des yeux, fait vivre et mourir, donne ou refuse la pluie et le gibier : c'est le *Mu-anga* (*celui du ciel*) des peuples bantous.

---

[1] A. de Quatrefages, *les Pygmées*, p. 294.

Gabon (Afrique occidentale). — La préparation du fétiche.

Outre ce dieu supérieur, plutôt bon, les Sân en ont un autre, *Ganna,* porté au mal : et ce *Ganna* répond à l'*Omb-wiri,* dieu de la terre et de l'eau, que nous avons vu chez les tribus du Gabon. Les Hottentots ont les mêmes notions de ces deux principes.

« La mort, dit un proverbe sân, n'est qu'un sommeil. » Ils placent une sagaie à côté de leurs morts pour qu'ils puissent chasser et se défendre dans la vie de l'au delà. Ils ont des danses religieuses, le *mokoma,* par exemple (cfr. l'*Akuma* des Fans), qui dure une nuit entière. Certaines antilopes, une espèce de chenille qui se construit un fourreau de paille semblable à celui des friganes, la mante, etc., leur inspirent une sorte de vénération et de crainte religieuse, et il y a des pratiques qu'on ne doit pas négliger sans danger. A la mort d'un de ses membres, tout le campement émigre. Mais, par ailleurs, on ne leur voit pas de temples, on ne leur connaît pas de caste sacerdotale proprement dite, et M. Arbousset, qui nous donne ces détails si intéressants, conclut : « Ainsi, nous voyons réunis chez les Boschismans le plus grossier fétichisme et des notions, bien vagues sans doute, mais touchant aux croyances les plus élevées. Pourtant, ajoute-t-il, ces tribus ont beaucoup moins de superstitions que les Noirs. »

Or, toutes ces remarques, avec quelques modifications qui se comprennent, s'appliquent d'une manière frappante aux Négrilles des pays bantous.

VI. — Contrairement à la généralité des Noirs leurs voisins, les Négrilles des pays bantous paraissent partout non seulement reconnaître un Dieu personnel et souverain, mais le placer à son rang et lui offrir des sacrifices. Pour ma part, du moins, je n'ai pas rencontré de groupe où il fût inconnu.

Ils semblent aussi avoir, sous une forme ou sous une autre, la connaissance ou le pressentiment d'une vie future impliquant récompense ou châtiment; cette idée, au contraire, est généralement très affaiblie chez les autres Noirs, parfois nulle. On la trouve cependant chez les Fans.

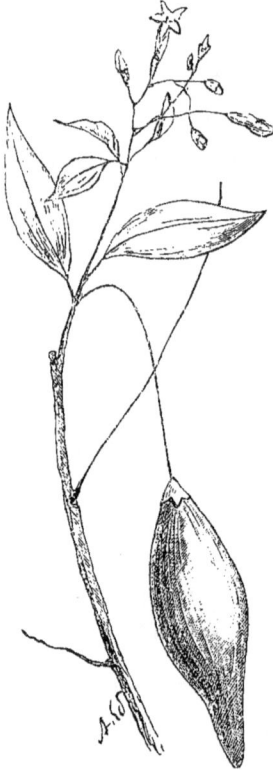

Par contre, les Négilles semblent indifférents à ce qui préoccupe tant leurs voisins : je veux dire les ombres des ancêtres, les mânes, les esprits mauvais, etc. Pas de fétiches, non plus, pas d'amulettes, pas de sorciers proprement dits. Casati raconte la même chose des Akka.

Mais la forêt, comme le désert, recèle des vertus secrètes que, mieux que personne, connaissent les Négrilles, puisque « c'est à eux qu'appartient la terre ». Ainsi ce sont eux qui passent, au Gabon, pour avoir révélé aux autres la propriété de l'*iboga,* dont l'écorce mâchée permet à l'homme de rester plusieurs jours et plusieurs nuits de suite sans fermer les yeux, de battre le tam-tam indéfiniment, et de voir passer devant ses yeux des formes extraordinaires, terribles ou délicieuses.

Fruit rouge. Fleur jaune d'or avec traits roses. Odeur vireuse très prononcée.

L'*Iboga* (grandeur naturelle).

Quelques-uns sont d'habiles médecins, et Marche nous parle d'un vieux Bongo du village de Boya (Okandé), à qui l'on apportait tous les nouveau-nés pour qu'il les fît vivre : c'était un spécialiste.

L'*Olumi* ou *Moduma*, arbre sacré des Négrilles.

Un des autres privilèges le plus fréquemment attribué aux Négrilles, un peu partout, est celui de se rendre invisibles. On dit bien qu'ils ont une manière de se dissimuler près d'un tronc d'arbre, si adroitement, qu'on peut passer à côté d'eux sans les apercevoir ; on dit encore qu'ils se couvrent de feuilles au point de se faire prendre pour un arbuste ou un buisson aux yeux des gens et des bêtes. Mais il y a mieux. En mêlant ensemble, dans un savant composé qu'on réduit en cendres et dans des proportions que je ne saurais dire, — ne les connaissant pas, — la feuille de la salsepareille africaine, le fourmi-lion, une graine de palme, une chauve-souris, un serpent d'eau, une autre feuille dont l'aspect est celui du chanvre, un petit poisson, et l'écorce de l'arbre sacré *moduma*[1], on obtient un spécifique dont ces étonnants petits bonshommes se frottent le front : ce qui suffit pour les faire immédiatement disparaître aux yeux des autres mortels. Et c'est pourquoi, précisément, je n'ai pu moi-même voir ceux, les plus intéressants de tous, qui vivent dans les grottes de *Kumu na Bwali,* sur le *Ngunyé,* lorsque j'y ai passé !...

Ils ont aussi une composition spéciale pour assurer l'agilité : là encore entrent leurs substances sacrées, l'écorce du *moduma,* le fourmi-lion, la chauve-souris. Ils se font des incisions autour de la cheville et mêlent ce spécifique à leur sang.

Dans chaque nouveau campement, on doit faire un feu nouveau, tiré « des entrailles de la nature ». A cet effet, les A-kôa gardent toujours deux morceaux de bois, l'un dur et l'autre très mou (de préférence l'*oyondo*), que l'on fait sécher avec soin et d'où l'on tire l'étincelle par le pro-

---

[1] Le *moduma*, appelé en mpongwé *olumi*, d'une racine identique qui signifie « avoir de la renommée, être célèbre, être grand *(duma)* », est un arbre magnifique et assez rare, dont je n'ai vu que trois spécimens. Très gros, très grand, il s'élève tout droit, près des eaux, et porte à vingt ou trente mètres une tête superbe. Son écorce répand une odeur agréable, et quand on le frappe, disent les indigènes, il résonne comme pour répondre. Beaucoup de chansons le célèbrent : *Olumi n'agendja...*

cédé déjà décrit. La fumée monte, la flamme paraît : chacun apporte aussitôt sa branche ou sa brindille, et l'on regarde. Si tout se passe sans incident, le campement est bon ; mais si, par aventure, l'une de ces bûchettes, comme il arrive parfois quand le bois est vert, se retourne d'elle-même sur le feu, c'est que la terre se révolte et que l'endroit choisi ne vaut rien. On l'abandonne, et l'on va chercher ailleurs.

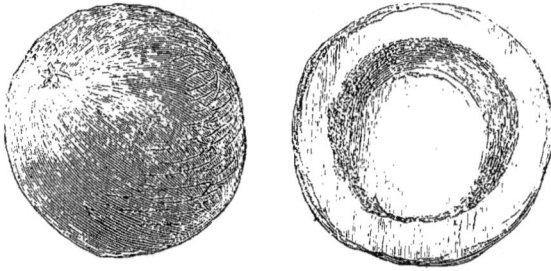

La noix de *nkula* (grandeur naturelle).

C'est à ce signe aussi que plus tard on reconnaît l'approche d'un ennemi ou l'imminence d'un danger. Le bois qui se retourne sur le feu doit toujours amener la désertion du campement.

Ce n'est pas tout. L'emplacement étant choisi et trouvé bon, l'ancien prend une branche d'un autre arbre plus ou moins sacré, l'*oguma langa*, et la plante au milieu ou à l'entrée, en faisant des vœux pour la prospérité de la famille et en demandant que la paix règne toujours autour de cette branche symbolique. L'*oguma langa* est, en effet, la variété sans épines d'un autre arbre qui en est couvert (le fromager). Et si, plus tard, une dispute s'élève, si on se bat, les deux parties doivent verser de l'eau au pied de l'arbre, en signe de paix, de sacrifice et de bon propos.

La noix de *nkula*[1], espèce de noyer indigène, a aussi

[1] *Kula edulis.*

pour eux quelque chose de sacré, et c'est d'elle que quelques groupes tirent leur nom : *A-kula*, ce qui signifie « les gens du *nkula* ».

Dès que la saison en est arrivée, on s'organise en une procession et l'on s'en va chantant sous la forêt une sorte de cantique dont voici le refrain, répété en chœur par tout le personnel du campement :

> *Ekenda na'kendo ndonda*
> *Monguma mo Ndjambè !*
>
> En avant, en avant pour cueillir
> Le présent du Seigneur !

Arrivé à l'arbre signalé, le meilleur grimpeur y monte ; il y cherche une noix qui a avorté, la met entre ses dents et doit redescendre à terre la tête en bas. On monte sur un autre noyer, on fait la même opération en choisissant cette fois une bonne noix, et l'on place les deux ensemble dans un petit trou creusé sous l'un des foyers du campement. Bientôt après, la fumée du feu nouveau, allumé par l'ancien, monte doucement dans la forêt immense ; et pendant que les noix se consument, tous les assistants forment cercle, se mettent en mouvement et tournent autour du foyer en chantant et en remerciant Dieu.

C'est là la grande fête de cette humble race, et sa simplicité même rappelle d'une façon touchante et curieuse le sacrifice que l'homme, aux premiers âges du monde, faisait à Dieu des fruits de la terre, prémices de la récolte et prémices du troupeau. Eux n'ont rien que ce que la forêt leur donne ; mais en cela même ils reconnaissent la main libérale du « Père qui est aux cieux », et, avant d'y toucher, ils aiment à reconnaître sa puissance et sa bonté souveraines, en le priant d'agréer de leur part les premières noix qu'il leur est donné de cueillir.

On a vu comment les *Wa-twa* ou *Bonis* de la côte orientale offrent leur sacrifice de miel. Leurs parents du Congo n'en mangent pas non plus sans en jeter un peu en l'air, et certaines parties du gibier, un morceau du foie généralement, sont aussi offertes à l'Auteur de tout bien, qui se confond, il est vrai, d'une manière plus ou moins vague, avec la nature elle-même.

J'ai beaucoup interrogé pour savoir si les Négrilles pratiquent ou ont pratiqué l'anthropophagie.

La réponse a toujours été négative, excepté chez les Békü; ceux-là m'ont avoué que, dans le temps passé, ils avaient fait comme les Fans auxquels ils sont mêlés et mangé de l'homme, mais que depuis longtemps ils ont abandonné cette coutume. Je pense aussi que cette race n'a été anthropophage que par occasion et par entraînement, lorsque l'un ou l'autre de ses groupes suivait une tribu qui lui donnait ce mauvais exemple. Chaillé-Long et Casati disent aussi que les Akka n'ont été anthropophages, s'ils l'ont été, que par intermittence.

VII. — Pour la naissance et pour l'époque de la puberté, ils ont leurs cérémonies, dont plusieurs sont intéressantes. Un Benga qui m'a souvent donné de bons renseignements m'a affirmé que lorsque l'enfant o-kôa vient au monde, on le dépose à terre, sur une feuille de bananier rouge, comme pour lui faire prendre possession de son domaine. Puis les parents et les voisins arrivent, le bénissent en projetant sur lui un peu d'eau, et en lui souhaitant en même temps toutes les prospérités compatibles avec son genre de vie : la santé, la force, l'adresse, l'agilité, beaucoup de gibier, une longue vie. L'enfant est ensuite rendu à sa mère.

La pratique de la circoncision, introduite par Abraham

parmi les siens pour les distinguer des gens de Chanaan
leurs voisins[1], fut, on le sait et les monuments le prouvent[2],
connue parmi les anciens Égyptiens. Mais elle devait
l'être déjà de la population noire qui s'était répandue
avant eux sur le continent. Du moins, on la trouve
aujourd'hui chez un très grand nombre de tribus, d'origine et de mœurs d'ailleurs différentes. D'autres, voisines
de celles-là, ne la pratiquent pas, soit qu'elles ne l'aient
jamais eue, soit que plutôt elles l'aient abandonnée. En ce
qui concerne les Négrilles, ils ne paraissent l'avoir adoptée
que lorsqu'ils fréquentent des populations qui la pratiquent ; mais ils l'entourent, alors même, de certaines
cérémonies spéciales où l'on retrouve les éléments de leur
culte.

D'abord, l'opération doit se faire si promptement que,
« commencée quand une boule de caoutchouc est lancée
en l'air, elle doit être finie quand cette boule retombe dans
la main ». Le morceau de peau amputé est fixé avec un
fer de lance dans le tronc du noyer du Gabon (*nkula
edulis*), l'arbre national des A-kôa. L'opérateur fait
ensuite couler le sang sur un foyer de bois rouge : ce qui
est à la fois une sorte de sacrifice et un utile procédé pour
la prompte cicatrisation. Enfin, la plaie est nettoyée, jusqu'à guérison complète, dans un ruisseau ou une mare où
l'on a fait écraser des espèces de petites écrevisses, et c'est
encore là un symbole : l'écrevisse est un des animaux qui
rappelle à l'O-kôa la faculté qu'il recherche de se cacher,
de se dissimuler, de disparaître à volonté.

L'enfant circoncis passe alors du côté des hommes, et

---

[1] Gen. xviii, 10. A propos de ce passage de la Bible, on affirme souvent que la
circoncision fut alors pratiquée pour la première fois dans le monde. En ce cas,
comme en beaucoup d'autres, on fait dire à la Bible plus qu'elle ne dit.

[2] Pierret, *Dictionnaire d'Archéologie égyptienne* (*Art.* Circoncision).

sa grande ambition est, comme partout, de le devenir le plus tôt possible. Il se fait de petits arcs, de petites flèches, de petites lances; il devient d'une habileté rare à prendre au lacet des oiseaux ou des rongeurs; il court un peu partout, jusqu'à ce que, vers l'âge de quinze ou seize ans, il est admis dans la société secrète qui lui permettra de se mêler aux anciens.

Mais la chose ne va point toute seule, et comme dans les nations les plus civilisées on trouve les *brimades* pour tout nouveau qui veut entrer dans un monde fermé, nous avons vu chez ces pauvres enfants des bois des épreuves qui les rappellent. Au jour donné, on fait donc une hutte de feuillage; les hommes s'y rassemblent, et on y mange l'écorce de l'*iboga* pendant trois jours. Alors, quand l'ivresse particulière que donne cette plante s'est prononcée et qui consiste, comme on l'a vu, dans une excitation prodigieuse accompagnée d'hallucinations, on s'en va loin, loin dans la forêt, guidé par le chef de la cérémonie. Puis, tout à coup, à un signal donné, celui-ci abandonne le récipiendaire, les yeux bandés.

Le jeune homme erre où il peut pendant cinq jours, vivant de la force de l'*iboga*. Si réellement il est digne d'entrer dans le « docte corps », il reparaît ensuite au campement, les mains liées derrière le dos.

« Qui lui a lié les mains? demandai-je à celui qui m'instruisait ainsi.

— Mais c'est l'esprit lui-même, » me répondit-il d'un ton qui ne me permettait pas d'insister en insinuant que cet esprit pourrait tout de même bien être un compère aussi matériel que lui.

En tout cas, dès que le postulant a reparu, le chef des cérémonies lui demande :

« Qu'as-tu vu? »

Il répond. Et si la description qu'il fait de l'esprit qui l'a
lié est exacte, si les mots de passe sont justes, s'il est
digne, en un mot, tous s'écrient avec lui : *Hayé!* et il
est admis. On le fait asseoir, on lui donne à manger des
bananes grillées pour « faire tomber la force de l'*iboga* » ;
ses yeux démesurément ouverts reprennent leur état normal, ses membres cessent de trembler, ses bras sont
déliés. Le chef lui donne le *mbumba zi Bwiti* (le paquet
du *Bwiti*), composé d'un crâne humain pulvérisé ; il
échange avec lui le sang de l'alliance, et il a désormais sa
place marquée dans la société des hommes.

En leur compagnie, il apprend alors peu à peu le détail
des croyances, des pratiques, des recettes diverses, des
connaissances générales de la tribu. Si le goût ou l'intérêt
l'y pousse, il se fait le disciple d'un maître en renom, il
cherche lui-même, il s'applique à étudier les mœurs des
animaux, il compose des charmes, il se fait une spécialité.

Mais, pour passer maître, il est nécessaire d'être longtemps formé par un ancien. Celui-ci, du reste, au soir de
sa vie, doit discerner dans le campement l'homme intelligent qui héritera de ses secrets. Alors il l'appelle la nuit
et, à la lueur d'une torche, loin de tout regard profane, il
lui transmet les connaissances qu'il a lui-même reçues.
Cette formation n'est pas si simple qu'on pourrait le
croire : elle dure longtemps, parfois des années entières.

Mais que peuvent bien enseigner ces singuliers docteurs, et quelles matières ardues peuvent retenir ces étu-
diants? Eh bien, il y a, par exemple, la « science de la
peau du léopard ». Chaque tache a son nom qu'il faut
retenir et se garder de confondre. A titre d'ami, on m'a
enseigné le nom d'une d'entre elles, sous le sceau du
secret : celle qui se trouve à la naissance de la queue et

Chez les Négrilles. — Le choix d'un emplacement.

qui joue un rôle sérieux dans la préparation des charmes. On l'appelle au Gabon *Makaka ma ndjila* (le milieu du chemin).

Il y a des examens, des manipulations, une thèse, ou plutôt une épreuve, sans laquelle on ne peut être reçu. Par exemple, si une famine se déclare, il faut, pour être reconnu comme maître, que le disciple puisse dire : « Attendez encore cinq jours, et au commencement du sixième, vous aurez à manger ! »

Tant que le vieillard est là, c'est lui qui garde la confiance du peuple. Seulement, lorsqu'il se voit près de mourir, il appelle son disciple, lui donne ses derniers conseils, lui livre ses secrets les plus cachés, lui répète ses instructions, et, l'ayant désigné comme son successeur, il laisse aller son âme rejoindre celle de ses ancêtres vers le monde mystérieux où les A-kôa retrouvent la vie dans leurs forêts enchantées.

Arrive l'âge du mariage. Le jeune O-kôa, qui a discerné dans un campement voisin la compagne de ses rêves, prévoit bien que, là aussi, la passe est étroite ; peut-être même s'exagère-t-il volontiers les difficultés de la présentation, et, en tout cas, il éprouve souvent le besoin, pour réussir, de s'aider d'un philtre plus ou moins puissant. Un sorcier le lui délivre : c'est une sorte de poussière composée de cendres, d'ossements et d'ingrédients divers, — je n'ai pas la recette, — que le prétendant jette sur la petite personne en question, à son insu, et sans faire semblant de rien. Le cœur n'y résiste pas.

Quand une fois l'affaire est conclue avec les parents en ce qui concerne le prix, la demeure future, et le reste, le jeune homme se représente. Mais... la fille n'est plus là.

Il doit aller la trouver dans les bois, la chercher et s'en emparer. La capture n'est pas toujours compliquée ni difficile ; mais, enfin, il dépend de la fiancée de se rendre

introuvable, si elle le veut, et c'est une espèce de liberté
qui lui est laissée.

Gabon (Afrique occidentale). — L'ivresse de l'*iboga*.

Après la mort comme pendant la vie, la préoccupation
de ce singulier peuple paraît être de disparaître, en ne
laissant aucune trace de son passage. Lors donc qu'un
Négrille a rendu le dernier soupir, les anciens se ras-

Chez les Négrilles. — A la recherche de la noix du sacrifice.

semblent vers le milieu de la nuit, les femmes et les enfants sont écartés du campement, et on délibère sur le lieu de la sépulture. Quand on est fixé, on s'en va loin dans les bois, jusqu'au bord du ruisseau désigné. Là, on détourne le courant, on creuse dans son lit un trou profond et de forme ronde, en ayant soin d'en garnir les bords de petits poteaux, pour empêcher la chute de la terre et du sable. Quand on a soigneusement retiré l'eau qui s'y trouve et que tous les apprêts sont terminés, on retourne au campement pour chercher le cadavre. Celui-ci est entouré de nattes grossières et de cette écorce de figuier qui sert de vêtement dans une grande partie de l'Afrique équatoriale ; puis au milieu de la nuit, silencieusement, mystérieusement, le mort est emporté au lieu de son repos. On le dépose debout dans la fosse préparée, le visage tourné vers le ciel, « car, me disait mon Benga, c'est au ciel que l'homme doit finit par monter. » Enfin, on place sur sa tête une large pierre, avec, tout autour, un cordon d'argile pour empêcher l'eau de pénétrer, et on rétablit le courant du ruisseau, après que l'ancien a prononcé ces mots du suprême adieu, qui sont aussi l'expression de la suprême espérance :

« *Ayendi na g'ébanda g'Emanya na g'ekoto ya Nguya... Ayiri na go Bata... na Tambi...* »

Ce qui veut dire littéralement : « Il s'en va avec l'enveloppe de l'homme intelligent et avec la peau de l'homme des bois (du chimpanzé)... Il est arrivé dans Bata, au pays du bien... »

J'ai beaucoup cherché à savoir ce que c'était que ce Bata... Mon docteur n'a pu me donner d'indication précise, sinon que c'était l'endroit où s'en vont les mânes des A-kôa. Il y a bien un Bata au nord du Gabon, mais il ne s'agit point de celui-là. Faudrait-il donc chercher là un souvenir d'un habitat primitif dans cette province de l'ancien royaume portugais du Congo, qui portait aussi ce nom et s'étendait entre le Zaïre et le Kassaï? Le roi de ce pays pouvait mettre en campagne de soixante-dix à quatrevingt mille hommes. A l'est, d'après Dapper, se trouve le territoire de Kondi. Or, lisons-nous dans l'abbé Prévost, « les peuples de Kondi assurent qu'au delà de la rivière de Koango on trouve une nation blanche avec de longs cheveux, mais un peu moins blanche que les Européens[1] ». Ces hommes de « nation blanche » seraient-ils les ancêtres de nos Pygmées du Gabon dont ils auraient gardé le souvenir? Mystère...

La cérémonie de la sépulture terminée, les anciens rentrent au campement et tout le monde déguerpit. C'est pourquoi, disent les Noirs, nul ne vit jamais le tombeau d'un véritable O-kôa.

Du Chaillu n'a pas connu le détail de ce cérémonial. Mais le peu qu'il en dit suffit pour nous montrer qu'il en est des A-bongo du Haut-Ogoüé comme des A-kôa du Gabon : « Le corps du défunt, écrit-il, est caché dans quelque vieil arbre de la forêt, puis recouvert de feuilles et de terre, ou bien encore dans le creux d'un ruisseau. »

Les Négrilles métissés et vivant en compagnie des autres tribus ont perdu cette coutume que, du reste, ils avouent être celle de leurs ancêtres : ils se font enterrer comme tout le monde ou, du moins, ils cessent de prendre ces précautions destinées dans le principe à cacher leurs morts comme ils cachent leurs vivants, et peut-être aussi à dérouter ainsi l'ombre du défunt, à la fixer à jamais sous son ruisseau et à l'empêcher de troubler l'existence de ceux qu'il a connus.

---

[1] Prévost, *Histoire générale des Voyages*, t. IV, p. 627.

Gabon (Afrique occidentale). — Le tombeau du Négrille.

En tout cas, le deuil se prolonge assez longtemps, un, deux ou trois mois, pendant lesquels, à la première aube du jour, les femmes pleurent jusqu'au matin, en poussant dans la case des gémissements accompagnés de plaintes et de chants, sur un mode particulier et facile à reconnaître.

Le deuil se termine par une danse, suivie d'un repas et d'un dernier sacrifice à l'esprit de l'ancien.

VII

CARACTÈRES MORAUX DES NÉGRILLES

I. — Le sentiment de la pudeur est universel chez les Négrilles, comme partout. Les voyageurs peu expérimentés sont portés à croire que la modestie diminue avec l'habit. C'est précisément la thèse contraire qui bien souvent pourrait être la vraie, et il est parfaitement inexact de dire, avec une certaine école, que « dans l'état de barbarie l'homme n'a aucun sentiment de la pudeur, et qu'il se couvre uniquement pour se défendre du froid ».

C'est une erreur. Habillés de la plus ample des robes ou d'un imperceptible crin d'éléphant — autour du cou, l'homme et sa compagne ont visiblement conscience de leur dignité morale, et, dans la plus mal vêtue des tribus africaines, il est bien rare de voir se passer en public non seulement ce qui est puni chez nous comme un attentat aux mœurs, mais ce qui est toléré, souvent applaudi, et parfois encouragé comme fait de haute galanterie.

14

Le nu n'est pas l'obscène; du reste, il est incontestable que la peau noire met sur le corps humain un habit qui, pour être collant, a son genre de décence et sa manière d'être porté.

Ces réserves faites, il faut convenir que les Noirs deviennent facilement libres dans certaines de leurs danses, et absolument ignobles dans telles de leurs pratiques secrètes. Par ailleurs, la chasteté n'a jamais passé pour leur vertu dominante, et ce n'est pas sans motif qu'on parle couramment de leurs « appétits grossiers ». Les Négrilles, sous ce rapport, doivent bien aussi laisser à désirer, et certains gestes essayés dans leurs campements disent assez qu'on se méprendrait en les citant comme des modèles de vertu.

Mais on remarquera que, pour dissimuler la liberté qu'il laisse à la concupiscence intérieure et se la faire pardonner à lui-même, le Nègre, comme le Blanc, a inventé des danses spéciales, des fêtes particulières, des initiations secrètes, au cours desquelles il est convenu que la luxure a ses droits. C'est la preuve que, dans le cours ordinaire de la vie, la chasteté a les siens.

La constitution même de la société chez nos petits hommes est, d'ailleurs, extrêmement favorable au maintien des mœurs. La société, c'est la famille.

Dispersés ainsi par petits groupes plus ou moins éloignés, tous parents dans le campement que préside le père ou l'ancien, n'ayant pas de relations intimes avec les tribus voisines, les enfants grandissent, frères et sœurs, sous l'œil de leurs parents. Tout petits, ils restent aux soins de la mère dans sa hutte de branchages ou sous la feuillée épaisse; mais dès qu'ils sont assez avancés en âge pour se mouvoir librement, ils ont leur case à part. Plus tard encore, les jeunes gens se choisissent une épouse dans quelque autre famille et forment, d'ordinaire, un campement séparé, que bientôt leurs propres rejetons viennent égayer de leurs cris.

Malheureusement, des groupes, suivant les tribus auxquelles ils sont attachés de longue date, se sont trouvés entraînés fort loin les uns des autres, et se voient ainsi contraints de se marier entre cousins et cousines, oncles et nièces. Ces alliances sont regardées comme de purs incestes par les tribus voisines, qui citent ces choses avec des airs de profonde répulsion. Eux-mêmes ne l'avouent pas facilement ou ne le disent qu'avec un sentiment de honte visible. En Afrique, en effet, on ne met pas ou presque pas de différence entre la nièce et la fille, la cousine ou la sœur.

Le vol serait peut-être le péché mignon de nos hommes, mais il y a, à la base même de la loi, des circonstances atténuantes. D'abord, il est défendu entre eux, membres d'une même famille et d'une même race. Quant aux autres, qui sont considérés comme des étrangers et des espèces d'usurpateurs, on peut leur arracher tout ce qu'on peut en tirer. Les *Wa-boni*, sur la côte orientale, passent pour d'infatigables et effrontés mendiants : j'ai pu constater personnellement que cette réputation est complètement méritée. Les A-kôa de l'Afrique occidentale, plus dispersés, sont aussi plus timides. Mais les uns et les autres savent trouver le moyen de s'attacher aux flancs des tribus agricoles et prendre sur elles, en bananes, en manioc, en maïs, en pistaches, en taros, en ignames, en sorgho, en patates, en haricots, en tout ce qui se cultive, le tribut qu'un propriétaire demanderait à son fermier. Il est vrai qu'il s'établit alors un échange de bons procédés : quand le petit homme est content de quelqu'un, il le prend à part, et du fond de sa boîte d'écorce il tire un morceau de viande faisandée qu'il lui donne. Cette libéralité lui pose des droits pour revenir lorsque les temps sont durs et que le gibier ne paraît plus.

Les Sâns, voisins des Hottentots, ne peuvent, dit-on, voir errer sous leurs yeux, sans d'énormes tentations, ces magnifiques troupeaux dont la moindre tête représente tant de livres de bonne viande. C'est toujours le même raisonnement : la terre est à eux, et les bêtes qui en broutent l'herbe leur ont été données. Il faut savoir distinguer entre *voler* et *prendre*.

Les chemins sont aussi regardés par eux comme leur appartenant : s'ils les ont faits, ce n'est pas pour les autres, et c'est pourquoi on les trouve partout si fidèles à demander, à exiger le prix du passage.

La médisance et la calomnie sont choses également réprouvées et provoquent nombre de palabres. Mais le mensonge qui ne nuit à personne, la fierté orgueilleuse qui ne fait point de tort à autrui, la colère qui se dépense en vaines paroles, sont tout au plus considérés comme des défauts naturels, non comme des fautes. La paresse est presque le but de la vie, et la gourmandise en est la plus complète jouissance. Aussi, quand une pièce de gibier est abattue, on fait son possible pour que « l'étranger » n'en sache rien. La cuisine se fait en un coin retiré du bois, et viande, peau, os et tripes, tout y passe, au point que, parfois, le petit homme et son intéressante famille sont obligés de digérer sur place.

Ce détail, on en conviendra, manque de noblesse. Mais n'y a-t-il personne, ailleurs, qui attende pareillement, sous la table, que la digestion soit passée?

II. — La loi des prohibitions est universelle en Afrique, partout elle est respectée. Le mot qui sert à désigner les choses défendues signifie généralement « consacrer, mettre de côté, interdire ».

L'un de ces *tabous* des Négrilles est, par exemple, l'arbre *moduma* · il suffit de jeter un peu de son écorce dans leur

Une famille d'A-kôa.

feu, et surtout dans leur marmite, pour qu'ils éteignent tout et abandonnent là leur pitance. Les voisins le savent, et quand ils les surprennent en grand festin, c'est un des tours que leur jouent quelques mauvais drôles pour profiter de leur cuisine.

L'animal fétiche des Négrilles, du moins des A-kôa du Gabon, est le chimpanzé, et ils ne souffrent pas facilement qu'on en prononce même le nom en leur présence. A Bata, un savant du pays m'a même dit que leur nom vient de là : *Kuya,* de ce côté, signifiant chimpanzé; les *Ba-Kuya* ou *Ba-Kwéya* seraient les « hommes du chimpanzé ». Cette étymologie est à ajouter aux autres, et ce n'est peut-être pas la plus mauvaise.

J'ai cherché à savoir si, chez eux, quelque idée religieuse, sociale ou autre se rattachait aux échassiers, aux « grues ». Il ne m'a pas été possible d'arriver à rien de précis, quoique beaucoup de groupes ne mangent pas d'oiseaux, les Bonis, par exemple. Il faut dire, d'ailleurs, que dans l'immense forêt équatoriale du Gabon ces échassiers sont à peu près inconnus, et leur souvenir aurait pu disparaître pour être remplacé par celui des singes : voilà pourquoi, peut-être, les *Wa-twa* de la côté orientale et du centre seraient devenus, dans la région des forêts, les « *Wa-Kuya, Be-Kü* ou *A-Kóa,* les hommes du chimpanzé ». Mais ce n'est là que pure hypothèse.

Autre chose. Quand, dans le campement, une grande chasse se prépare, la veille on éteint d'abord tous les feux, puis on sort de leurs boîtes les crânes des ancêtres, et on les range en ordre sur une sorte d'autel fait de branchages. Les feux sont alors rallumés, et le maître des cérémonies frotte chaque crâne avec de l'huile de palme dans laquelle on a mis préalablement des morceaux d'écorce de l'arbre *moduma.* D'autres morceaux d'écorce du même arbre, ainsi que des feuilles, sont brûlés en sacrifice, et les cendres, mises dans de l'eau, sont employées partie à frotter les crânes, partie à frotter les fusils ou les arcs. Les feux étant de nouveau éteints, on remise les ossements dans leurs boîtes, et l'on s'en va coucher : la nuit, les mânes des ancêtres auxquels a été fait ce sacrifice montrent aux chasseurs les endroits où ils trouveront le gibier.

Mais, et c'est là que j'en voulais venir, une condition est nécessaire : tout rapport sexuel est alors interdit, et nous retrouvons ainsi parmi nos Négrilles l'idée dont Tibulle s'est fait l'interprète en disant : « La chasteté plaît aux immortels. »

Outre ces notions du bien et du mal moral, ils ont aussi ce qu'on peut appeler les vertus de l'honnête homme.

Mba-Solé nous parlait des Bé-kü, sa race, avec un sentiment de patriotisme véritable.

Leur courage ne peut être contesté quand on pense avec quelles armes, — deux ou trois lances, — ils s'attaquent aux plus gros animaux.

J'ai eu comme guides au pays éshira (Gabon) et, avant, dans la forêt de Sokoké (Afrique orientale), un O-kôa et un Boni qui ont été des modèles d'exactitude, de fidélité, de douceur et de bon vouloir. Farini a trouvé son Korap près d'un voyageur européen que les Hottentots avaient dépouillé et laissé mourir dans le désert : seul, comme un chien qui ne veut pas quitter son maître, ce pauvre Négrille était resté là, cherchant du secours et ne pouvant être retenu que par la connaissance intime d'un devoir à accomplir, d'un sentiment de pitié vis-à-vis d'un étranger malheureux.

Enfin, voici l'appréciation de Bertin sur les Bushmen : elle est conforme à ce que nous avons remarqué nous-même chez les populations similaires.

« Le Bushman, écrit-il, est bien meilleur qu'il n'a été représenté par les premiers voyageurs et par les tribus environnantes qui le méprisent et l'oppriment. Il aime au plus haut point la liberté, ne reconnaît pas de maître et ne possède pas d'esclaves... » Et plus loin : « Il est, au point de vue moral, bien supérieur aux Bantous et aux Hottentots, jamais cruel sans nécessité, bon et serviable à ses camarades. Voler du bétail est à ses yeux une simple

manière de chasser. Il est reconnaissant et dévoué à ceux
qui le traitent bien, et les voyageurs rapportent plusieurs
cas de Bushmen qui ont montré le plus grand dévouement
à leurs maîtres quand ceux-ci connaissaient la manière
d'agir avec eux [1]. »

Il est vrai que Stanley a trouvé parfois à se plaindre de « ces méchants petits nains ». Cela se conçoit du reste, et on l'a déjà vu. Que pouvaient-ils penser d'une expédition affamée qui enlevait tout sur son passage et dont les balles répandaient la consternation et la mort?

C'a été là, du reste, le procédé mis en honneur par les colons européens du sud de l'Orange. Sparmann raconte que ceux-ci attendaient les Bushmen à l'affût auprès d'un quartier d'animal laissé dans la brousse; ils n'épargnaient ni les femmes enceintes, ni les enfants à la mamelle, à moins qu'ils ne les trouvassent propres à augmenter le nombre de leurs esclaves. Dès qu'un blanc apercevait un Bushman, il tirait sur lui et s'élançait à sa poursuite avec ses chevaux et ses chiens. Le courage même des Sân leur a souvent été fatal, car il n'y a guère d'exemple qu'ils aient abandonné les morts ou les blessés : il restent et se font tuer à côté d'eux [2].

Jeune Bushman (10 ans)
de la mission de Huilla (Angola).

[1] J. Bertin, *The Bushmen and their language.*
[2] É. Reclus, *Nouvelle Géographie universelle,* t. XIII, p. 475.

Élisée Reclus ajoute : « Quoique distribués en groupes
épars, sans cohésion nationale, ils ont de la sympathie les
uns pour les autres, et se rendent service à l'occasion;
après les chasses en commun, aucune dispute ne s'élève
pour le partage, quoique nul chef n'y préside. Il n'y a pas
d'organisation politique ni so-
ciale, point de famille régulière, mais les sentiments d'af-

Jeune fille Bushman (12 à 15 ans) de la mission de Huilla (Angola).

Bushman (25 à 30 ans)
de l'Angola.

fection naturelle n'en sont pas moins très forts. Jadis,
quand on voulait s'emparer d'une femme de la tribu, il
suffisait de voler l'enfant : la mère venait toujours d'elle-
même partager le sort du petit captif. »

En résumé, ni les Négrilles, ni les Noirs ne sont des
modèles à proposer comme exemple. Mais, dans l'ensemble, ils sont loin d'être étrangers à tout sentiment.
Peu disposés à pratiquer la vertu avec la vaillance, la
constance, la perfection héroïque qu'y peuvent mettre les
Européens, les Européens à leur tour les étonnent souvent
par le raffinement de leur perversité. Ces « faits divers »

que rapportent chaque matin les journaux de nos capitales
seraient pour eux un scandale. Et s'il est vrai qu'ils soient
toujours prêts à prendre avant tout les mauvais côtés de
notre civilisation, demandons-nous, après le leur avoir
reproché, ce que nous faisons pour leur donner les bons.
Il y a là un fait étrange et l'on nous permettra bien de le
dire : les Européens qui trouvent les Noirs sans morale
sont presque toujours les premiers, précisément, à leur
donner l'exemple de la morale des singes, et, après les
avoir proclamés dégoûtants, ils n'ont rien de plus pressé
que de les faire entrer dans leur famille, ne fût-ce qu'en
qualité de beaux-pères... Qu'est-ce que cette hypocrisie?

Tels sont nos petits hommes. Si la religion et la morale
n'éveillent pas en eux des croyances multiples et des sentiments compliqués, ces mots cependant ne restent pas
sans écho dans leur cœur, et ce n'est pas sans étonnement
peut-être, mêlé de quelque satisfaction, qu'on trouve chez
ces humbles représentants de la grande famille humaine
moins de légendes extravagantes, moins de pratiques
barbares, moins de grossièretés obscènes que chez les
anciennes populations si intelligentes, si artistiques, si
policées et si corrompues de l'Inde, de la Chine, de la
Grèce et de Rome. Leur vie de famille, leur caractère
nomade, leur éloignement des centres populeux, autant
que la pauvreté de leur imagination, la simplicité de leurs
goûts et l'honnêteté de leur nature leur auraient-ils fait
garder plus parfait le lot des traditions et des lois primitives que l'humanité a emporté de son berceau?

C'est la conclusion à laquelle on se trouve naturellement
amené.

VIII

CARACTÈRES SOCIAUX DES NÉGRILLES

L'état social d'un peuple se rattache évidemment à ses caractères intellectuels, religieux et moraux. Mais ici encore nous nous trouvons en face d'une théorie qu'on nous demande d'accepter sans examen, sous peine de passer pour arriérés. Dans la *Famille primitive*[1], un livre qu'on peut lire d'un bout à l'autre sans arriver

---

[1] C. N. Starcke, *la Famille primitive*.

à comprendre au juste ce qu'a bien voulu dire l'auteur, C. N. Starcke part de cette idée que la « promiscuité » et la « barbarie » se trouvent à l'origine de toute société. Et il ajoute : « La parenté n'a aucun rapport avec l'organisation primitive de la famille[1]. » Simplement, on se rassemble en vue de la lutte pour l'existence, on se reproduit à tout hasard, un chef se révèle, la tribu s'organise, et plus tard seulement la famille se montre pour le partage et la jouissance des biens acquis[2]. La conclusion est claire : l'État, ayant tout créé en vue de la lutte et de la jouissance, a aussi tous les droits sur la famille, l'individu, la femme, l'enfant, la direction de l'intelligence et de la conscience... C'est la tyrannie parfaite, sans limites et sans nom. Or, chose surprenante, et qui fait vraiment peu d'honneur à l'intelligence humaine, cette théorie tend à s'imposer aux peuples sous le doux nom de liberté !

Mais non. Avant d'être perdu dans l'État, l'homme a une intelligence, il a une conscience, il a des facultés qui n'appartiennent qu'à lui. Si, au fond des forêts inconnues, il défriche un coin de terre, cette terre qu'il a travaillée, cette récolte qu'il a semée et ces outils qu'il a faits sont à lui ; s'il se marie et s'il a des enfants, ces enfants sont à lui et à sa femme. L'individu, l'esprit, la conscience, la religion, la propriété, la famille, sont antérieurs à l'État, et quand celui-ci se déclare, en vue de l'intérêt général, son premier devoir est de respecter toutes ces grandes choses : il n'est pas leur maître, encore moins doit-il être leur tyran.

Les faits confirment de tout point cette théorie, la seule rationnelle et la seule libérale.

Nulle part en effet, jusqu'à présent, on n'a trouvé cette

---

[1] C. N. Starcke, *la Famille primitive*, p. 117.
[2] *Id.*, p. 268.

« promiscuité » si chère au matérialisme, excepté peut-
être dans les sociétés en décadence que la pourriture
sociale envahit, et si, pour cette étude intéressante, les
observations les plus précieuses sont celles qui portent

Négrille O-kôa (1ᵐ 28), de l'estuaire du Gabon.

sur les populations primitives, voici les Négrilles des forêts
africaines.

Que nous visitions les divers campements de l'est, du
centre, de l'ouest, du nord et du sud, nous verrons que
c'est précisément la famille qui y absorbe tout le reste...
Le père y est le chef, le père y est le juge, le père y est le
prêtre, et il résume toutes ces attributions dans une seule,
celle que lui confère la paternité. Sa femme est à lui, et

n'est qu'à lui. Il l'a demandée à un groupe voisin; il a donné, pour l'avoir, une ou deux dents d'éléphant, une pièce de gros gibier, du miel. Des enfants leur sont nés, qu'ils gardent, qu'ils nourrissent et qui, pour ne pas exiger les soins délicats et superflus d'un petit Européen de nos villes, n'en sont pas moins élevés avec amour et tendresse, la tendresse et l'amour d'un père et d'une mère.

Stanley, sur l'Ituri, a été plus juste, parce qu'il dit ce qu'il a vu et non ce qu'il a imaginé pour soutenir une théorie.

« A peine étions-nous installés, écrit-il [1], qu'on nous amenait deux Pygmées, au teint cuivré, jeunes tous les deux... » Le petit homme donna, par gestes, les renseignements demandés. « Et pendant ce temps, la face de la petite femme reflétait éloquemment les émotions de son camarade; ses yeux jetaient des flammes, ses traits reproduisaient comme un miroir fidèle les mobiles impressions qui se succédaient sur la physionomie de celui-ci : même jeu muet, mêmes doutes, mêmes craintes, même espoir, même effroi; cette âme passionnée vibrait aux mêmes sentiments qui agitaient l'autre nain... Elle se tenait debout, les bras pendants, les mains jointes, et, quoique sans vêtements, personnifiait la candeur et la modestie.

« C'étaient, sans aucun doute, le mari et la femme : lui, avec la dignité reflétée d'un Adam; elle, avec les grâces d'une Ève en miniature. Cachées sous les plis d'un animalisme anormalement épais, leurs âmes existaient cependant, et aussi les sentiments les plus délicats, restés inertes et torpides par défaut d'exercice. »

Voilà la vérité.

[1] H.-M. Stanley, *Dans les ténèbres de l'Afrique*, t. II, p. 38.

Cette impression du grand voyageur est celle qu'auront tous ceux qui visiteront les campements de nos Négrilles. Chez les Wa-boni comme chez les A-kôa, les A-jongo, les Ba-bongo et les Bé-kü, il m'a semblé que la femme avait même une part plus grande d'autorité, de liberté et d'affection que dans les tribus environnantes. L'homme chasse, construit sa hutte, prépare les engins nécessaires, les filets, les lacets, le poison des flèches, etc.; mais la femme est la maîtresse du foyer, — un foyer en plein air; elle prépare les aliments, elle élève les enfants, elle va chercher le bois, l'eau, les fruits qu'elle sait être à sa portée, les produits des populations agricoles. C'est, en somme, beaucoup de travail, eu égard au travail du mari qui, pour ces soins de l'intérieur, — si c'est là un intérieur! — se fait un devoir de ne l'aider jamais en rien. Mais là, du moins, elle est chez elle. Mieux encore, toutes les fois que j'ai voulu me procurer quelque objet de ces campements, j'ai dû m'adresser aux propriétaires respectifs : les hommes m'ont donné des armes et du poison de flèche; mais quand j'ai voulu tel petit panier, une boîte d'écorce et, chez les Wa-boni de Sokoké, de superbes griffes de lion qu'une femme avait reçues en cadeau, c'est à ces dames qu'on m'a renvoyé tout de suite, et c'est avec elles qu'il a fallu traiter.

Nulle part, donc, chez les Négrilles, l'État ne règle la famille; c'est la famille, au contraire, qui s'y révèle comme préexistant à l'État.

La monogamie existe de fait en plusieurs campements; mais si, comme on l'a déjà vu, il est possible à l'un ou à l'autre de se procurer une deuxième ou une troisième femme, il n'y manque généralement pas. Cette question de polygamie tient, en effet, à tout un ensemble de causes qui sont, en général, assez mal connues. D'abord, en

Afrique, la femme doit trouver moyen de nourrir son mari, de se nourrir elle-même et, par conséquent, de travailler : l'homme cherche de son côté, sans doute, mais enfin les bonnes fortunes de la chasse et de la maraude sont aléatoires, et il faut vivre quand même. Il est donc établi que la femme travaille et que l'homme la regarde faire. « Paresseux comme un Mtwa, » disent les Swahilis. Et pour que la paresse du Mtwa les ait frappés au point de la mettre en proverbe, il faut qu'elle tranche sensiblement sur la leur, ce qui paraît difficile.

Instrument de travail, la femme représente aussi un certain capital. Les Négrilles ne l'achètent pas. Mais il y a néanmoins accord et échange entre le prétendant et la famille de la fiancée. Celui-là doit prouver qu'il est chasseur, qu'il ne laissera pas sa femme et ses enfants mourir complètement de faim et que le beau-père lui-même aura part à ses libéralités.

En outre, plus un homme a de femmes, et plus il a de relations, d'alliances, de parents chez lesquels il trouvera hospitalité, aide et appui.

Ajoutez à cela que le Noir, en général, n'a plus de relations avec sa femme depuis la conception jusqu'au sevrage de l'enfant, c'est-à-dire pendant environ deux ans, et l'on aura le résumé des causes qui amènent la polygamie en Afrique et qui la maintiennent.

Mais il faut l'ajouter, aucun de ces motifs n'a chez les pauvres Négrilles, toujours nomades, la puissance que leur crée l'état social des tribus pastorales et agricoles, et c'est pourquoi ils sont aussi plus facilement monogames que les autres.

Nous l'avons vu déjà, toutes les fois qu'il le peut, le jeune homme va chercher sa femme en dehors de son propre campement et de sa propre famille : c'est la loi, et

nulle part plus qu'en Afrique peut-être, l'inceste n'inspire
d'horreur. Malheureusement, certains groupes se trouvent
actuellement si détachés les uns des autres, les relations
entre eux sont si difficiles, et l'esprit nomade qui les guide

Ngondo, femme O-kôa (1ᵐ 30), chrétienne de l'estuaire du Gabon.

les rend si introuvables, qu'on a dû faire brèche au code
primitif et qu'on signale aujourd'hui dans le bassin de
l'Ogoüé et du Fernan-Vaz, au grand scandale des voisins,
des unions entre cousins et cousines, qu'on appelle des
mariages entre frères et sœurs... Cette triste nouveauté
ne porte pas, du reste, bonheur à ceux qui s'y résignent,
et quand je suis allé chez Orandi, au fond d'un petit
affluent du Rembo-Nkomi, c'est à cela qu'on attribuait la

disparition de presque tout un campement d'A-jongo, par
suite de maladies, de misère et de morts inexpliquées.

Le rapt réel ou simulé, qui existe ou a laissé des traces
visibles dans presque toutes les tribus de l'Afrique, se
retrouve chez les Négrilles. Quand l'un d'eux veut se
marier et qu'il a fixé son choix, il s'en va dans la famille
de sa future compagne et y est provisoirement admis
comme l'un de ses membres. C'est, comme en Europe, le
moment de se bien tenir! Il s'agit d'être aimable, adroit,
prévenant pour la future belle-mère, en attendant... Puis
quand le prétendant a ravi tous les cœurs par ses bonnes
manières, son courage à la chasse, sa résistance à la
fatigue, ses longues courses, quand il a payé le prix convenu ou à peu près, tant de miel, tant de défenses d'éléphants, tant de pièces de gibier, quand surtout il est fatigué
d'attendre et qu'une conclusion s'impose, le jour de la cérémonie est fixé, et tout se trouve prêt pour le lendemain...

Le lendemain arrive : la fille a disparu !

Aussitôt le prétendant bat la forêt, guidé par les uns,
dérouté par les autres : c'est un jour de « grand ahan ».
Mais enfin, lorsqu'on trouve qu'il a suffisamment trimé
pour mériter un repos, on l'amène insensiblement à la
cachette mystérieuse, à moins que lui-même ne l'ait connue
d'avance, en trichant un peu. Alors il s'empare de la
petite Sabine des forêts, qui se débat sans espoir de
vaincre; on revient au campement, les luttes cessent, et
la noce commence...

Ailleurs cependant, tel groupe qui a vu de trop près la
civilisation des autres tribus, et dont les filles sont recher-
chées par des prétendants qui peuvent en offrir un meilleur prix, ne veut plus les donner aux représentants de sa
propre race qui gardent les mœurs primitives. Mba-Solé,
chez les Fans de la rivière Egombiné, nous l'expliquait

avec tristesse : « Tu fais bien, disait-il, de venir voir maintenant les Bé-kü, car il n'y en aura bientôt plus ! Quand l'un de nous s'en va chez les A-kôa du Gabon demander une de leurs filles en mariage, ils nous répondent : « Nous ? nous sommes maintenant des Mpong-« wés... » Pauvres Bé-kü !... Regarde-les bien : tu n'en verras bientôt plus !... »

Mba-Solé a peut-être raison. Comme les Noirs disparaissent au contact de l'Européen, les Négrilles perdent également de leur force, de leur physionomie et de leur vitalité au contact trop intime des Noirs de civilisation supérieure. Ce n'est pas la seule remarque à faire à ce sujet : l'Européen s'unit facilement, — trop facilement, hélas ! — à la Négresse, mais il n'y a pas d'union entre le Nègre et la femme blanche. Eh bien ! de même, le Noir agriculteur prend volontiers une femme négrille, mais le Négrille à son tour n'est pas admis à épouser une femme de tribu. Aussi, et c'était encore un des sujets de tristesse de ce pauvre Mba-Solé, « quand une petite fille naît chez nous, disait-il, les Mpawins nous l'enlèvent, l'emportent dans un village éloigné, nous promettent en échange toutes sortes de choses qui ne viennent pas, et, en attendant, nous ne trouvons plus à nous marier. Pauvre Bé-kû ! C'est la fin des Bé-kû ! »

II. — L'infanticide est pratiqué jusqu'à la fureur chez quelques tribus africaines, celles de la côte orientale surtout : c'est la cause principale de la disparition progressive, par exemple, des Wa-zigua du Zanguebar. Tout enfant qui n'a pas la chance de naître dans les conditions prévues par la loi est sûr de disparaître : or, les conditions sont nombreuses, et la loi est impitoyable. Mais cette pratique est plus rare dans l'intérieur et sur la côte

occidentale. Chez les Négrilles, elle paraît inconnue.
Cependant je n'ai jamais vu parmi eux personne de difforme ou d'estropié, et s'il venait au monde un enfant qui
fût jugé n'être pas en état de pourvoir plus tard à son
entretien, il est probable qu'on lui procurerait les moyens
de ne point goûter trop longtemps à la coupe amère de
cette vie misérable...

A sa naissance, le petit Négrille est déposé par terre,
sur une feuille de bananier rouge, comme pour prendre
possession de son domaine, puis lavé à l'eau tiède et
remis à sa mère. Par ailleurs, pas de cérémonies compliquées, aucune formalité spéciale.

Dans ces premiers mois et ces premières années, l'enfant est un peu comme le petit de la sarigue : au lieu de
rester en dedans, il est simplement sorti dehors, mais il
fait, pour ainsi dire, toujours partie de la mère, qui le
tient constamment sur elle. On l'appelle « la Souris, »
« le Rat, » « Grain de maïs, » tout ce qu'on veut ; mais
son vrai nom ne doit lui être donné que plus tard, quand
il pourra y répondre lui-même et dire : « C'est moi! »
Aujourd'hui, ce nom est généralement emprunté à la
langue d'une tribu voisine, près de laquelle on vit ou l'on
a vécu, et rappelle un animal, un arbre, un objet, une
circonstance quelconque, etc.

Chez les Négrilles primitifs, on l'a vu, la circoncision
n'existe pas, mais divers groupes l'ont adoptée au contact
des tribus voisines. Elle se fait alors vers l'âge de huit à
dix ans et semble avoir pour effet de donner, dirait-on, un
sexe à l'enfant. Jusque-là, c'est un être indéterminé qui
reste attaché à sa mère, qui fréquente toutes les compa-
gnies, qui n'a conscience de rien, et à qui nul ne porte
aucune attention sérieuse, quoiqu'on l'aime, et qu'on le
caresse volontiers ; mais dès que cet être sans caractère a

subi l'opération, il prend immédiatement place à côté des hommes, il se couvre un peu, il quitte la mère pour se ranger de plus en plus du côté du père, il laisse avec mépris les filles s'occuper du ménage, il se fait des arcs, des flèches, tend des filets, et prend peu à peu position, jusqu'à ce qu'il ait abattu sa première bête et soit déclaré homme, c'est-à-dire chasseur et guerrier, en même temps qu'il est initié selon les règles et entre dans l'association générale de la tribu.

Marié dans les conditions déjà indiquées, il reste dans la famille de sa femme jusqu'à ce qu'un premier héritier lui soit né. S'il se fixe dans le campement, il est considéré comme l'enfant de son beau-père; mais s'il le quitte, il doit d'ordinaire laisser ce premier-né dans la famille, pour compenser la perte qu'elle fait en cédant la femme, laquelle d'ailleurs, en devenant mère, a par là même une valeur plus grande... Rentré chez son père ou chef d'un campement nouveau, la vie se poursuit pour lui désormais, comme pour ses pareils, à travers les forêts et les plaines, et dans les alternatives de courses et de repos, de festins pantagruéliques et de jeûnes cruels, de jouissances aiguës et d'indifférences profondes.

Devenu vieux, il court encore la forêt, mais c'est plutôt pour dresser de petits pièges ou recueillir des fruits sauvages que pour s'aventurer dans les grandes chasses. Il est d'ailleurs le conseiller autorisé de son entourage, il décide en dernier lieu le maintien ou le changement du campement, il se prononce sur le retour prochain des pluies ou de la saison sèche, l'arrivée du gros gibier, la récolte des noix, et c'est encore lui qui prolonge ou qui coupe les relations avec la tribu voisine, selon le plus ou moins d'intérêt qu'il y trouve. Le soir, autour du feu, quand les femmes continuent leur travail ou tiennent les

tout petits dans leurs bras, et que le reste de la colonie,
enfants, jeunes gens et hommes, goûtent dans les poses
les moins étudiées les douceurs du repos, le vieux écoute
et commente les récits de chasse plus ou moins mouve-
mentés que l'on apporte. C'est lui qui redit les histoires
les plus appréciées ; c'est lui enfin qui maintient les traditions lointaines et lègue le passé à l'avenir, en regrettant
son jeune temps où il était si vigoureux chasseur et où il
y avait tant d'éléphants, tant d'antilopes, tant de sangliers..., beaucoup plus qu'aujourd'hui.

Un soir, il meurt : silence alors sur toutes les bouches,
car Dieu a découvert le campement !...

On recherche un petit ruisseau qu'on détourne, et on y
dépose profondément le cadavre de l'ancien, en le priant
de ne jamais troubler le repos de ceux qu'il abandonne.
Puis, le torrent reprend son cours, et la colonie va commencer ailleurs, « loin de Dieu, » une nouvelle existence.

La préoccupation première de ces petits hommes semble
être, en effet, de disparaître aux yeux de tous, aux yeux
des bêtes, des hommes, des esprits et de Dieu. Nul ne les
égale dans l'art de se cacher, d'approcher le gibier, de se
dissimuler derrière un arbre, de se rendre « invisibles ».
Pour eux, la vie cachée est la seule vraie.

Quand un étranger les aborde : « Connais-tu cet
endroit ? » lui demandent-ils. S'il répond : « Oui, » ils s'en
vont ; mais si l'on dit : « Je ne sais pas, » ils restent, et peu
à peu se familiarisent avec lui.

Aussi, il n'est pas toujours facile de voir leurs campements : il faut arriver dessus par hasard, ou se faire introduire par quelque chef voisin qu'ils reconnaissent comme
leur ami ou leur protecteur. Celui-ci, de son côté, ne voit
pas bien ce qui peut attirer un Blanc vers eux ; il craint
que sa présence ne les fasse déguerpir, et le guide se dit

que si, après le passage de cet étranger trop curieux, une mort survient ou une maladie se déclare, on ne manquera pas de l'attribuer à cette visite et de l'en rendre responsable. Aussi, pour voir les A-kôa chez eux, les Bé-kü, les A-jongo, etc., ai-je toujours dû passer par une série d'aventures, de démarches, de déceptions et de fausses manœuvres dont le détail serait trop long à rapporter.

Les Négrilles n'ont point d'esclaves, et eux-mêmes ne se vendent jamais les uns les autres ; mais il arrive quand même, sur la côte occidentale, qu'on en trouve un certain nombre, au Fernan-Vaz, par exemple, qui sont réduits à cette condition misérable.

Ce sont, en général, des enfants qui ont été pris par ruse et avec l'accord secret d'un chef de l'intérieur. Le négrier traitant ou l'un de ses complices laisse, par exemple, un peu de sel sur le chemin du campement : un enfant, une femme passe et ramasse la denrée précieuse. Aussitôt l'homme sort de son embuscade, exige que, pour le vol commis, la femme ou l'enfant lui soient livrés, et, le chef du village voisin étant gagné d'avance, la chose se fait sans trop de difficulté. C'est là un des appâts ; mais ce n'est pas le seul, et, dans ce genre, l'imagination des Noirs est fertile.

Que si le captif s'accoutume mal à sa nouvelle existence, s'il est triste, s'il pleure sa mère, s'il manifeste des intentions de s'évader, il y a un remède. On lui fait boire l'aléwanyé (le fétiche de l'oubli) : c'est un composé dont une écorce d'arbre fait la pièce principale. La victime oublie tout, en effet, et s'abrutit pour le reste de ses jours. J'ai vu plus d'un esclave ainsi traité : il était très difficile de tirer d'eux un renseignement quelconque. Une Négrille adulte, originaire de la forêt du Mayombe, n'a jamais pu, sur mon invitation, compter jusqu'à cinq,

quoiqu'elle s'aidât de morceaux de bois qu'elle étalait successivement devant elle. Mais on aurait une idée très
fausse des Négrilles en prenant comme spécimen de la
race ces pauvres sujets qui ne la représentent plus, feuilles
détachées de la forêt et traînées dans la boue des grands
chemins.

Partout où ils sont, les divers groupes de Négrilles
comprennent plusieurs familles distinctes : ceux du Gabon
se divisent eux-mêmes en *Abulia, Agendyè* et *Ovava*.

Mais nulle part, à ma connaissance, ils ne forment un
État proprement dit, une confédération quelconque dépen-
dant d'un ou de plusieurs chefs. Même quand ils sont
nombreux dans une région, comme à Sanyéni dans le
Haut-Tana, chez les Momvu où Schweinfurth les a trouvés, dans le bassin de l'Ituri que Stanley estime peuplé de
2000 à 2500 âmes, ils sont répartis en campements plus
ou moins considérables, mais indépendants les uns des
autres, et libres de leurs mouvements. Le chef, c'est,
comme on l'a dit, le père. Mais, par ce mot, il faut souvent
entendre l'aïeul, qui garde près de lui ses enfants et ses
petits-enfants, sans parler de ses frères, de ses cousins,
de ses gendres et de ses neveux, de leurs femmes et de
leur progéniture. Ces mots de père, de mère, de fils et de
fille, de frère et de sœur ont en effet dans ces pays une
extension beaucoup plus grande que dans les nôtres. Un
enfant qu'on élève ou qu'on garde à son service, dans nos
missions, peut, par exemple, cinq ou six fois par an,
demander à rentrer au village « pour l'enterrement de sa
mère ». Le motif est si respectable qu'on ne saurait lui
refuser cette faveur, au moins une fois ; mais où l'affaire
se complique, c'est quand cette mère, qu'on croyait
enterrée, vient reconduire elle-même son enfant et vous
demander son petit cadeau... Il s'agissait simplement de

quelque vieille alliée, d'une arrière-grand'tante, dont le
degré de parenté reste inexplicable à nos intelligences
occidentales...

Gabon (Afrique occidentale). — Un campement de Négrilles.

III. — Les Négrilles paraissent avoir partout le sentiment qu'ils sont « les maîtres de la terre », les déposi-
taires des secrets de la nature, les usufruitiers du désert,

de la plaine et de la forêt : herbes, fruits, miel et bêtes sauvages, voilà leurs biens.

Mais ils ne connaissent pas leur origine, montrent simplement le Nord quand on leur demande d'où sont venus leurs pères, et semblent ignorer qu'ils sont répandus d'un bout de l'Afrique à l'autre. En réalité, chaque groupe a sa sphère d'action, et, aujourd'hui du moins, il lie son existence à celle de telle et telle autre tribu, il la suit dans ses déplacements, il partage sa bonne et sa mauvaise fortune, il combat avec elle dans ses guerres, il souffre de ses disettes, il jouit de son abondance. Forcément, il perd ainsi, à la longue, de sa propre originalité et prend quelque chose, dans la langue, les mœurs, les croyances, les pratiques et même le type extérieur, de la race adoptive. Le campement quitte souvent le chef près duquel il se trouvait, mais il ne quitte pas pour cela la tribu, et si, pour de graves raisons, cette tribu même est abandonnée, la région ne l'est pas ou ne l'est que rarement. C'est ce qui m'a permis, par exemple, de retrouver les Ma-rimba à la place même où Dopper les avait signalés au xviie siècle.

Parfois, on les emploie à la guerre, et ce sont des auxiliaires très appréciés de leurs alliés, très redoutés de leurs adversaires. Nul ne les égale pour la connaissance des chemins détournés, pour la surprise d'une colonne, pour l'attaque en détail et dans la brousse épaisse, pour la préparation du poison, pour la pose des petits piquets empoisonnés, sur lesquels l'envahisseur pose les pieds. En nous conduisant chez les Bé-kü, notre guide a été victime lui-même de cette pratique de guerre. Il nous précédait tranquillement dans un petit sentier sous bois où la guerre avait passé, quand tout à coup il poussa un grand cri. Une pointe de palmier (*Raphia*), fixée dans le chemin et dissimulée sous des feuilles, venait de lui percer le pied. Heureusement, on put la retirer entièrement; les pluies des jours précédents en avaient du reste enlevé le poison. Immédiatement un Noir de l'escorte râcla l'écorce d'un arbre voisin (*élondo*), l'appliqua sur la plaie avec un chiffon, et le blessé put rapidement guérir. Mais Stanley a perdu ainsi plusieurs de ses hommes dans la traversée de la grande forêt de l'Ituri.

Quoique leur parasitisme soit parfois à charge, les tribus agricoles de l'Afrique équatoriale aiment à avoir près d'eux ces petits hommes. Leur présence grandit un chef. Il passe pour avoir accès par eux dans les secrets d'un autre monde; il peut les employer comme éclaireurs, commissionnaires ou messagers, et, somme toute, ramassant en grande partie leur ivoire, le caoutchouc qu'il leur fait récolter, leur gibier, il trouve à leur voisinage plus de profit que de perte.

C'est ainsi que, à l'est, au centre et à l'ouest, les Somalis ont leurs Dahalos, les Gallas leurs Bonis, les Momvu leurs A-Kuwa, les Balésé leurs Wa-mbuti, les Mpawins leurs Bé-kü, les Mpongwés leurs A-kôa, les Ndjavis leurs Babongo, les Bayaga leurs Ma-rimba, les Nkomis leurs A-jongo... Partout, la race conserve son type principal, l'ensemble de ses mœurs, le fond de son originalité primitive; mais partout aussi, ici plus et là moins, elle se laisse pénétrer par quelque élément étranger qu'il faut savoir distinguer et qui, de fait, se révèle aisément.

Mais, à vrai dire, peut-être y a-t-il plus qu'un simple sentiment de vanité ou d'utilité dans cette espèce d'hospitalité du bout de la table donnée à ces petits hommes par des tribus plus puissantes et plus riches. Lequel, ici, est chez l'autre? A l'est, les Wa-boni, ou Wa-twa, disent nettement, et en mêlant à leur déclaration une pointe d'insolence, que c'est à eux la terre et tout ce qu'elle porte,

que les sentiers leur appartiennent, et que les « autres »
gâtent leurs forêts avec tous ces champs de maïs, de
manioc et de sorgho. Aussi, leur en faut-il une part : et
on la leur donne.

A l'ouest, nous l'avons déjà vu, quand les Noirs s'en
vont à la chasse, chercher du miel ou cueillir des fruits
sauvages, ils ne doivent pas prononcer le mot d'A-kôa,
s'ils ne veulent rentrer bredouille ; et au cas où ils auraient
besoin d'en parler, il faut dire « les hommes courts », ou
« la grande nation, *Inongo ivolo* ». — La grande nation !
Ne semble-t-il pas qu'on veuille dire : la nation africaine,
la maîtresse du sol, la tribu primitive ?

Passons au sud. Voici les Hottentots qui, d'après Fritsch,
se regardent comme étrangers au pays et obligés de payer
aux pauvres petits Sâns une sorte de tribut.

On le voit, sur le terrain qu'ils occupent, partout les
Négrilles se regardent bien chez eux, et partout les tribus
plus puissantes paraissent simplement les respecter comme
de riches fermiers feraient de la descendance de leur
ancien maître, ruiné par le sport et la vie vagabonde.

Mais partout aussi ces singuliers propriétaires paraissent
vouloir rester en dehors de l'atteinte des envahisseurs ; ils
s'en approchent timidement, ils ne s'asseoient pas sur
leurs sièges, ils s'accroupissent simplement devant leur
feu. Ils n'acceptent à manger que quand les autres ont
déjà commencé ; ils disparaissent à la moindre occasion,
ils ne les regardent presque jamais en face, et quand ils
se présentent dans un village, ils rasent les maisons et
viennent, sans rien dire, s'asseoir doucement dans un
groupe.

Ce vague sentiment de propriété, — la propriété de
l'Afrique entière, — s'affirme et se spécialise en eux quand
il s'agit d'objets plus concrets : un outil, un filet, une

arme, une hutte, une pièce de gibier, une femme, un
enfant. Mais c'est là que la chose s'arrête : tout notre
Code leur est inutile, par la simple raison qu'eux-mêmes
l'ont rendu tel en simplifiant
leur vie et en la réduisant au
minimum des besoins. En
d'autres termes, les biens
meubles, qui comprennent les
armes et les objets fabriqués,
en même temps que la hutte,
la femme et le gibier abattu,
sont propriété individuelle tant
que le propriétaire ne s'en est
pas dessaisi ; mais la terre est
à Dieu, qui l'a donnée à la
nation en y introduisant le
père de la nation, comme sont
à Dieu et à la nation l'eau des
fleuves, l'ombre des arbres
et la lumière du soleil...

La propriété amène l'héré-
dité, en dignités comme en
biens personnels. Quand donc
le chef meurt, c'est le plus
âgé de ses fils qui prend la
direction du campement et
entre en même temps en possession des quelques bribes

Pointe de bois empoisonnée pour
défendre l'abord des villages de
l'Afrique équatoriale (grandeur
naturelle).

que l'ancien a pu laisser. Au reste, on s'entend et on partage. Mais cette disparition de l'aïeul est souvent une
occasion nouvelle de se fractionner, et les frères en âge de
marcher seuls dans le chemin de la vie forment parfois
alors une bande à part.

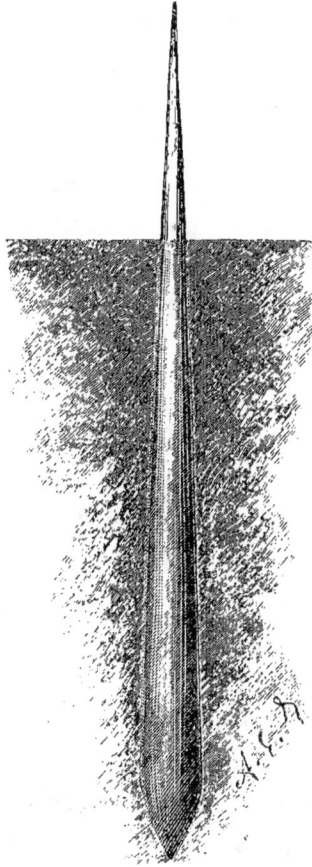

Que si les enfants du défunt étaient tous petits, un frère
le suppléerait et deviendrait le chef de la famille. Et si
personne n'était en âge ou en force de prendre sa place,
on se réunirait à un campement voisin.

Il faut ajouter que, entre Négrilles, les rixes sont rares :
cette petite race, perdue au milieu de tant d'autres, a le
sentiment de la solidarité ; elle se soutient, elle s'appuie,
elle cache ses membres qui se font de mauvaises affaires,
et ce n'est que lorsqu'elle ne peut faire autrement qu'elle
les abandonne aux tribus voisines, qui les dispersent pour
l'esclavage.

IV. — Aristote écrivait, au ivᵉ siècle avant Jésus-Christ,
que les Pygmées vivaient dans les cavernes, et l'on se
rappelle l'histoire des Nains troglodytes capturés, d'après
Hérodote, par les jeunes Nasamoniens de la Lybie. Or,
dans mon voyage au pays éshira (Gabon), ayant demandé
à mon guide Mwakaga, très au courant des mœurs
négrilles, s'il n'y avait pas plusieurs espèces d'A-kôa, il
me répondit tout de suite : « Mais oui. Il y a d'abord les
vrais, les premiers, qu'on appelle « A-kôa-Sipendjé »
parce qu'ils habitent dans les rochers. Il y en a de cette
espèce à Kumu-na-Bwali ; malheureusement, ils sont invisibles. »

« A-kôa-Sipendjé » signifie simplement « A-kôa des
Cavernes » : voilà nos troglodytes retrouvés.

Ces cavernes des bords du Ngunyé, des Mitchogo, des
Ba-yaga et des Eshira, j'ai fait mieux que de les voir, j'y
ai logé plus d'une nuit avec toute ma caravane, et je dois
dire que nous y étions très bien. Mais de Pygmées pas
l'ombre : « Ils sont invisibles... »

A vrai dire, les dites « cavernes » sont plutôt des abris
sous roche, car le travail de l'homme n'est pour rien dans

leur structure ou leur aménagement. Qu'on se figure des blocs énormes de granit grossier entassés les uns sur les autres, comme des maisons renversées tout d'une pièce : avec le temps, les grandes pluies ont enlevé la terre qui pouvait autrefois combler leurs vides, car ces rochers se trouvent toujours sur des terrains en pente ; des plantes grasses tapissent leur surface, des bégonias y étalent leurs fleurs d'or et leurs feuilles moirées, des lianes pendent en un désordre naturel, des arbres parfois les enserrent de leurs multiples racines, comme des pieuvres végétales, et, au-dessous, on se trouve dans des galeries souvent très spacieuses, très sèches, très habitables, où les débris moitié carbonisés d'un foyer semblent encore vous inviter à vous arrêter.

On s'arrête volontiers, car on est mieux là, pour passer une nuit, que dans les meilleures cases des indigènes. On se refait troglodyte d'occasion, et quand, la nuit, la tempête passe sur vos têtes, que le vent saisit la cime des grands arbres et les tourne avec colère, que les éclairs percent l'obscurité, que la foudre éclate et prolonge ses roulements sonores dans la forêt immense, on se prend à penser, malgré toutes les conclusions de nos savants sur la « misérable existence de nos ancêtres de l'époque quaternaire », que ces « misérables » étaient beaucoup mieux logés dans leurs cavernes, plus chaudement, plus sûrement et plus économiquement, que dans toutes les maisons qu'ils auraient pu construire, avec les moyens dont ils disposaient alors.

Toujours guidé par la théorie, on pense généreusement que si l'homme quaternaire et le Pygmée ont habité les cavernes et se sont servis de la pierre comme d'instrument, c'est parce que leur intelligence encore bestiale ne pouvait leur permettre de monter à des conceptions plus élevées :

celle d'une maison en bois par exemple, celle d'un couteau en fer.

Il est une supposition beaucoup plus simple et beaucoup plus naturelle, mais c'est justement pour cela peut-être qu'on ne l'a pas faite. Quand une population est peu nombreuse, qu'elle a toute la terre devant elle, qu'elle vit surtout de chasse et que la chasse suffit à ses besoins, qu'elle préfère d'ailleurs les charmes de l'existence nomade à ceux de la vie sédentaire, pourquoi ne pas prendre l'abri qu'offre la nature, abri qui se présente à vous solide, propre, chaud, commode et tout fait? Le premier membre venu de l'Institut, s'il voyageait dans les mêmes conditions, ne trouverait assurément rien de mieux à faire que de redevenir troglodyte comme son ancêtre. Il étendrait son morceau de viande sur une pierre chauffée, et, s'il avait perdu son couteau de Sheffield, plutôt que d'en faire un, — ce dont, du reste, il est incapable, — il prierait le dernier Noir de son escorte, plus habile que lui, de bien vouloir lui arranger un bâtonnet pointu pour piquer sa grillade, de lui faire éclater un silex pour la découper, et, le premier de tous, il goûterait les joies de ce campement de l'homme quaternaire, supérieures en plus d'un point aux exigences raffinées d'une salle à manger du xxᵉ siècle.

Non, ne nous apitoyons pas trop sur nos « malheureux ancêtres ». A ne considérer que la vie matérielle, si simplifiée en ce temps-là, ils étaient peut-être plus heureux que nous. Mais surtout ne créons pas dans notre imagination, toujours un peu puérile, ces phases obligatoires par lesquelles il faut absolument les faire passer ; et parce que les cavernes étaient meilleures pour eux que toutes les maisons qu'ils auraient pu faire, cessons de les représenter « sous la forme d'un être à face bestiale, le corps et les membres couverts d'une sorte de fourrure dont les poils se hérissaient sous l'empire de sentiments violents, avec de grands bras, des mollets grêles, des pieds plats et des doigts appréhendants », avec peut-être enfin, — on n'ose

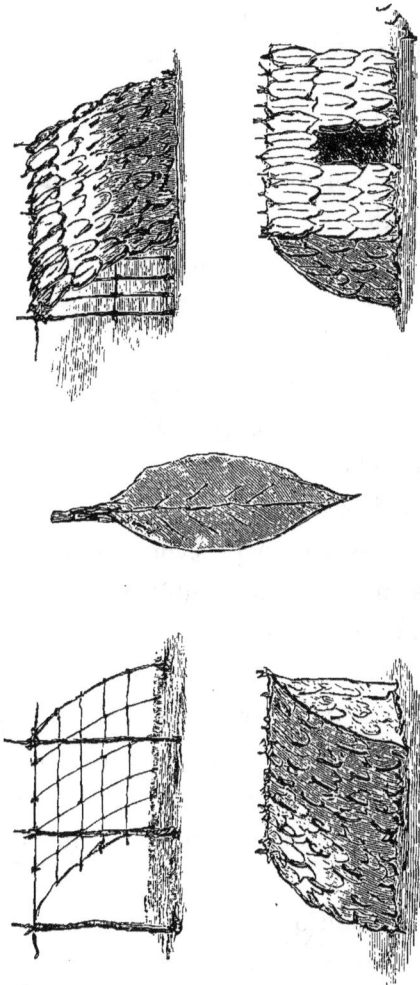

Afrique occidentale. — La maison du Négrille (Fernan-Vaz) : la charpente, la toiture, vue de derrière, vue de face, feuille pour la toiture (avec encoche).

pas le dire, mais on le laisse entendre, — un reste de queue.

Les Troglodytes de ce temps-là? Mais nous pouvons savoir ce qu'ils étaient, puisque nous en avons encore en plus d'un point du globe. Eh bien, le tableau théorique qu'on en fait est, on peut le dire, de la haute fantaisie qui, pour être donnée comme « scientifique », n'en est pas plus sérieuse.

V. — Troglodytes à l'occasion et dans les pays où s'offrent à eux ces abris sous roche, les meilleurs de tous, les Négrilles savent cependant se construire d'autres demeures. Mais il ne faut pas oublier que, dans leur idée, ils ont comme vocation spéciale de marcher et par conséquent de ne point bâtir de villages. Leurs villages, à eux, sont de simples campements.

Lorsque le pays qu'ils parcourent est désert, comme le Kalahari, ils trouvent de grosses touffes de buissons qu'il suffit de travailler un peu pour y pratiquer un gîte. Par dessus, on étend de l'herbe ou des peaux de bêtes, et tout est dit. C'est là le palais des Sâns.

Les Dahalos du pays somali procèdent à peu près de la même façon, mais en se servant plutôt de grandes graminées qui recouvrent leurs plaines.

Plus au sud, les Bonis, Twas ou Sanyés prennent des branches flexibles, les fixent en terre, les replient par le haut, les relient avec d'autres et obtiennent ainsi une sorte de cage de forme ovale : il ne reste plus qu'à y attacher des poignées de grandes herbes et à ménager une porte.

La disposition est identique chez les Twas que Stanley a trouvés dans la grande forêt de l'Ituri. Seulement, au lieu de ressembler « à un œuf coupé en deux transversalement », les huttes ont la forme d'une coquille coupée dans le sens de la longueur.

Revenons dans les régions du Gabon. En essayant de passer par terre du Haut-Ogoüé à la côte, nous nous engageâmes, en 1894, sous le couvert de la grande forêt

équatoriale qui s'étend sur toute cette partie de l'Afrique :
nous dûmes y rester trente-cinq jours. C'est une succession ininterrompue de collines et de ravins, dont les
charmes diminuent à mesure qu'ils se multiplient. Souvent des rivières, et partout des ruisseaux. Point de
chemin, sinon quelques sentes toutes petites qui s'en-

Afrique occidentale. — Le lit du Négrille.

trecroisent et relient les villages aux villages, les tribus
aux tribus, car tout le pays est divisé en de nombreuses
populations plus ou moins clairsemées, dont chacune
occupe son canton. Souvent la route disparaît, mais
ce n'est qu'une illusion ; car voici un ruisseau ou une
rivière. Entrez ! la route est précisément au fond..., et
il n'y a plus que sept heures de marche pour arriver
au bout !

Partout la forêt avec des arbres séculaires campés sur
des bases énormes et dont les racines s'étalent sur un

espace invraisemblable. Entre ces géants, s'en élèvent
d'autres de proportions plus modestes, puis d'autres
encore, puis des arbustes, puis des herbes, pendant que
des lianes étendent leurs cordes sur les uns et sur les
autres et vont chercher là-haut un peu d'air pour y étaler
leurs feuilles. On saute de racine en racine sur la sente
ravinée par les pluies, on descend en s'accrochant à
quelques branches, on monte en se hissant comme on
peut, et, de temps à autre, on entend de loin le chant d'un
coq : c'est le chant de l'espérance, car un village est là.
On entre dans une clairière où les arbres ont été rem-
placés par des plantations de manioc ou de bananes,
et voici enfin le lieu de repos depuis si longtemps
cherché !

C'est en traversant cette sylve équatoriale que, le
9 septembre, sur la rive droite de l'O-fwé et dans le
pays occupé par les Sangos et les Shimbas, nous nous
trouvâmes tout à coup en face d'une sorte de village qui
ne ressemblait point aux autres : cinq ou six petites cases
rondes, toutes pareilles à celles des Bonis du Tana et du
Sabaki (Zanguebar), dispersées sans ordre en une clairière agréable et sur un petit plateau. Mais nous avons été
signalés : les « Ba-bongo, » dont c'était un campement,
avaient déguerpi. Obligés de nous arrêter plusieurs jours
au village prochain de Téma, à cause de la grave maladie
de l'un d'entre nous, nous pûmes peu à peu nous mettre
en relations avec ces petits hommes, dont le type est celui
signalé précédemment par P. de Chaillu.

Mais j'ai eu mieux plus tard. Guidé par des Nkomis
depuis longtemps en relations avec le P. Bichet, fonda-
teur de la mission du Fernan-Vaz, et accompagné du
P. Breidel, j'ai pu visiter à l'aise un campement d'A-jongo
avec tous ses habitants, près de Kongo, à l'entrée du

Rembo-Nkomi. Il était en pleine forêt, près d'un ruisseau qui coulait gaiement sur le sable et les pierres. Sous de

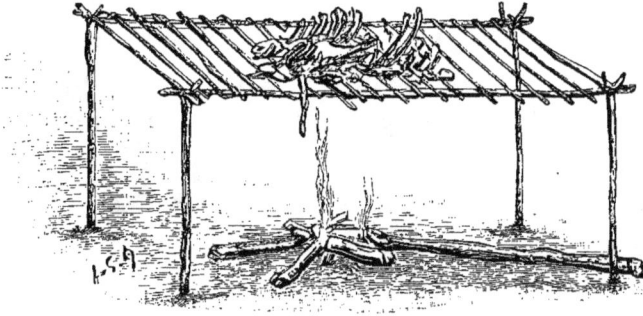

Pour boucaner la viande.

grands arbres, un sous-bois s'élevait, intéressant, et assez clairsemé pour permettre à nos petits hommes d'y glis-

Pour sécher la viande.

ser sans bruit. Beaucoup de grandes amônes aux alentours, et, dans les endroits plus frais, des maranthes aux larges feuilles et aux petites baies rouges, pareilles à des cerises.

Avertis par leur suzerain de n'avoir rien à craindre, les A-jongo sont là, pas nombreux d'abord, mais arrivant peu à peu, à mesure que la confiance et la curiosité les rappellent. A la fin, personne ne manque : voici des vieux, des hommes mûrs, des jeunes gens, des femmes, des enfants, isolés ou par groupes, mais tous prenant des poses qui indiquent tout de suite le parfait sauvage, à qui nul manuel de civilité n'a été révélé ; la tête dans leurs larges mains, les jambes étendues tout de leur long, le corps penché, ils s'assoient et regardent.

On fait connaissance. Au centre du campement, un espace libre peut être considéré comme la place publique. C'est là qu'on se rassemble dans le jour pour deviser et travailler aux petits ouvrages ; c'est là aussi, le soir, qu'on prolonge la veillée, qu'on raconte les incidents de la chasse et que, parfois, on esquisse un pas de danse.

En travers et un peu de côté, un arbre abattu sert de banc pour qu'on puisse s'asseoir, comme dans les jardins du Luxembourg ; mais il y a d'ailleurs un long siège fait de morceaux de bois supportés par quatre petits piquets, courts et solides : on me l'offre. Près de là, un séchoir sur lequel une femme boucane quelques morceaux de viande de sanglier. Un foyer se consume lentement, en plein air, attendant la cuisine qui se prépare. Puis des lianes suspendues entre deux arbres supportent de petits paquets de viande, avec un peu de feu en dessous : c'est la manière de garder les provisions à l'abri des insectes et surtout des fourmis. Ailleurs, une hotte, des boîtes en écorce, des vases faits de fruits évidés, quelques poteries...

Mais voici une sorte de couloir sous bois, puis un autre, puis un troisième qui donne accès à un quatrième. On s'y engage, et l'on se trouve en présence d'une installation semblable à la première : c'est une autre famille. Et ainsi le campement est réparti de manière que, bien qu'en plein air, chacun puisse être chez soi et garder en même temps tous les coins accessibles de la forêt. Au fond, ce séjour n'est point sans agréments pour qui aime la simplicité, la solitude, la nature et les bois. Ah! si seulement on pouvait se sustenter comme autrefois, rien qu'en allongeant la main pour cueillir le fruit de vie!

Les cases nous intéressent. « Veux-tu qu'on t'en fasse une, demande le plus hardi de la troupe, pour te montrer à te débrouiller tout seul quand tu seras dans la brousse? »

On pense si la proposition est acceptée. Tout de suite, deux hommes coupent près de là des piquets et des branches flexibles, pendant que des enfants vont chercher de larges feuilles de maranthe. On plante trois piquets en terre, on relie leur extrémité supérieure avec une autre branche ; puis de là comme d'un faîte on fait partir d'autres tiges dont l'autre bout va se planter en terre en décrivant une courbe légère. Après quoi on pose des « chevrons » en travers. C'est tout : il n'y a plus qu'à couvrir. Aussitôt, on fait une entaille dans la nervure médiane des grandes feuilles, et, par là, on les accroche l'une près de l'autre comme autant de tuiles, du bas en haut. On fait de même les deux côtés et en avant, sauf en un endroit qui représente la porte.

Cependant, quatre piquets courts ont été plantés à l'intérieur. On les relie avec des morceaux de bois, sur lesquels on dispose une écorce d'arbre enlevée tout d'une pièce et assouplie au moyen de maillets. C'est le lit. Un morceau de bois donne l'oreiller. Puis, par terre, on dispose trois petites bûches qu'on allume.

Et, pour conclure, le bonhomme m'invite à entrer et à voir si l'on n'est pas bien sur cette couche simple et solide, sous ce toit verdoyant, et près de ce feu de bois odoriférant qui a si bon air.

Chez les Négrilles. — Perroquet apprivoisé.

La confection complète de l'installation, — case et lit, — a duré vingt minutes!

J'en reviens toujours là : Négrilles, Noirs, Jaunes et Blancs savent également bien, selon les pays et les occasions, tirer parti de ce qu'ils ont sous la main. Seulement, la philosophie et le tempérament poussent les uns à multi-

plier leurs besoins, les autres à les restreindre. Qui déci-
dera pour savoir auquel de nous revient le prix de la
sagesse et de la vraie intelligence des choses?

Au-dessus de ma tête quelqu'un a répondu, il me
semble, à cette question que je me fais intérieurement. Je

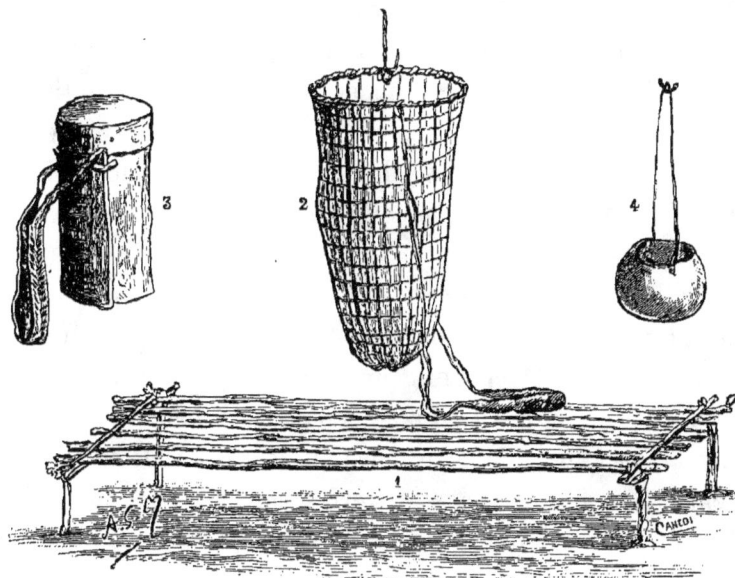

1. Un siège. — 2. Un panier. — 3. Boîte d'écorce. — 4. Vase (fruit évidé).

Afrique occidentale. — Mobilier des Négrilles.

regarde : c'est un magnifique perroquet qui secoue sa
petite queue rouge et remonte, en s'aidant de son bec, le
long d'une liane jetée au-dessus du campement. La bête
est apprivoisée : c'est l'art qui se révèle. Les singes n'en
feraient pas autant; ils ne domestiquent pas de perro-
quets!

En dehors de cet oiseau, qui parle presque aussi bien
que l'homme mais sait moins bien que lui, en général, ce
qu'il dit, on ne voit chez les Négrilles aucun animal domestique, excepté le petit chien rouge africain, qui les aide

dans leurs chasses. Ni chèvres, ni moutons, ni poules. Ils ne pourraient se retenir de tout manger à la fois, et, d'ailleurs, comment transporter ces bêtes dans leurs migrations continuelles?

VI. — Le mobilier n'est pas plus compliqué que le reste, et j'en ai déjà énuméré les principales pièces. Autrefois, et dans les pays de rochers, les Négrilles primitifs se servaient de « marmites de pierre ». Ce renseignement, qui me vient aussi de Mwakaga sans que je le demande, m'intéresse beaucoup, et j'essaie d'avoir des explications.

« Je les ai encore vues, ces marmites, ajoute mon guide, chez les Marimba de là-bas. C'est une pierre ronde (un géode?) dont on casse une partie; à l'intérieur on trouve comme un noyau qui se détache, on l'enlève, et la marmite est faite. » Mais aujourd'hui les Négrilles se procurent facilement des vases de terre chez les autres tribus. Au besoin ils en fabriquent eux-mêmes, quoique rarement, en procédant à la main par moulage direct. On prépare, par exemple, une terre propice, puis on en fait de petits bourrelets qu'on raccorde l'un à l'autre; on lisse le tout avec de simples lames de bois, on le décore de stries plus ou moins artistiques, on l'expose au soleil et l'on fait cuire les vases en tas, sous des branches sèches, qu'on renouvelle à mesure qu'elles se consument. C'est le travail des femmes, et il en est qui sont fort habiles. Mais les Négrilles préfèrent faire leurs ustensiles avec des fruits évidés, toujours par le même principe : profiter de ce qu'on a sous la main et éviter tout travail inutile.

Plusieurs tribus se servent, quand on doit manger une bouillie claire de maïs ou d'autre chose, de valves de mollusques ou de feuilles disposées en cornet, en guise de cuillers. Les Négrilles en font parfois autant ; un bâton pointu représente au besoin la fourchette.

J'ai été moins heureux que Mwakaga : je n'ai vu nulle part ces « marmites de pierre » ; mais je crois à la parole de ce voyageur intelligent, dont j'ai pu ailleurs contrôler les assertions. Par contre, dans les rochers dont il a été question, on rencontre souvent des creux en forme de vase, que l'on m'a dit avoir été utilisés par nos petits hommes. Il suffit d'y faire du feu, d'y mettre la viande à cuire et de recouvrir le tout d'une couche de braise.

C'est au reste, dans leurs campements actuels, une manière encore usitée de faire la cuisine sans avoir besoin de pots ni de marmites. On fait du feu, on met la viande ou le poisson dans une large feuille de bananier, par exemple, qu'on mouille et qu'on ficelle en forme de paquet ; on place le tout sous la cendre chaude, et, à l'heure voulue, on sert. J'ai mangé, comme beaucoup d'autres, de ce ragoût : il est excellent.

Peu difficiles sur la qualité de la viande, ils la consomment même dans un état de putréfaction avancée. Ils sont au reste semblables en cela à la plupart des Noirs, et je me rappelle avoir visité, au pied des montagnes du Paré, un campement de Wa-ndorobo, qui sont les Négrilles des Massaïs : malgré ma bonne volonté, je n'y pus rester cinq minutes. Mes yeux se troublaient et mes jambes commençaient à fléchir, tant l'infection de cet abominable charnier était insupportable. Eux restaient là, assis, et ne comprenant pas l'énergie qu'ils me voyaient mettre à me pincer le nez :

« C'est la viande ? demanda le Noir qui m'accompagnait.

— Foui, foui, dis-je en serrant plus fort.

— Ah ! fit-il, la viande est bonne ; mais c'est le soleil qui a été trop méchant ! »

Un autre disait simplement :

« Pour puer, ça pue... Mais ce n'est pas l'odeur qu'on mange ! »

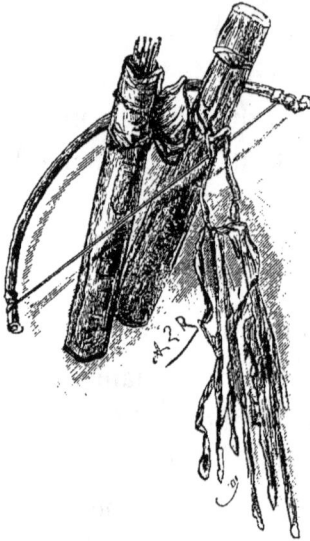

Seulement, autant ils sont peu difficiles pour la qualité de la viande, autant nous les trouvons délicats pour celle de l'eau. Les Négrilles, en particulier, ont toujours leurs campements près d'une source ou d'un clair ruisseau. A portée d'une rivière ou d'un fleuve, ils n'en prendront pas, — et c'est une précaution excellente à cause des débris de toutes sortes que charrient ces cours d'eau. Il leur faut l'eau de fontaine. On a, du reste, fait la même remarque pour les habitants des stations lacustres, dont on a retrouvé les demeures en Europe.

Arc et carquois des Négrilles (Haut-Ogoüé). — Longueur de la corde de l'arc, 0m 48 ; du carquois, 0m 48.

Les Négrilles sont essentiellement chasseurs, chasseurs d'animaux, chasseurs de fruits, chasseurs de tout ce que la nature produit d'elle-même. Mais dans l'aire immense où ils sont répandus, il y a bien des variétés de climats et de pays, et l'on passe avec eux des sombres forêts de la région équatoriale aux plaines désertiques du Kalahari. La flore et la faune varient avec la terre et l'atmosphère ; mais partout le Négrille a résolu ce problème : vivre libre et sans rien faire, en limitant au strict nécessaire ses besoins sociaux, domestiques et personnels.

Dans quelles contrées cependant la vie est-elle pour lui la plus douce? Il est assez difficile de le dire. Les déserts et les savanes lui offrent plus de gibier, les forêts plus de fruits.

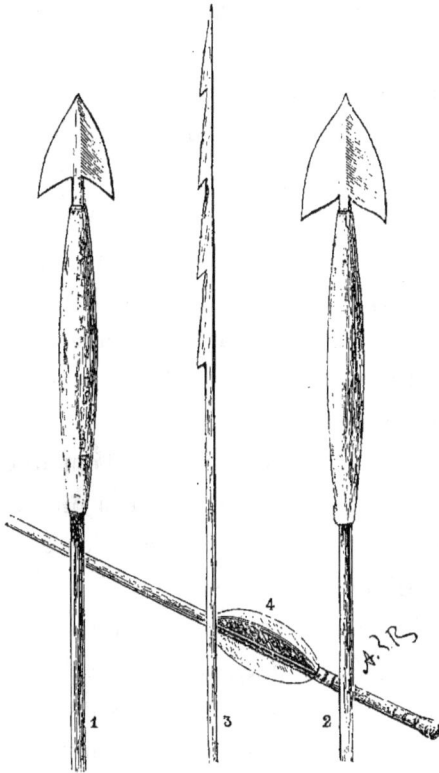

1 et 2. Pointes en fer, garnies de caoutchouc. — 3. Pointe en bois. — 4. Bout de flèche, garni de quatre feuilles.

Pointes et bout de flèches des Négrilles (Haut-Ogoöé). Grandeur naturelle.

C'est en effet une erreur de croire que la région forestière est la plus peuplée d'animaux. Les animaux préfèrent les grands espaces découverts où ils se rassemblent en troupeaux parfois considérables, pour augmenter leur force, et d'où ils peuvent apercevoir de loin leurs ennemis, qu'ils évitent par la fuite : l'homme et les *autres* carnassiers. Si, dans ces régions, il y a quelques touffes d'arbres

qui donnent de l'ombre et un abri, si de plus il y a de
l'eau, on peut être sûr que le gibier abonde : antilopes
diverses, girafes, zèbres, buffles, rhinocéros, et, par une
conséquence naturelle, tous les tyrans qui les suivent,
lions, léopards, hyènes, chacals et vautours.

Dans la grande forêt du Gabon, ces magnifiques troupeaux ne se retrouvent plus. Sans doute des antilopes y
vivent encore, mais à l'état isolé, poursuivies par le léopard
qui, lui, passe partout : plus de girafes non plus, plus de
zèbres, plus de rhinocéros, plus de buffles et plus de lions.

Par contre, l'éléphant circule en maître à travers ces
forêts immenses, le bœuf sauvage s'y rencontre aussi, les
sangliers se multiplient près des plantations, et de nombreuses tribus de singes, parmi lesquelles le gorille et trois
variétés de chimpanzés, s'y multiplient en liberté. Dans
ces régions, les petits animaux sont aussi plus nombreux :
ce sont, par exemple, des porcs-épics, des écureuils, des
chauves-souris, divers rongeurs.

Les pays arrosés de cours d'eau, rivières, fleuves, lacs
et marais ont aussi leur faune particulière, comme ils ont
leur flore : là ce sont surtout des éléphants, des hippopotames, des tortues, des caïmans, des pythons, et, parfois,
des quantités prodigieuses d'oiseaux de toute sorte.

Le terrain de chasse, quel qu'il soit, voilà le paradis des
Négrilles : ils sont chez eux, libres et contents.

Dans l'intérieur, ils se servent de la flèche et de la lance
avec une étonnante audace et un merveilleux succès. Pour
l'éléphant en particulier, le chasseur prend trois lances en
main, plus une hachette à la ceinture : c'est avec ce simple
armement qu'il s'attaque au colosse des forêts africaines,
et j'ai pu voir, en deux ou trois campements, de nombreuses queues de l'animal, attestant qu'il n'y avait pas là
une simple légende. Le buffle tombe sous ses coups : j'en

ai mangé chez les Bonis du Sabaki. Au Gabon, il se
mesure au gorille avec avantage, et la poursuite du sanglier est pour lui un jeu. Le léopard même et le lion
tombent sous l'atteinte de ses flèches empoisonnées.

Ces flèches sont en fer, fabriquées par les tribus voisines; mais on en trouve aussi en bois, très fines, et ce ne
sont pas les moins terribles, surtout pour l'homme. Enfin,
les Ma-Rimba, et d'autres peut-être, utilisent comme
pointes de flèches le bout de petites cornes d'antilopes,
comme les Éthiopiens de Xerxès!

Quelques-uns, plus reculés dans la grande forêt, en
seraient-ils encore à l'âge de la pierre? On sait, en effet,
que, dans ces derniers temps, on a retrouvé des silex
taillés, haches, pointes de lance, etc., au Katanga, sur le
Wellé, et dans la vallée du Congo [1]. La chose est possible,
et je croirais volontiers surtout que Négrilles ou Noirs,
se trouvant dépourvus de fer après l'avoir connu, utilisent
ce qu'ils ont sous la main, pierre ou bois, en attendant
mieux. Mais, en fait, je n'ai vu nulle part au Gabon ces
instruments de silex en usage. La raison d'ailleurs est
excellente pour n'en point trouver : le silex y est extrêmement rare, beaucoup plus que le fer.

Sur les côtes du Gabon, les Noirs voisins commencent
à les armer du fusil, à cause même du profit qu'ils retirent
de leurs chasses; les Négrilles, alors, mettent presque
toujours la balle à tremper dans le poison.

Ce poison n'est pas le même dans toute l'Afrique, mais
il est partout terrible, surtout quand il est frais. A l'ouest,
la base en est fournie par les *Strophantus*. Stanley pense
que les Wa-mbuti font usage d'une essence retirée de
grosses fourmis noires, dont la morsure est, en effet, très
douloureuse.

[1] Le *Mouvement géographique* (31 janvier 1897).

Sur la côte orientale, j'ai reçu du poison des Wa-boni, dit aussi « poison des Wa-Kamba ».

Voici ce que m'en a dit un vieux chef :

« Ce poison vient d'un arbre, et il ne faut pas jouer avec lui. S'il était ici, cet arbre, je te le montrerais ; mais en cette saison il n'a ni les fleurs, ni les fruits que tu m'as demandés. Reviens à la saison sèche. Les oiseaux ne se reposent jamais sur ses branches, et l'on trouve d'ordinaire beaucoup d'insectes morts à ses pieds. C'est ce qui a donné l'idée à nos pères d'en faire un poison pour les flèches. On en prend le bois et les racines, on les coupe, on les fait cuire lentement dans un vase de terre avec de l'eau douce, et l'on remue le tout de loin avec un long bâton. Du reste, pendant l'opération, on jette dans ce vase beaucoup de choses, des rognures d'ongles, de peau et de cheveux, de l'herbe, de la rosée, de l'ombre.

« — De l'ombre ?

« — Oui. Afin que tout soit poison et mort pour l'homme ou l'animal qui sera frappé. Est-ce que la bête atteinte par la flèche ne va pas se reposer à l'ombre des arbres ? Eh bien, cette ombre lui sera poison. Est-ce qu'elle ne s'étend pas sur l'herbe ? L'herbe lui sera poison. Est-ce qu'elle ne cherche pas à boire ? L'eau lui sera poison.

« — Il n'y a pas de remède ?

« — Il y a un remède, mais souvent le temps manque pour le donner : c'est une racine réduite en poudre ; on y mêle de la salive et on l'avale... Ne joue pas avec ce poison, car je t'aime beaucoup... Tu ris ? Eh bien, si on pique un arbre avec une flèche empoisonnée, ses feuilles tombent le lendemain.

« — Et si on pique un homme ?

« — Il tombe tout de suite... »

Ce que me disait ce vieux de l'action foudroyante de ce

poison n'est pas exagéré, j'ai eu, depuis, l'occasion de le constater moi-même. Frappés, des hippopotames et des buffles tombent et meurent en moins de dix minutes. Aussitôt on se jette sur eux, on enlève le morceau où le coup a porté, et l'on mange le reste.

Le Dr J.-V. Laborde, de l'Académie de médecine, à qui j'ai envoyé de ce poison, en a fait une étude intéressante et minutieuse. De plus, par une coïncidence heureuse, il recevait en même temps de M. Jacques de Morgan du poison de Négritos (Sakayes et Somangs) qui habitent la presqu'île malaise. C'est aussi un poison végétal, dont les effets sont semblables à ceux de nos Négrilles, et que le Dr Laborde caractérise ainsi : Poison bulbaire, agissant et amenant la mort par une influence excitatrice et suspensive de la fonction cardio-respiratoire.

Pour étudier l'action du poison des Négrilles du Zanguebar, le Dr Laborde a fait des expériences sur le cobaye, le lapin et la grenouille. Elle se manifeste d'une manière identique par des convulsions tétaniformes, après lesquelles « le cœur s'arrête dans un de ses efforts de véritable contraction systolique ». Des

Fer de lance des Négrilles (Haut-Ogoüé). — Longueur : 0m 48.

graphiques obtenus pendant l'expérience rendent très bien compte de cette action, en révélant, ajoute le savant professeur, « des modifications vraiment curieuses et tout à fait exceptionnelles[1] ».

[1] J.-V. Laborde, *Mémoires de la Société de Biologie.*

En tout cas, il était intéressant de signaler ici l'effet de ce poison chez les Négrilles africains et chez leurs congénères asiatiques, que d'ailleurs rapprochent tant d'autres traits de ressemblance.

VII. — Habiles à chasser le gibier avec leurs armes, les Négrilles le sont peut-être plus encore à l'atteindre au moyen d'une quantité considérable de pièges qu'ils savent lui dresser. Il y en a pour les éléphants, les hippopotames et les buffles ; ce sont des masses armées d'un fer de lance ou d'une sorte de bêche empoisonnée qui, décrochées au passage, lui tombent sur la tête et l'assomment. Il y en a pour les singes ; ce sont des perches tendues d'un arbre à l'autre, — des arbres à fruits, — et sur lesquelles est ménagée une sorte de nœud coulant où passe le simien sans défiance et où il reste pris.

Il y en a pour le petit gibier : gazelles de toutes tailles, rongeurs de tous noms, bêtes de tout poil.

Attentifs à deviner leur passage à la coulée laissée sous bois, ils bouchent les autres issues, et dans la seule qui reste libre ils disposent une sorte de lacet sur un petit trou dissimulé sous les feuilles et où la bête met le pied. En même temps, elle se passe la corde au cou ou à la patte ; l'arbuste ébranché, replié et tendu, qui était retenu par cette corde, reprend violemment sa position naturelle, et la pauvre bête y reste suspendue.

L'homme est, par nature, frugivore. Or, la forêt donne aussi nombre de fruits comestibles. Dans la région du Gabon, par exemple, on a l'*oba*[1], espèce de fruit à l'apparence de mangue, dont l'amande est excellente et qui, pilée et séchée, est disposée en pains et forme une nourri-

---

[1] *Irvingia Gabonensis.*

ture très appréciée de tout le monde ; le *mpoga,* une noix qui renferme trois petites amandes ; le *nkula*[1], dont le goût rappelle celui de la noix ; l'*owala*[2] ; les régimes de palmier à huile, du phrynium, du dattier sauvage ; l'amome, qu'on trouve partout ; d'autres fruits nombreux, qui viennent chacun en sa saison, et enfin la racine de la salsepareille que les Noirs appellent, à cause de l'usage que les Négrilles en font, « la patate des A-kôa ».

Il y a encore certaines chenilles qu'on trouve par rangs pressés vers le mois de septembre et qu'on ramasse avec avidité, comme j'ai pu m'en assurer moi-même chez les Ba-wandzi.

Il y a les termites, lorsqu'ils sortent à l'époque des pluies, en bandes ailées et innombrables. J'en ai mangé quelques fritures : on dirait du petit poisson. Il y a les champignons aussi. Il y a des feuilles de certains arbres. Il y a le cœur des palmiers. Il y a, après tout ce que nous connaissons, tout ce que nous ne connaissons pas...

Le miel sauvage, produit par une abeille plus petite que celle d'Europe, est avidement recherché par nos hommes, et ils y sont aidés presque partout par ce singulier oiseau à miel (*cuculus indicator*), que j'ai vu moi-même souvent dans mes voyages et qui, une fois que nous avions eu le temps et la curiosité de le suivre, nous a en effet conduits à un rocher où le miel abondait. L'opération se fait la nuit, au moyen d'une torche dont la fumée engourdit les abeilles, et d'une hachette pour agrandir au besoin l'ouverture. Mais parfois le trésor est loin, au sommet d'un gros et grand arbre. Qu'à cela ne tienne : on coupe des lianes, on en met une première tout le long du tronc, puis, de distance en distance, on serre celle-ci trans-

---

[1] *Coula edulis.*
[2] *Pentaclethra monophylla.*

versalement au moyen des autres, à mesure qu'on monte,
de manière à se ménager comme une série d'échelons
jusqu'au sommet.

Les Négrilles ne passent point généralement pour des
pêcheurs habiles. Presque toutes les tribus africaines ont
une plante, la téphrosie (de Vogel), dont les feuilles pilées
et mêlées à de l'argile sont jetées dans des trous de
rivière et étourdissent le poisson, qui vient ensuite nager
à la surface, le ventre en l'air. Mais nos petits hommes ne
peuvent guère cultiver cet arbuste à cause de leurs chan-

Pistie (*Pistia stratiotes*, L.). — Afrique équatoriale.

gements de domicile perpétuels. Les femmes se contentent
donc de boucher les ruisseaux et de vider avec la main ou
des écorces les endroits poissonneux. Les enfants s'amusent
aussi à pêcher à la ligne ; mais cette ligne est le plus primitif des engins : une simple ficelle avec un petit nœud
au bout et un appât quelconque. Le poisson mord, l'enfant
tire vivement, et la bête se trouve jetée à terre, — quelquefois.

L'arbre à ail, avec son écorce — qui ferait la joie de la
Provence entière, — fournit un condiment toujours prêt.
Et quant au sel, on le retrouve à peu près, sous forme
d'une potasse grossière, dans le pied du bananier, dans le
rotang, ou mieux encore dans le *Pistia,* qui, semblable
à une petite salade, couvre les mares de l'Afrique équatoriale de ses masses compactes. On recueille cette plante ;

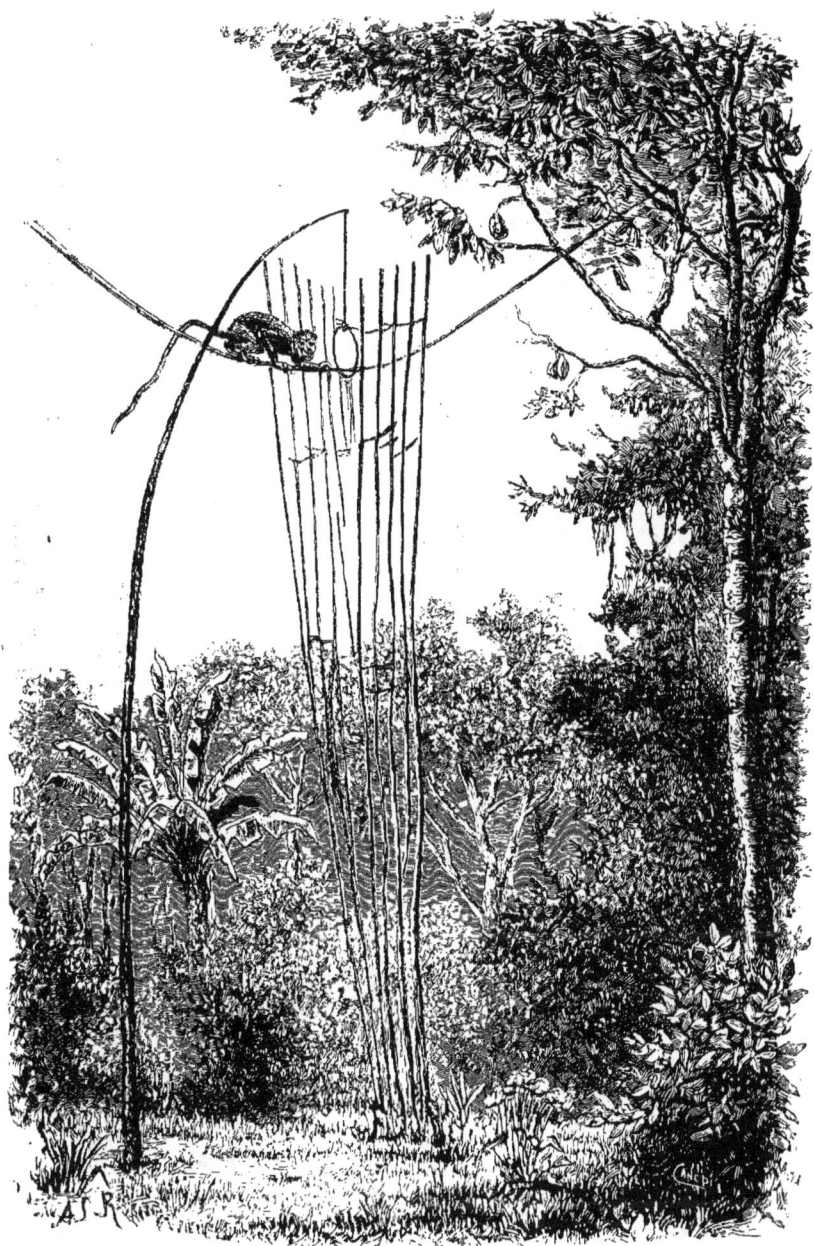

Afrique équatoriale. — Piège à singes.

on la fait sécher au soleil, on la brûle, on passe de l'eau
sur les cendres, — comme pour faire le café, — on jette
le marc, et on laisse évaporer la matière liquide, chargée
du principe recherché et recueillie dans un vase.

On sait que les anciens Danois brûlaient aussi les algues
de leurs côtes et arrosaient d'eau de mer les cendres qui
en provenaient : c'est ce que Pline appelle le « sel noir ».

Les liqueurs fermentées sont-elles pour l'homme un
besoin? Les ivrognes de tous pays le prétendent, mais
c'est un témoignage suspect. Toujours est-il que, si les
Négrilles veulent en user, il leur suffit de recueillir la sève
des palmiers si nombreux et de quatre ou cinq espèces
pour le moins, suivant les pays, qu'ils trouvent à leur
portée[1]. C'est la mort de l'arbre; mais qui jamais, en
Afrique, s'est préoccupé de la mort d'un arbre?

Il faut dire au reste que, sans être des modèles de tem-
pérance, nos petits Noirs n'abusent point de ce débit de
liqueurs.

En tout cas, on peut le voir par l'énumération qui vient
d'être faite, ce monde trouve moyen de vivre de la terre
sans en troubler le repos, et mon philosophe de la forêt
de Sokoké avait peut-être raison de me répondre : « Quand
les singes mourront de faim, les Bonis mourront aussi. »

VII. — Leur manière de manger et de boire n'est dictée
par aucun traité de civilité. La viande est déchiquetée
avec les dents, et si l'on a un couteau, on ne s'en sert que
pour séparer les gros morceaux et faire la part que chacun
emporte. Parfois cependant, entre amis, on coupe un peu
de ce qu'on tient en tirant d'un côté avec les dents, de
l'autre avec une main. Les os sont soigneusement cassés

[1] *Elœis, Phœnix, Borassus, Raphia, Doum*, etc.

pour en extraire la moelle ; les petits sont rongés, les gros
sont bouillis. Les entrailles sont lavées, cuites et mangées.

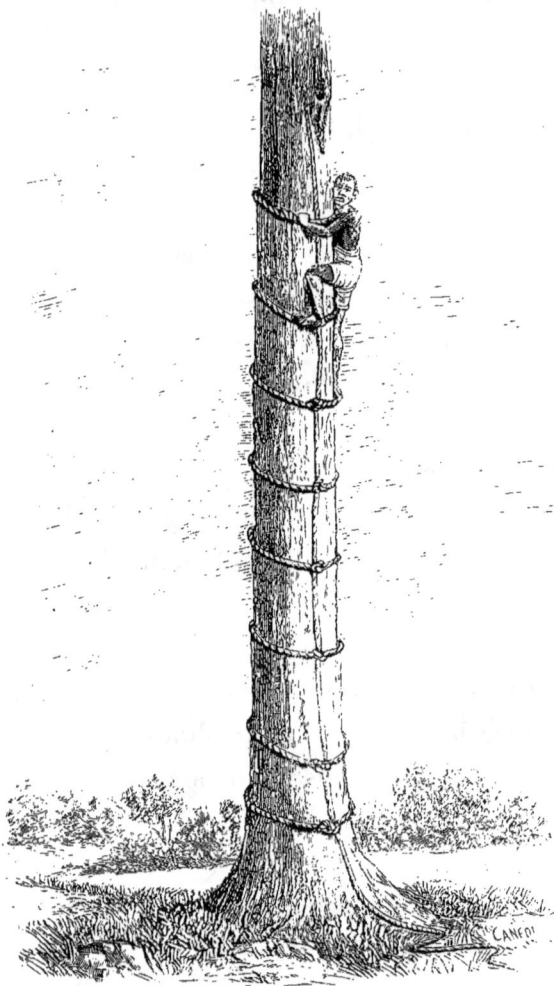

Pour monter à un grand arbre.

La peau elle-même, découpée, grillée, séparée de ses poils,
suit tout le reste ; rien ne se perd.

En voyage on boit des lampées d'eau fraîche avec la
main ; mais au campement on se sert d'un vase : un fruit

Gabon. — La Chasse à l'éléphant.

évidé. Les Négrilles boivent du reste fort peu et jamais au cours d'un repas ; c'est par là qu'ils terminent.

Les tribus voisines ont introduit chez eux le tabac ; mais eux-mêmes ne le cultivent point, et ils en font un usage très modéré.

Les renseignements donnés par les quelques voyageurs qui se sont trouvés en contact avec les Négrilles sont identiques à ceux-ci. La description laissée par Paul Crampel est particulièrement juste. Il s'agit de ceux qu'il appelle, — quoique par erreur, on l'a vu précédemment, — les Bayagas.

« Une hutte basse et ronde où l'armature de baguette en quadrillage est recouverte de larges feuilles retenues par une encoche à la tige, voilà le gîte ; pour meuble, une jonchée de feuilles qui forme le lit. Bien peu d'instruments : la masse de fer, marteau commun à tous les indigènes de l'Ouest africain ; une petite défense d'éléphant qui sert de pilon pour battre et aplatir les écorces fibreuses d'où proviennent les tissus végétaux seuls en usage ; quelquefois un roseau flûte à quatre trous ; plus rarement encore un petit tambourin ; quelques zagaies ; un arc et des flèches, voilà toute la richesse d'un Bayaga. Devant la petite ouverture qui sert de porte à chaque terrier, une claie de branchages, suspendue au-dessus du feu, forme le séchoir à viande.

« Les hommes (généralement une quinzaine par famille, c'est-à-dire par agglomération de huttes) vont à la chasse à tour de rôle, moitié par moitié. Aussitôt qu'un éléphant est tué, le chef m'fan est prévenu ; il envoie ses femmes chargées de manioc et de bananes à la place où est la bête ; séance tenante, le troc se fait. Les Bayagas, qui n'ont jamais de plantations, qui, par conséquent, ne peuvent se procurer de nourriture végétale que par les M'fans,

sont heureux de céder leur ivoire et une partie de la viande
abattue pour du manioc. Des lambeaux déchirés d'étoffes,
des fusils cassés, quelques fers usés de haches, voilà tous

Pièges pour rats et petits rongeurs.

les cadeaux que font, en cas de grand succès, les M'fans
à leurs chasseurs. De loin en loin, en échange de quelque

Piège à nœud coulant.

défense énorme, ils donnent un fusil pas trop détraqué au
plus vieux de la famille.

« Par l'intermédiaire de l'un des Bayagas, parlant la
langue m'fan, j'ai pu avoir quelques détails sur leurs chasses.

« Les enfants prennent à des pièges divers tous les petits quadrupèdes de la forêt ; les femmes ont plus spéciale-

Gabon. — Piège pour gros gibier.

ment chargé de rechercher les arbres à essaims d'abeilles, c'est-à-dire à miel ; les jeunes gens et les hommes tuent avec l'arc singes et antilopes ; mais la vraie chasse des Bayagas est la chasse à l'éléphant. Ils ont alors pour arme

unique une lance haute de un mètre soixante environ, faite
justement avec de vieux canons de fusil, lance très pointue
et à deux tranchants très aiguisés. Malgré cette lance plus
haute qu'eux, ils se faufilent dans la forêt, ne suivent
jamais de sentiers frayés, se glissant à travers les lianes
pour surprendre les animaux qu'ils chassent, tordant de
distance en distance quelques branches pour marquer la
route.

« Ils tâchent de surprendre l'éléphant pendant son sommeil, ou quand, en train de patauger en plein marais,
il fait un bruit qui trompe sa finesse d'ouïe. Ils se mettent
alors deux pour une bête ; les jeunes gens plus faibles
choisissent les plus petits adversaires.

« Tandis que les M'fans, qui quelquefois les accompagnent, montent sur des arbres, ils vont vers l'éléphant
à droite et à gauche, et, simultanément, lui portent à deux
bras un coup de lance au pli de l'aine.

« La blessure faite, ils s'enfuient, toujours avec leurs
armes, dépistent l'éléphant qui souvent les charge, le
laissent épuiser sa rage et le suivent ensuite, souvent très
loin, jusqu'à ce qu'il tombe.

« La famille des Bayagas que j'ai vue se composait de
neuf hommes, quatre jeunes et quelques enfants. Elle était
depuis quinze mois sur les lieux. « Pendant huit mois,
« m'a dit le vieux, nous sommes restés dans la brousse,
« ayant peur des M'fans ; depuis six mois nous chassons.
« J'ai eu six de mes fils tués, mais nous avons ici vingt-six
« queues d'éléphants[1]. »

IX. — Le véritable vêtement des Négrilles de l'intérieur est tiré d'un figuier sauvage (*Urostigma de Kotschy*[2]).

[1] Harry Alis, *A la conquête du Tchad*.
[2] D'après Schweinfurth.

L'écorce, enlevée par grandes plaques, est trempée dans l'eau et battue jusqu'à ce que le liber se détache et forme comme une espèce de toile. Du reste, ce procédé et ce vêtement ne sont pas particuliers à la race : on les retrouve chez les Ba-ganda et sur une grande étendue de la zone équatoriale. Ailleurs, dans la vallée de l'Ogoüé, par

Le feu des Négrilles, entretenu au milieu du campement.

exemple, les Noirs savent faire une toile très résistante et souvent très fine avec un fil tiré de la feuille d'un palmier, du *pandanus* d'eau douce, ou encore de l'ananas : les Ba-bongo sont ainsi vêtus. Plus près de la côte, les A-kôa portent autour des reins des morceaux de linge, aumône ou cadeau de leurs voisins.

Enfin, dans la vallée du Djuba, du Tana et du Sabaki, les Sanyés utilisent les peaux d'animaux, et j'ai vu là des femmes ainsi habillées, qui avaient fait sur leurs pagnes de peau des ornements fort intéressants avec des perles de verre de différentes couleurs. L'ornement préféré était

la croix, qui sans doute leur était venue d'Abyssinie par
les Gallas.

Quant aux Sân ou Bushmen, ils sont, comme tous les
Négrilles, peu vêtus. Les plus favorisés portent une peau
de mouton; mais tous, dit Reclus, aiment à s'orner le
corps et le visage avec des colliers d'osselets, de flèches,
de plumes d'autruche; ceux du Kalahari ont des bâtonnets
dans la cloison des narines.

Pour le reste ils sont semblables à leurs congénères.
La plupart n'ont même pas de huttes. Ils vivent dans des
cavernes ou des trous d'animaux; d'autres se font des gîtes
avec de longues graminées dont ils tordent et joignent les
sommets. Quelques-uns se creusent un abri dans les buissons épars de ces régions et le recouvrent d'une peau de
bête. Eux aussi aiment beaucoup le feu. Ils passent souvent la nuit sur les cendres chaudes d'un foyer et tendent
une natte sur des pieux pour se garantir contre le vent du
désert.

Au reste, « ce désert du Kalahari, dit Livingstone, n'en
a reçu le nom que parce qu'il n'est arrosé d'aucune eau
courante et que les sources y sont rares. Il n'en renferme
pas moins une végétation abondante et de nombreux
habitants. L'herbe y couvre le sol, qui produit une grande
variété de plantes, et l'on y rencontre de vastes fourrés
composés non seulement d'arbustes et de broussailles,
mais encore de grands arbres. C'est une plaine immense
remarquablement unie, coupée en différents endroits par
le lit desséché d'anciennes rivières, et traversée dans tous
les sens par de prodigieux troupeaux de certains genres
d'antilopes dont l'organisme exige peu ou point d'eau.
Le gibier, les rongeurs sans nombre que l'on trouve dans
cette région, et les petites espèces de félins qui font leur
proie de ces derniers, forment la nourriture des Bushmen

et des Be-tchuana, habitants de la contrée. Le sol est composé d'un sable doux, légèrement coloré, c'est-à-dire de silice presque à l'état de pureté. On trouve, dans les anciens lits des rivières desséchées, beaucoup de terrains d'alluvions qui, durcis par le soleil, forment de grands

Hutte de Bushman (Kalahari).

réservoirs où l'eau de pluie se conserve pendant plusieurs mois de l'année[1]. »

Il faut ajouter que cette immense savane produit aussi quelques plantes comestibles : « la pomme de terre du Bushman, » espèce de tubercule dont les larges feuilles sont toutes remplies d'eau, une sorte d'amaryllis à fleur blanche, une pastèque sauvage dont la chair est savoureuse et la boisson rafraîchissante.

C'est au milieu de cette nature, qui nous paraît si sévère,

[1] Livingstone, *Explorations dans l'Afrique centrale* (Hachette).

que vit le chasseur bushman, au jour le jour, de ressources imprévues et rencontrées au hasard. « Tantôt, dit M. de Préville, il doit se serrer le corps d'une courroie pour diminuer les tourments de la faim ; tantôt, lorsque ses flèches empoisonnées ont atteint le but, il mange avec tant d'avidité et de persistance que son volume extérieur devient méconnaissable. Il passe en quelques jours de l'aspect d'un squelette décharné à celui d'une outre rebondie, et *vice versa*. Il jeûne forcément quand il n'a rien trouvé ; dans le cas contraire, il mange pour plusieurs jours. Que ferait-il de provisions accumulées, alors que son travail l'oblige à la vie errante et que les moyens de transport lui font défaut ?

« Réduits en nombre, émiettés, ne pouvant rien accumuler et rien transmettre, ces ménages de chasseurs isolés demeurent donc égaux entre eux, indépendants et sans appui. Ce n'est qu'une poussière d'hommes, sans lien, sans résistance contre les entreprises de l'étranger. Cette race que la force des choses prive ainsi de patronage est vouée à la servitude ; elle est destinée à se voir opprimer et écraser par les groupes plus cohérents qui l'entourent : et de temps immémorial, en effet, c'est chez les Bushmen que se pourvoient d'esclaves les Cafres et les Hottentots[1]. »

Ces réflexions s'appliquent non seulement aux Sân, mais à tous les Négrilles. Elles sont justes en ce sens général que les peuples chasseurs disparaissent forcément, à la longue, devant les pasteurs et les agriculteurs ; mais il faut ajouter : pourvu que pasteurs et agriculteurs puissent utiliser tous les pays de chasse et en aient besoin pour s'y développer. Or, ce qui précisément a permis jusqu'ici aux

---

[1] A. de Préville, *les Races africaines.*

Négrilles de vivre, c'est qu'ils habitent des contrées à peu près intransformables, où la terre est trop avare de ses dons pour tenter un exploiteur, comme dans le Kalahari, ou bien trop exubérante, comme dans les forêts équatoriales, pour se laisser vaincre par son travail.

Village de Négrilles dans le bassin du Wellé; d'après un dessin
du Dᵣ Junker.
(Ce sont les mêmes huttes que dans le bassin du Tana et de l'Ogoüé.)

Et c'est là, précisément, ce qui fait la force de notre petite race : c'est qu'elle a la terre devant elle. Tant qu'elle la voit libre, elle est sûre de son lendemain; mais à mesure que les espaces se rétrécissent, que les bois sont défrichés, que les étrangers arrivent, elle n'a plus qu'une ressource : c'est de fuir, jusqu'à ce que, comme les survivants du déluge, elle se trouve acculée dans un reste de forêt en face d'un dernier troupeau d'antilopes.

Mais si ces chasseurs obstinés commençaient à cultiver le sol? Eh bien! c'est une chose singulière : en cultivant la terre, en s'habillant, en prenant des goûts de luxe, ils n'ont pas de plus sûr moyen de disparaître. Les uns meurent, d'autres se dispersent en individualités bientôt perdues, d'autres encore s'allient aux tribus voisines, tous rentrent dans le torrent général de l'humanité qui les emporte : quelques années après, on ne les retrouve plus. C'est ce que j'ai vu à l'est et à l'ouest, sur le Sabaki et sur l'Ogoüé, pour les Négrilles qui avaient été ainsi amenés à la « civilisation » des tribus plus avancées.

Ils le comprennent bien, et, à part quelques exceptions, leur bonheur est de reprendre leur vie errante aussitôt qu'ils ont touché de trop près l'oisiveté sédentaire de leurs voisins.

Sans doute, de loin, de Paris, de Londres, du fond d'un petit salon capitonné de satin, d'une chambre bien close ou d'une salle à manger bien garnie, cette vie doit paraître misérable quand même. Et pourtant, s'il en est un qui a goûté les enchantements des bois, qui apprécie les charmes profonds de la solitude, qui sait parler à la nature verdoyante et vivante, lui poser ses questions et écouter ses réponses, celui-là comprendra que tout n'est pas misères, barbarie et épaisseur d'esprit dans l'existence de l'homme sylvestre. Comme toutes les grandes étendues, comme le ciel, comme la mer, comme le désert, comme les montagnes accumulées, la forêt a sa vie, son mouvement, sa variété, son langage, et tout cet ensemble lui donne des charmes infinis!

Mais elle est jalouse, la forêt; il faut être seul avec elle et ne pas lui apporter les tristesses, les préoccupations et les inquiétudes de notre pauvre existence. Il faut savoir écouter ses voix, contempler ses splendeurs.

Vous l'appelez monotone? Elle n'a pas deux feuilles qui se ressemblent. Tout diffère en elle et tout s'harmonise :

Gabon. — Orage dans la forêt.

nul arbre n'est la copie exacte d'un autre, non plus que
nulle branche, nul site, nul sentier, nul abîme. Ici des
troncs séculaires portent là-haut une tête énorme et puissante qu'on devine, mais qu'on ne voit pas ; là, de petites
fleurs, à peine sorties de terre, étalent timidement, sous
l'ombre éternelle, leurs corolles immaculées ; partout des
arbres, des arbustes, des arbrisseaux, des lianes, des
herbes, des branches, des rameaux, des brindilles. Il y a
du gros, du prodigieux, de l'élégant, du monstrueux, du
délicat, du fin, du doux, du droit, du tordu ; il y a de tout.
Et tout vit. Écoutez bien : c'est la respiration de la forêt
que vous entendez là, c'est son haleine qui passe, c'est son
sang qui circule...

Ses voix ne sont point les mêmes le matin, quand elle
s'éveille ; à midi, quand elle se repose ; la nuit, quand elle
chante ou sommeille. Chaque insecte a son heure et son
cri ; tout oiseau a sa manière de voler, d'appeler, de
répondre, de sortir et de se poser. Le porc-épic fait frétiller
sa queue dans les feuilles, le sanglier passe en grognant,
la gazelle ouvre à tout incident ses grands yeux humides,
l'éléphant s'achemine droit devant lui sans s'occuper de
rien, le gorille se laisse tomber comme une masse et se
roule lourdement dans l'herbe.

Puis, tout se tait : c'est le soir... Et quand peu à peu la
nuit s'est faite, alors c'est une autre et merveilleuse chanson, la chanson de tous les petits, de tous les humbles, de
tous ceux qu'on ne voit jamais et qui sortent à ce moment
de dessous la terre, l'écorce ou la feuille, pour prendre un
peu leurs ébats et jouir à leur tour de la vie. Car la forêt
ne se tait jamais, et c'est en écoutant la complainte de ses
hôtes inconnus qu'on s'endort jusqu'au matin.

Oh ! les bonnes nuits passées sous la tente, loin de tout,
au sein de la sylve immense !

Mais, parfois, la forêt a aussi ses combats et ses révolutions. Et ses heures de tempêtes sont effrayantes. On les pressent au frémissement lointain qui la parcourt ; car avant de soutenir la lutte, on dirait qu'elle tremble de toutes ses feuilles.

Un moment de silence... Puis, tout à coup, un éclat de tonnerre formidable, à peine annoncé par l'éclair qui vous éblouit. Alors, la nuit se fait, le vent se jette éperdûment sur toutes ces têtes, ces ramures, ces troncs et ces arbustes : les grandes lianes se balancent comme les cordages d'un navire en détresse ; du sommet des arbres séculaires, les fougères, les orchidées et les autres plantes parasites tombent en paquets. La foudre éclate, la pluie fait rage, le bruit de la tempête devient assourdissant, jusqu'à ce que, là-bas, un craquement se fait entendre, bientôt suivi d'une série d'autres, plus rapprochés et plus effrayants. Est-ce la forêt qui s'écroule ? Non, mais c'est un de ses géants, qui bravait la tempête depuis des siècles et qui en meurt aujourd'hui. Seulement, avant de se coucher pour toujours, il semble qu'il veut disperser au vent ses adieux, et lentement, le voilà qui s'étend sur les arbres inférieurs ; il les écrase de son poids, brise contre eux sa ramure immense et s'en fait comme un lit colossal sur lequel il étend ses grands bras. Il avait vécu cent ans, deux cents ans, plusieurs siècles peut-être : c'est aujourd'hui sa fin. Et peu à peu, les éclats de la foudre deviennent plus rares, les éclairs moins aveuglants, l'averse a cessé. C'est la retraite de l'orage : la bataille est gagnée.

Alors les grosses gouttes de pluie achèvent de tomber au vent qui passe, les arbres se secouent, l'ordre se refait, pendant que les feuilles lavées font reluire à l'œil enchanté toutes les couleurs et tous les tons, depuis le plus tendre vert jusqu'au plus foncé, depuis le violet et le bleu jus-

qu'au rouge et au jaune d'or. Et comme rien n'égalait la
forêt dans son calme immense et pénétrant, dans sa douce
chanson et son réveil matinal, comme rien ne la surpassait
dans les fureurs de son combat, rien non plus ne paraît si
beau que la forêt mouillée, rafraîchie et frémissante au
sortir de son bain.

IX

DIVISION ETHNIQUE DES NÉGRILLES

I. — A les considérer dans leur ensemble, les populations du grand Continent africain nous apparaissent aujourd'hui comme formées de couches superposées, et différentes d'aspect, de mœurs, de type, de couleur; mais toutes semblent s'être pénétrées de telle façon qu'elles ont, pour ainsi dire, déteint l'une sur l'autre et qu'on peut passer aujourd'hui, par des transitions presque insensibles, du pur Blanc au pur Nègre et de celui-ci au pur Négrille.

C'est au reste ce qu'a excellemment dit M. de Quatrefages : « Partout où elles ont été le plus complètement

livrées à elles-mêmes, les races noires africaines ont réagi
les unes sur les autres. Ce que nous voyons s'être accompli
dans les temps accessibles à nos investigations nous ren-
seigne sur ce qui a dû se passer à toutes les époques. Nous
ne pouvons donc être surpris de rencontrer chez elles de
nombreuses traces de mélange et de fusion des races
secondaires, comme nous en trouverons partout ailleurs;
et ces mélanges, ces fusions n'ont pu que faire naître une
foule de populations qui les relient par nuances à peine
graduées [1]. »

Et il ajoute, en parlant spécialement des deux types de
la race noire, le Nègre et le Négrille : « Juxtaposées depuis
un temps indéfini, mais en tout cas fort long, les représentants de ces types se sont mêlés à des degrés divers et
ont donné naissance à des populations métisses qui ont eu
le temps de s'asseoir et d'acquérir une fixité assez grande
pour pouvoir aujourd'hui être distinguées. Mais il n'en
existe pas moins de l'une à l'autre d'étroits rapports.
Entre le Nègre et l'Houzouana (Négrille du Sud) on trouve
presque tous les intermédiaires possibles. Chez les Hottentots, c'est le sang boshiman qui l'emporte ; chez le
Moutchicongo, c'est au contraire le sang noir. Entre les
deux se placent diverses tribus béchuanas chez lesquelles
l'équilibre est plus ou moins apparent, plus ou moins
rompu dans un sens ou dans l'autre [2]. »

Cependant, au milieu de tous ces mélanges est-il possible de retrouver vraiment le Négrille, de le différencier
par des caractères précis, d'en faire une race à part ?

C'est précisément à résoudre cette question que nous
nous sommes attachés jusqu'ici. Après avoir rappelé les
traditions antiques sur les « Pygmées », nous avons vu

[1] A. de Quatrefages, *les Races humaines*, p. 982.
[2] A. de Quatrefages, *ibid.*

que les caractères de ces petits hommes, dans ce qu'ils avaient de moins légendaire, se retrouvent encore aujourd'hui réunis dans certains groupes répandus, à l'état erratique, sur tout le Continent africain. Du nord au sud, de l'est à l'ouest, au centre comme sur le bord des deux océans, au milieu des forêts équatoriales et sur les déserts plus ou moins arides où nous avons suivi leurs traces, ces caractères sont partout sensiblement les mêmes : caractères physiques, caractères intellectuels, caractères moraux, caractères sociaux. Sans avoir conscience de leur unité, ils ont une unité remarquable : on dirait des fragments d'un même bloc, dispersés par l'eau d'un torrent sur une plaine immense.

Ainsi donc, mêmes habitudes, mêmes mœurs, même état social, mêmes traditions et, jusqu'à un certain point, même type extérieur. Pendant que toutes les populations au milieu desquelles ils vivent s'organisent en sociétés plus ou moins régulières, élèvent des troupeaux, travaillent les champs, se fixent dans une contrée, eux continuent à n'avoir que des campements dans les déserts ou les forêts qu'ils parcourent. Ils vivent de la terre, comme tout le monde, mais ils estiment qu'elle produit assez par elle-même pour les nourrir, sans se donner la peine d'en égratigner perpétuellement la surface. A qui sait les trouver, elle offre des animaux, des fruits, des plantes, et, seuls, les ignorants, les étrangers et les tard-venus, incapables de découvrir ses trésors, sont obligés, pour en vivre, de se faire ses esclaves. Eux sont ses enfants premiers-nés, et ils ont table ouverte partout où Dieu a étendu sa nappe chargée de verdure : *Alma parens !*

Voilà la philosophie du Négrille, présentée par eux avec plus ou moins de netteté suivant les groupes ou les individus que l'on interroge, mais que l'on retrouve partout

et qui, dans sa simplicité primitive, a bien aussi son origi-
nale grandeur. « A chacun, me disait l'un d'eux, Dieu
donna sa « manière ». Le perroquet ne vit pas comme le
singe, et le singe n'a pas les habitudes du léopard. Ainsi
des hommes : les autres ont leur genre de vivre en tra-
vaillant; nous, nous vivons de ce que nous trouvons. C'est
pourquoi nous ne pouvons bâtir de grands villages et
cultiver la terre. Pourquoi? Ce n'est pas notre manière. »

Ainsi, le Négrille se connaît lui-même, il se classe à
part, il a son genre de patriotisme, il met un soin jaloux
à se conserver pur de tout mélange, il se sent une race.

A leur tour, les tribus voisines le laissent au rang spécial où elles l'ont trouvé. Peu d'hommes, au reste, peuvent
à meilleur droit s'appliquer l'axiome des Latins : *Nostras
quisque patimur manes.* Le cachet de la race est empreint
sur eux de telle façon qu'il est impossible de ne pas les
distinguer des Nègres au milieu desquels ils vivent; et
maintenant que j'ai été moi-même amené à les étudier
d'une manière plus attentive, je ne crois pas trop m'avancer en disant que je reconnaîtrais sans peine, à première
vue, un seul Okôa, par exemple, entre cent Mpongwés.

Les Négrilles, en résumé, forment donc une race qui a
tous les éléments nécessaires pour être prise comme telle,
avec ses caractères propres. Ce ne sont point des phénomènes, comme les nains de nos champs de foire; ce ne
sont point des dégénérés, comme les Crétins des Alpes et
d'autres contrées montagneuses; c'est une race fixe, se
reproduisant, se suffisant à elle-même, vivant à sa manière,
c'est la race des Pygmées.

Cependant, si semblables à eux-mêmes que soient restés
les Négrilles dans leur genre de vie et dans l'ensemble de
leur physionomie générale, il n'en est pas moins vrai que
des différences appréciables, surtout au point de vue phy-

sique, séparent tel groupe de tel autre, tel individu de son
voisin : c'est en caractérisant ces différences qu'on trouvera précisément pour les uns et pour les autres la place
ethnique qui leur appartient.

Mais d'abord, à quoi tiennent ces différences ?

Le milieu, qui exerce une influence réelle sur les plantes
et les animaux, n'est pas non plus sans action sur l'homme,
surtout sur l'homme sauvage qui ne réagit par aucune de
nos institutions, de nos conventions, de nos lois et de nos
préjugés. Même sous nos yeux, des races intelligentes,
civilisées et capables de se défendre contre la nature extérieure subissent des modifications visibles : le type yankee,
par exemple, n'est plus tout à fait le type anglais; le Cana-
dien n'est déjà plus le Français, et le Brésilien a cessé
d'être le Portugais du Portugal. A plus forte raison, ces
influences sont-elles actives sur des natures moins résis-
tantes parce qu'elles sont plus primitives. Aussi, en
admettant, comme tous les savants le font aujourd'hui,
que la race africaine des Bantous ait la même origine, on
peut se convaincre, en passant de l'un à l'autre Océan et
sans même qu'il soit nécessaire de faire tout ce voyage,
combien de types divers s'y trouvent actuellement réunis.
Vivant maigrement dans un pays semi-désertique, les
Wa-nyika de la côte orientale sont frêles, élancés, élé-
gants ; près d'eux les Wa-pokomo, sur les bords fertiles
du Tana, ont des vivres à discrétion, et leurs grands corps
disent assez qu'ils n'ont point à souffrir de la terre. Sur la
côte occidentale, même observation. Les tribus vivant
facilement de leurs champs et de leur pêche, comme les
Kombés, les Bengas, les Mpongwés, les Nkomis, ont une
certaine élégance que n'offre pas le Fan, dont le type
fort, mais épais, accuse un autre genre de vie : la vie en
forêt, où il change souvent de village, où il défriche péni-

blement de grands espaces, où il est toujours en guerre,
où il s'alimente largement d'une nourriture abondante et
grossière.

Les Négrilles subissent évidemment, eux aussi, cette
influence du milieu : plus misérables dans les déserts, et
plus jaunes, plus étiques, plus mal conformés à mesure
qu'ils ont plus à souffrir, ils se rapprocheront davantage
de ce que nous jugeons être le beau type de l'homme, —
en nous prenant modestement comme modèles, — à
mesure aussi que leurs conditions d'existence seront meilleures. C'est, au reste, ce qu'on remarque partout : de
même que l'Européen qui souffre devient pâle, le Nègre,
malade ou affamé, passe au jaune terreux ; bien portant,
il prend une couleur d'un noir brillant.

Mais une autre cause plus puissante encore et plus
promptement efficace a modifié le type primitif du Négrille :
c'est le métissage, ou le croisement avec les autres tribus
qui sont venues envahir ses premiers campements et sous
la dépendance plus ou moins avouée desquelles il a dû se
placer.

Malgré leur belle philosophie et leur magnifique assu-
rance, les Négrilles, en effet, ont dû se trouver souvent
fort embarrassés pour résoudre ce problème toujours
difficile quand même, et toujours actuel : vivre sans travailler. C'est ce qui explique que, en dehors d'un certain
vasselage qui aurait pu leur être imposé par la force, ils
ont eux-mêmes éprouvé le besoin de se rapprocher de telle
tribu et de tel chef, auxquels ils donneront une part de
leur gibier, de leur miel, de leurs secrets, de leurs recettes,
de leurs services, et dont ils recevront en retour la nourriture végétale et cultivée qui leur est toujours utile, souvent nécessaire : bananes, manioc, maïs, sorgho, éleusine.
haricots, patates, ignames, etc.

Or ces rapports de voisinage n'ont pu se perpétuer sans unions plus ou moins fréquentes, plus ou moins avouées, mais certaines, qui ont altéré et altèrent encore l'aspect primitif des uns et des autres.

Femme ndorobo, habillée de peau de bœuf (pays massaï).

Aussi, tout en conservant une ressemblance générale en même temps que des mœurs à peu près identiques, les Négrilles présentent néanmoins des différences marquées, suivant la tribu et la famille auxquelles ils sont attachés.

Ce sera la base d'une première répartition des différents groupes de la race, et nous aurons ainsi :

Les Négrilles des Lybiens;

Les Négrilles des Massaïs;

Les Négrilles des Gallas;

Les Négrilles des Nigritiens;

Les Négrilles des Bantous;

Les Négrilles des Hottentots.

Tous ces groupes, en effet, ont un type spécial, se rapprochant de la race ambiante, et participent pour une part à ses habitudes, à ses croyances, à sa manière d'être générale.

Nous ne pouvons guère parler des premiers Négrilles de l'Atlas, ou Akka, signalés par Haliburton : ils sont trop peu connus. Petits, trapus, d'une couleur claire, actifs, braves, vaillants chasseurs, ils participent aux qualités de la race relativement supérieure à laquelle ils ont été mêlés depuis des siècles. On dit même qu'ils sont habiles forgerons et chassent l'autruche à cheval.

Le Massaï, pasteur nomade et guerrier, maître incontesté de la plaine immense qui entoure le Kilima-Ndjaro, est l'un des plus beaux types d'homme sauvage que l'on puisse voir. Grand, fier, d'une attitude superbe, il a frappé l'attention de tous les voyageurs qui ont parcouru son pays. C'est au milieu de cette race remarquable que vivent les Ndorobos, sans troupeaux, sans cultures, chasseurs et misérables, opprimés, dépouillés et houspillés de toute façon par leurs puissants suzerains. Mais, par suite d'unions lointaines, ils leur ont emprunté une taille élevée au point qu'on ose à peine les appeler Négrilles ; ils sont généralement de couleur plus jaune, ils sont moins bien faits, ils ont les traits moins réguliers, ils se montrent craintifs, ils habitent de misérables huttes dans les rochers et les buissons, et, en dehors de leurs chasses, ils excellent à travailler le fer : ce sont les forgerons des Massaïs en même temps que leurs ilotes.

Dans les pays occupés par les Somalis et les Gallas, au nord-est du continent africain, dans les vallées du Djuba, du Tana, du Sabaki, vivent des groupes portant divers noms : Dahalos, Bonis, Langulos, etc., que les Swahilis de la côte réunissent tous sous le nom de Twas ou Watwa. Sans avoir l'élégance gracieuse et les formes régulières de leurs maîtres, — car ceux-ci les traitent assez mal pour qu'on puisse leur donner ce nom, — ils leur empruntent cependant quelque chose de leur type spécial : ce n'est point, par exemple, cet aspect nègre, épais et lourd que nous rencontrerons plus tard chez leurs congénères des forêts gabonnaises. Petits sans exagération, maigres, point trop timides, d'ailleurs aussi paresseux, aussi nomades et plus délibérément mendiants que qui que ce soit au monde, ils prennent volontiers un certain air d'indépendance et de fierté, et l'on a l'impression que le sang galla, de famille éthiopienne, coule plus ou moins abondant dans leurs veines de Négrilles.

On ne peut rien ou presque rien dire du groupe nigritien, signalé au nord de Sierra-Leone, dans le bassin du Tzâde et dans la Nigeria. Mais il est probable qu'il ne contredit point la règle générale et que l'aspect des tribus voisines a déteint sur lui.

Plus timides, plus doux, plus petits aussi généralement, et d'un type nègre exagéré, nous apparaissent les divers et nombreux groupes de Négrilles dispersés dans la grande famille des Bantous, depuis le Congo jusqu'au Cunène, et de l'Atlantique à l'océan Indien. Mais dans cette aire immense elle-même, il y a, on peut le dire, autant de sous-groupes qu'il y a de fractions de Négrilles mêlés à des tribus différentes. Les Ba-Bongo de l'Ogoüé, par exemple, sont plus maigres, plus petits, plus mal conformés; les A-kôa du Gabon, plus jaunes et un peu plus grands; les Bé-kü, des Fans, très sensiblement plus gros, plus lourds et plus épais; les Ma-Rimba, du Mayombe, plus noirs et plus élancés; les Ba-Twa, de l'Ituri, plus petits, plus obèses, plus abrutis; les Ba-Kaségéré, du Cunène, mieux faits et de traits plus réguliers. Mais, à vrai dire, ce ne sont là que des nuances, et tous gardent un air de famille qui ne saurait tromper.

Enfin, viennent les Sâns, les Mkabbas et les divers Bushmen refoulés dans le sud. Plus misérables, plus dégradés, plus laids, ce sont vraiment les parents pauvres de la plus pauvre famille humaine.

II. — Voilà donc une première division, basée sur les tribus dont les divers Négrilles sont les commensaux ou les ilotes. Mais, dans celle-là même, il faut en faire une autre.

« La terre entière est peuplée de métis, » a dit M. de Quatrefages[1], et nous venons de voir que la race des Négrilles, l'une des plus pures sans doute parce qu'elle est l'une des plus primitives, n'a point échappé à cette loi nécessaire. Mais dans quelle mesure sont-ils métissés, c'est ce qui nous reste à voir, et c'est aussi en le recherchant que nous trouverons les éléments d'une classification nouvelle. Nous en emprunterons les termes au grand savant dont, tant de fois déjà, nous avons eu à citer le nom. « Les races qui se caractérisent les premières, dit-il, et se séparent du type primitif par quelques caractères sont dites *races primaires*. Chacune d'elles peut donner naissance à des *variétés* ou *races secondaires*, *tertiaires*, etc. C'est là ce que nous constatons chaque jour dans nos plantes cultivées, comme chez nos animaux domestiques[2]. »

[1] A. de Quatrefages, *les Races humaines*, p. 173.
[2] Id., *Introduction à l'étude des Races humaines*, p. 10.

En tenant compte de toutes les données précédentes, nous nous trouvons donc à notre tour amenés à proposer la division suivante, qui fait suite à l'autre et qui la complète :

Chasseur boni (chez les Gallas).

Négrilles primaires (ou primitifs);
Négrilles secondaires ;
Négrilles tertiaires;
Négrilles quaternaires.

Suivant notre méthode, commençons par déterminer ces derniers, afin d'arriver progressivement au type qu'il est permis de regarder comme le plus pur.

Paul du Chaillu a dit des A-kôa qu' « ils sont probablement une branche des Shékianis[1] ». La méprise est curieuse. Les *Bé-shéké*, comme ils se nomment eux-mêmes, appelés *A-shékiani* par les Mpongwés, *Itému* par les Kombés, et *Boulous* par les Français, à cause, dit-on, du nom d'un de leurs anciens chefs, forment au nord de l'estuaire du Gabon une tribu qui a eu son importance, sa langue et son caractère. Elle appartient, comme toutes celles qui l'entourent, à la grande famille des Bantous. Mais, comme elle aussi, elle est divisée en plusieurs clans ou familles, parmi lesquels se trouvent les *Mbisho*. Or, dans la tribu shékiani, les Mbisho se font remarquer généralement par la petitesse de leur taille, leur teint plus jaune et leur type moins correct. En un mot, ils rappellent le Négrille, et comme ils disent avoir eu parmi eux des représentants de cette race, comme ils sont encore aujourd'hui fort peu délicats pour leurs unions, on se trouve tout naturellement amené à conclure que, en passant dans les forêts d'où il est descendu, le flot des Shékianis, et surtout des Mbishos, s'est assimilé une notable quantité de sang négrille qui reparaît actuellement dans plusieurs représentants de la tribu. Dans une de nos missions, au cap Estérias, nous avons un de ces enfants qui a tous les caractères de notre petite race ; beaucoup d'autres lui ressemblent dans les villages de sa tribu.

Ce sont ces types que nous appellerons *quaternaires*. Ils proviennent d'un mélange de sang noir et négrille, où celui-ci se reconnaît, mais où l'autre domine sensiblement, et reparaissant plus ou moins pur, par atavisme, en quelques-uns de ses représentants.

Par ailleurs, il serait tout à fait erroné de croire que les Shékianis sont des Négrilles.

[1] P. du Chaillu, *l'Afrique sauvage*, p. 92.

Les Négrilles *tertiaires* sont ceux qui, se reconnaissant eux-mêmes et étant reconnus par les autres tribus comme appartenant à la race des « petits hommes errants », présentent, en même temps que l'ensemble des caractères sociaux, intellectuels, religieux, moraux et physiques propres aux Négrilles, des traces évidentes et nombreuses de métissage avec des tribus supérieures.

Tels seront, avant tous les autres, les *Ndorobos* ou *Alas* du pays massaï. Mêlés par petits groupes à leurs puissants voisins et seigneurs, ils en ont, comme nous avons dit, pris le type spécial, le costume et à peu près la langue, en même temps que leur taille s'est élevée et que leurs traits se sont affinés ; mais ils se tiennent et au besoin sont mis soigneusement à l'écart. Ils ne vivent que de chasse, ils n'ont d'autre animal domestique que ce pauvre petit chien rouge qui partage leur vie errante, et ils ont gardé leur manière propre, — celle de tous les Négrilles, —, d'établir leurs campements et leurs huttes.

A leur suite et au même rang doivent être placés les *Sanyés, Bonis* ou *Wa-tua* de la côte orientale, qui sont les Négrilles des Gallas et des Somalis. Leur taille approche de l'ordinaire et leur type est relativement fin, quoique beaucoup de petits hommes se retrouvent parmi eux ; et, chose curieuse, à mesure même qu'ils sont plus petits, ils deviennent aussi plus laids. Vivant d'ailleurs résolument séparés des Éthiopiens comme des Bantous, ils gardent leurs mœurs et leurs traditions, et si quelques-uns commencent, dans le Haut-Tana et sur le Sabaki, pressés par le manque de gibier, à faire des plantations et à se fixer en villages, ils récoltent tout à la fois et s'en vont ensuite camper ailleurs ; c'est aussi la pratique des Ma-Rimba, leurs congénères de la côte occidentale.

Parmi les autres Négrilles du type tertiaire que l'on peut citer, nous rangerons également les *A-jongo* du Fernan-Vaz, et avec d'autant plus de sécurité que nous avons leur extrait de naissance. Quand, en effet, les

Le petit Martin, de tribu shéké, couleur très claire
(Négrille quaternaire).

Nkomis, venant du sud, se fixèrent au bord du lac, sur les rivières qui l'alimentent et dans les plaines qui l'entourent, la famille des A-yundji rencontra sur le Rembo-Nkomi (rivière du sud) un campement de Négrilles ou A-kôa. Peu à peu des relations s'établirent, le chef nkomi prit la fille d'un de leurs anciens, et son exemple fut suivi par d'autres ; mais les métis de ces unions ne furent plus admis dans les familles nkomies et formèrent, avec les A-kôa qui restaient, des campements séparés : ce sont les A-jongo d'aujourd'hui. Eux aussi font bien quelques

cultures, empruntent certains usages à leurs alliés, prennent
un certain air moins sylvestre, mais ils restent nomades
et chasseurs, construisent leurs campements comme
autrefois, parlent leur langue et constituent vraiment un
petit peuple à part. Le type, non plus, n'est point le type
nkomi; mais ce n'est déjà plus, — à moins d'exception,

Répèro, type o-jongo du Fernan-Vaz (Négrille tertiaire),
teint clair, formes élégantes, taille 1ᵐ 48.

— le type négrille proprement dit. Et, quant à la taille,
on a vu que j'ai mesuré chez eux un individu de 1ᵐ 68 :
ce n'est pas assurément celle d'un nain. J'ajoute que, à
côté de celui-là, quelques-uns ne dépassent pas 1ᵐ 30.

Y a-t-il ailleurs d'autres de ces groupes tertiaires? On
peut l'affirmer sûrement. Au sud, par exemple, les premiers métis de Bushmen ont dû s'allier avec des populations supérieures, et si les races sorties de là se sont
isolées pour garder, avec une partie du type, leurs habitudes et leurs traditions, c'est ici qu'il faut les classer.

En tout cas, au Gabon même, dans le Komo, l'Ogoüé,
les lacs Ndogo (Setté-Cama), j'ai rencontré plusieurs indi-

vidus isolés, par suite de l'esclavage auquel ils avaient été
soumis, issus de pères étrangers et de mères négrilles
(Bongos, Rimbas, etc.) : ils doivent également être rangés
dans cette catégorie.

Avec les *Négrilles secondaires,* nous arrivons à un type
beaucoup mieux caractérisé. Ceux-là gardent avec un soin
jaloux leur état social, n'ont jamais de village fixe, vivent
de la chasse, de la cueillette du miel, des fruits sauvages,
en y ajoutant accessoirement les produits cultivés des
populations agricoles voisines dont ils sont à la fois les
parasites et les alliés. Leur taille est au-dessous de l'ordinaire, quoique certains individus parmi eux s'en rapprochent ou l'atteignent. La couleur tire souvent sur le
jaune et l'on voit des campements et des groupes où cette
nuance domine et devient parfois très claire. Presque toujours elle va de pair avec une physionomie plus ouverte,
une tête plus grosse, des bras plus longs, une taille plus
courte, un type négrille enfin plus nettement caractérisé.

Mais aucun de ces campements non plus, à ma connaissance du moins, ne va sans type tirant plus ou moins sur
le noir ; quelques-uns même en sont presque entièrement
composés. Cette couleur ne les empêche pas d'ailleurs de
présenter les autres notes caractéristiques de la race : une
taille courte, de fines attaches, de longs bras, un buste trop
développé relativement aux jambes, une tête osseuse,
un nez épaté et nettement séparé du front, des sourcils
épais, etc. En un mot, ce sont des Négrilles.

Mais il paraît bien que, tous, noirs ou jaunes, à une
époque reculée et dont ils n'ont pas même gardé le souvenir, ont mêlé à leur sang quelques gouttes de sang
étranger.

A ce groupe il faut rattacher les « Pygmées » signalés
par le P. Léon des Avanchers, Krapf et Donaldson-Smith,

au sud de l'Abyssinie ; les A-Ka ou A-Kwa de Schweinfurth, les Nains de Stanley et de Versepuy, ceux des environs du Tanganyika, les Ada-Nri de la Nigeria, les Bongos
de l'Ogoüé, les Kôa, Kwéya, Kü, etc., répandus dans
presque toutes les populations de la côte occidentale,
depuis le Cameroun jusqu'au delà du Gabon, sans oublier
ceux de Serpa Pinto, ceux avec lesquels le P. Antunes
et le P. Lecomte se rencontrent dans le bassin de Cunène,
d'autres encore que, plus tard, une exploration plus complète du continent révélera.

Nous voici maintenant arrivés aux *Négrilles primaires,*
à ceux qui, purs de tout mélange, doivent être regardés
comme le prototype de la race.

Existent-ils encore, quels sont leurs caractères, et où
devons-nous les chercher ?

Ici, le terrain devient moins sûr, les données certaines
font défaut, et l'on se trouve forcément réduit aux conjec-
tures. Toutefois, nous avons de sérieux éléments de
recherche : poursuivons notre étude.

On sait que la couleur de la peau humaine, à laquelle il
faut associer celle des yeux, des cheveux et des poils, est
déterminée par le *pigment*, matière contenue dans les cel-
lules du corps muqueux et constituée par des granulations
très ténues. Placé entre le *derme blanc* et l'*épiderme* plus
ou moins transparent, c'est ce corps muqueux, c'est ce
pigment qui donne à la peau humaine sa couleur propre.
Absent chez les albinos, peu coloré chez les Européens du
nord, jaunâtre chez les Chinois, tournant au brun chez les
populations méridionales, plus ou moins rouge chez les
indigènes américains, et plus ou moins foncé chez les Noirs,
chez tous sa couleur spéciale repose, avec sa matière, sur
le blanc du derme, s'associe au rouge du sang, et se trouve
encore influencée par les rayons lumineux que réfléchissent

ces divers tissus. L'épiderme, là, « joue le rôle d'un verre dépoli ; et plus il est délicat et fin, mieux on perçoit la couleur des parties sous-jacentes[1] ».

Ainsi, prenez du blanc pour le derme, ajoutez un peu de rouge de sang, une pointe de bleu pour les veines, du jaune et de la sépia pour le corps muqueux ; mettez les ombres et les reflets voulus pour l'épiderme. Et, ayant mêlé le tout, vous aurez, *suivant les proportions,* obtenu la couleur des diverses peaux humaines : en toutes, il vous faudra de toutes ces couleurs. Mais pendant que, pour le Nègre, vous forcerez du côté du jaune et de la sépia, vous en mettrez peu pour le Sicilien, l'Espagnol ou le Portugais, moins pour le Français, presque pas pour l'Écossais. Aucun Blanc n'est complètement blanc, aucun Noir complètement noir ; un peintre qui l'ignorerait ferait de mauvaise besogne, et c'est ce que font précisément quelques artistes quand ils se mêlent de faire des réclames sensationnelles pour des boîtes de cirage, ou de bien convaincre le public, dans les églises, que l'un des trois Mages fut un Noir sans mélange. Pour se rendre compte de ce fait, il suffit au reste de placer, comme terme de comparaison, une étoffe ou un papier « noirs d'ivoire » sur la peau du plus noir des Nègres : la différence sera visible à l'œil le moins exercé.

La peau du Noir est donc, en réalité, formée des trois mêmes éléments que celle du Blanc : le pigment diversement coloré en fait tout le caractère, et, s'il disparaît, le derme alors se montre et donne à la peau sa couleur d'un blanc mat. C'est précisément ce que l'on remarque chez les Nègres qui ont été blessés, brûlés, affectés de certaines maladies, ou dont le cadavre a quelque temps séjourné dans l'eau.

[1] A. de Quatrefages, *l'Espèce humaine*, p. 264.

La couleur de la peau humaine, en définitive, tient à une simple sécrétion que peuvent modifier une foule de

Un O-kóa (Négrille secondaire).

circonstances, et, pour l'homme comme pour l'animal et pour la plante, il y a lieu de ne point oublier l'axiome de Linné : *Nimium ne crede colori.*

Ce n'est pas tout. En recherchant quelle avait bien pu

être la couleur de l'homme primitif, les savants arrivent à
une conclusion qui se trouve être, du reste, conforme
à la tradition. C'est que la dernière formation aurait été
celle de l'homme blanc, antérieurement ou parallèlement
à celle de l'homme noir, et, servant de base ou de point
de départ aux deux autres, celle de l'homme jaune. Un
fait certain, qui corrobore singulièrement cette opinion,
c'est que, à l'état erratique et avec les autres caractères
qui lui sont propres (œil oblique ou bridé, etc.), la couleur
jaune reparaît çà et là dans les deux autres races, amoin-
drie chez le Blanc, exagérée chez le Noir, tandis que
jamais on ne voit ni Blanc ni Noir surgir dans la race
jaune [1].

C'est ici le lieu, également, de citer les conclusions
analogues auxquelles est arrivé un savant. M. Ch. Oberthür, après avoir porté ses études, pendant de longues
années, sur une quantité considérable d'insectes, et en
particulier de lépidoptères, a été amené à formuler cette
loi qu'une double tendance porte les papillons d'une même
espèce, suivant les milieux et d'autres conditions encore
inconnues, les uns vers le *mélanisme*, les autres vers l'*al-
binisme*. La transition, d'ailleurs, ne se fait jamais brusquement; mais, partant d'une couleur donnée, telle variété
passe insensiblement au jaune foncé, devient plus claire,
et finit par le blanc pur; telle autre, au contraire, se
couvre de plus en plus d'écailles colorées par un pigment
de couleur sombre, jusqu'à ce qu'elle arrive au noir, terme
de sa transformation. Or, en remontant à la couleur primitive, laquelle trouve-t-on? Le rouge; et c'est du rouge
qu'on arrive au noir par pigmentation, comme c'est du
rouge qu'on arrive au blanc par défaut de pigmentation.

[1] A. de Quatrefages, *l'Espèce humaine* et *Introduction à l'Étude des Races
humaines*.

Ce qui, finalement, pourrait être représenté par le court tableau suivant, arbre généalogique des couleurs.

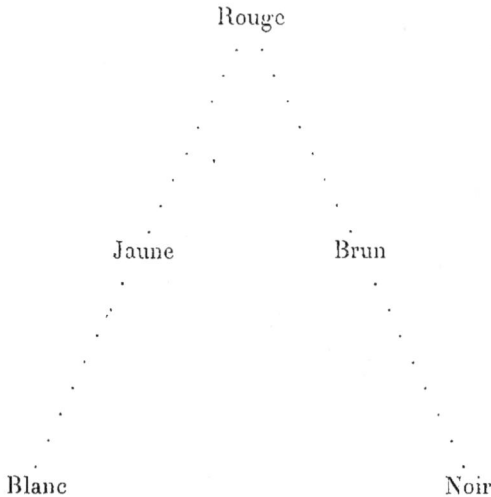

Rouge

Jaune   Brun

Blanc   Noir

III. — Ces digressions, qui ne sont pas d'ailleurs sans intérêt, nous mènent moins loin des Négrilles qu'on ne pourrait le penser.

Toutes les fois, en effet, que, des deux côtés de l'Afrique, j'ai demandé des nouvelles de nos petits hommes aux « savants » du pays, aux anciens, aux voyageurs, à ceux qui, dans le cours de leur vie, de leurs relations et de leurs expéditions lointaines, ont acquis des connaissances plus étendues, j'en ai reçu la description suivante, dont j'enlève seulement quelques détails fantaisistes : « Des hommes petits, courts, gros, barbus, poilus et *rouges* (les langues africaines n'ont qu'un terme pour désigner le rouge et le jaune); par ailleurs, sans villages, habitant des trous ou des cavernes, vivant de chasse, de miel et de fruits, connaissant tous les secrets des bois et sachant se rendre invisibles à volonté. »

Là-dessus, je m'étais fait à moi-même un type de Pygmée; je m'étais figuré que je le rencontrerais uniforme, cantonné en quelque endroit écarté, et je m'étais mis en marche. Pour le voir, je me suis engagé dans des courses interminables, — qui n'avaient pas, du reste, que ce seul but, — j'ai suivi mes guides partout où ils ont voulu me conduire, j'ai traversé forêts, montagnes, rivières, et impénétrables fourrés; et jamais, quand on m'a dit : « Les voilà! » je n'ai vu les Pygmées de mes rêves.

J'interroge les récits des voyageurs, de Schweinfurth, de Stanley, de Farini, etc. Ce qu'ils ont vu et ce qu'ils décrivent, c'est aussi ce que j'ai vu et ce que je puis décrire. Mais ce n'est pas le Pygmée classique!

A-t-il donc disparu? Oui, peut-être, en ce sens qu'on ne rencontre pas de groupe uniformément composé de Négrilles répondant de tout point à la description donnée; mais cette description même, restée partout à l'état de tradition indiscutée, n'attesterait-elle pas que le type primitif est celui-là?

En tout cas, si tous ces caractères n'apparaissent plus aujourd'hui sans mélange dans les campements visités, on les retrouve absolument, et tous, à l'état erratique, tantôt sur un point, tantôt sur un autre, ou, dans un même groupe, sur cet individu et sur celui-là. En sorte que, si on réunit dans une composition idéale les divers caractères donnés comme ceux du vrai Pygmée, et retrouvés partiellement dans les divers groupes ou les divers individus d'un même groupe, on arrive à reconstituer, en effet, le type tel qu'il est décrit par la tradition antique des Noirs et, sauf les exagérations qu'on sait, tel qu'il nous avait été représenté par l'histoire et la poésie des peuples anciens.

Mais ne saurait-on aller plus loin?

Il est certain que, en appliquant à nos petits hommes (et pourquoi ne le pourrait-on pas, puisque la nature opère toujours et partout de la même manière?), en leur appliquant la loi signalée par M. Ch. Oberthür, on arrive à des constatations que les faits rendent bien vraisemblables.

Dans ces conditions, au point initial, on trouvera donc

Deux Négrilles (Bé-kü) dans un village de Fans; d'après une photographie du R. P. Trilles.

un type rouge qui bientôt se séparera pour suivre la double tendance signalée.

L'un, sous l'influence combinée du soleil et de la forêt, de la nourriture, du régime, de l'habitât, etc., passe au brun et de là au noir. C'est le type négrille noir, et généralement poilu, qu'on trouve dans la forêt équatoriale.

L'autre, sous d'autres influences parallèles, habitant plutôt les déserts, et refoulé de bonne heure bien au delà de ses congénères, tourne au jaune et, de là, presque au blanc, en même temps qu'il devient glabre, que ses yeux affectent une tendance mongolique, que son nez s'aplatit et rentre pour ainsi dire dans la face, que son crâne lui-même se transforme : c'est le type négrille jaune, tel qu'il est représenté par les Sân ou Bushmen du Sud africain.

Nous voici donc arrivé avec ces derniers, plus sûrement encore qu'avec les autres, parce qu'ils forment des groupes plus compacts, à ce que serait le Négrille primitif, celui qui a le premier passé au continent africain, n'emmenant avec lui ni troupeaux, ni semences, ni industrie, ni rien, — excepté ce qui devait le mettre vis-à-vis de la grande Nature dans un règne à part : son intelligence, sa conscience, sa religion, sa langue, sa flèche, sa lance et son chien... Sorti nu de la terre et devant y rentrer nu, il la parcourt tel, en cueillant au passage un fruit, en abattant une bête, en buvant un peu d'eau de fontaine, en tirant du bois ou du caillou l'étincelle qui le réchauffe, en dormant dans une caverne toute préparée ou se faisant au besoin, avec les branches, les herbes et les feuilles qu'il a sous la main, des abris temporaires et suffisant à son ambition. Il a pris goût à cette existence, il en a fait sa destinée, il s'y regarde comme voué, et il le dit.

En ses enfants il s'est retrouvé et maintenu, et, à mesure qu'ils se sont multipliés, ils ont, eux aussi, éprouvé le besoin de pousser plus loin leurs courses, leurs explorations et leurs chasses. Qu'y a-t-il au delà de ces plaines, de ces forêts, de ces lacs et de ces montagnes? Où va cette eau? Quand trouverons-nous la fin de ces terres? Autant de questions qui poussent en avant l'homme primitif, lequel n'est d'ailleurs arrêté par aucun troupeau domesti-

qué, aucune culture, aucune institution sédentaire. Et il va.
Le monde s'ouvre devant lui comme un champ de courses,
mais le terme n'apparaît nulle part, et ce mystère même
le pousse encore plus loin, toujours plus loin.

Personne ne lui ressemble en ces solitudes immenses!
Elles sont à lui. Il s'en empare donc, en dispersant ses
familles dans tous les sens, selon que les pousse leur inspiration, au sud et au nord, au centre, du côté où le soleil
se lève, du côté où il descend. Et ces groupes divers se
retrouvent encore aujourd'hui dans ces parages qu'ils
occupent les premiers.

Cependant, voici que, derrière, arrivent enfin des
« hommes ». Mais ceux-là ne viennent point seuls avec
leurs chiens. Plus grands, plus forts, plus ambitieux aussi
du bien-être et plus désireux du superflu, liés, d'ailleurs,
par des institutions qui les rassemblent, ils construisent
des villages, ils élèvent des troupeaux, ils s'essaient dans
un commencement d'industrie.

Tour à tour, l'homme est pour l'homme un allié et un
ennemi; mais, quoi qu'il arrive, il ne peut s'en passer. Des
relations s'établissent entre les premiers occupants et les
étrangers, des unions se contractent, des échanges se font,
échange de sang, de mœurs, de langue, de traditions, de
tout, jusqu'à ce qu'une scission se produise et que chaque
race reprenne ses habitudes spéciales et s'y fixe.

Quels sont les premiers qui, à la suite des premiers
Négrilles, sont venus les rejoindre, les disperser et les
refouler sur la terre africaine?

On se trouve naturellement porté à penser que ce fut
une population qui, de couleur *jaune* ou *rouge,* avec son
type, ses mœurs, ses traditions et sa langue, — celle-ci
peut-être empruntée aux indigènes, c'est-à-dire aux Sân,
— aurait formé les Hottentots et se serait trouvée poussée

elle-même, peu à peu, pour sauver ses troupeaux et son indépendance jusqu'au bout du continent.

C'est que derrière encore apparaissaient, en effet, d'autres peuples, ceux qui s'appelaient peut-être alors comme ils s'appellent encore aujourd'hui les *Fiot,* c'est-à-dire les *Noirs,* ou *Bantu,* c'est-à-dire les *Hommes.* Mais des groupes dispersés des deux premières familles étaient restés en arrière, qui s'unirent à eux, et c'est ce qui expliquerait comment on retrouve tant de types clairs qui reparaissent au milieu de toutes ou de presque toutes les tribus noires, et aussi tant de mots d'origine hottentote qui subsistent surtout dans les langues du sud-ouest. Plus séparés en raison de leur nature physique, comme de leurs mœurs et de leur caractère, les Négrilles déjà dispersés restèrent plus purs de ces mélanges, et ce sont leurs descendants qu'on rencontre actuellement encore, depuis le Cunène jusqu'au delà de l'équateur, avec du sang nègre dans les veines, mais aussi avec une tendance marquée à revenir toujours au type primitif, à la couleur première, au rouge.

IV. — Faut-il, maintenant, reprendre l'examen rapide des caractères des Négrilles et voir s'ils s'appliquent réellement à tous, Sân, A-kôa et Wa-twa, de manière à permettre de les rattacher à une seule et même race?

Pour l'habitat, d'abord, la distance qui sépare les uns des autres ne saurait être une difficulté. Qu'on jette un coup d'œil sur la carte. Actuellement, les Sân les plus reculés se trouvent sur la rive gauche de l'Orange. D'autres parcourent le Kalahari, et quelques-unes de leurs bandes atteignent le lac Ngami, près duquel Farini les a rencontrés dans la personne de ses pauvres petits Mkabbas. Dès le vie siècle (A. D. 547), le vieux Cosmas disait que les

Arabes et les Sabéens chercheurs d'or les avaient trouvés
dans les environs de Sofala et ils les appelaient Wak-
Wak, un surnom par onomatopée, sans doute tiré de la
dureté de leur langage[1]. En s'en rapportant à de vieilles

Gabon. — Négrille O-kôa avec un missionnaire;
d'après une photographie.

cartes espagnoles, M. Bertin croit pouvoir affirmer qu'ils
s'étendaient jadis jusqu'à la partie centrale du continent[2].
Mais nous voilà déjà dans le bassin mixte du Zambèze et
du Kassaï : c'est là que nos missionnaires se mettent
aujourd'hui en contact avec eux, et c'est là que déjà ils

[1] R. P. Torrend, *A Comparative grammar,* etc., t. XLII.
[2] R. V. Van den Gheym, *l'Origine asiatique de la Race noire,* p. 24.

portent le nom de « Twa » ou « Vagabonds », qu'ils garderont jusque près du pays somali. Nous voici bien près de ceux du Tanganyika et du Congo, et, de là, nous atteignons, d'un côté, les groupes du Niger, de l'Ogoüé, du Gabon, du Fernan-Vaz; de l'autre, ceux du Tana, du Sabaki et du Djuba, pendant que, au nord, nous passons à ceux de l'Ituri et du Wellé. Ce qu'il y a donc de remarquable ici, au contraire, ce n'est pas la grande distance qui sépare ces groupes d'une race absolument nomade, c'est la manière dont ils se trouvent reliés les uns aux autres, après tant de siècles, et sur une si grande étendue.

L'identité des noms est également frappante. En ne tenant pas compte, en effet, des *surnoms,* qui sont essentiellement variables, nous avons déjà vu que le radical autour duquel se groupent les préfixes et suffixes est *Ko* ou *ku, To* ou *Tu, Ro* ou *Ru : A-ko-a, Ba-kw-eya, Be-kü, Wa-tw-a, Ba-to-a, Ba-ro-a,* etc.

Mais, chose curieuse, si les voisins des Bushmen actuels les appellent *Ba-ro-a,* la dénomination ne date pas d'aujourd'hui : nous la retrouvons, en effet, dans le mot *Parua-im,* peuple voisin d'Ophir, Σωφιρ disent les Septante, autrement dit *Sofara* ou *Sofala,* d'où les Tyriens de Hiram et les Hébreux de Salomon retiraient l'or et les diamants, comme aujourd'hui les Anglais. En se rappelant, en effet, que les Sémites confondent le P et le B et ajoutent leur terminaison spéciale aux noms de peuples, les *Pa-rua-im* deviennent simplement les *Ba-rua* ou *Ba-roa,* appelés aussi *Tu-roa,* dit le P. Torrend, « à cause de leur petite taille[1] ».

Les traditions des Négrilles sont, au fond, partout les mêmes : sans se douter de l'étendue qu'ils occupent sur le

---

[1] P. Torrend, *A Comparative grammar of bantu languages.* V. Migne, *Patrologie grecque,* t. LXXXVIII ou LXXXIX, col. 98-107 (Cosmas).

continent africain, ils savent qu'ils ont des frères « loin, loin, loin », et leur lieu d'origine première indiqué par eux se retrouve toujours au nord ou au nord-est. Tous aussi se jugent « maîtres de la terre », ils en nomment toutes les plantes, ils prétendent en connaître les secrets, et les tribus qui les entourent, les entretiennent ou les exploitent, leur reconnaissent ce titre et leur rendent cet hommage.

Les mœurs sont remarquablement identiques, malgré la diversité des pays qu'ils habitent et des populations qu'ils fréquentent : c'est toujours et partout la chasse, la cueillette du miel, la récolte des fruits sauvages, la vie nomade, la hutte provisoire, la caverne de rencontre, les ustensiles rudimentaires, la même absence, à l'exception du chien, d'animaux domestiques, la même conception de la vie, la même organisation de la famille et du campement, la même idée, enfin, d'être voués par la divinité à la même existence errante.

Les caractères religieux, moraux et intellectuels, autant qu'on peut les connaître et les apprécier, ne sont point non plus dissemblables. Leur théologie est bien simple, mais, on l'a vu avec quelque surprise peut-être, elle est en même temps plus dégagée de susperstitions bizarres, immorales ou cruelles que celle de peuples beaucoup plus avancés en civilisation matérielle. Ils ont la connaissance de Dieu, ils ont la prière, ils ont le sacrifice.

Doux, simples et timides, ils savent être courageux au besoin, reconnaissants et fidèles.

Un autre caractère commun les signale à notre attention. On dirait qu'ils se sentent toujours poursuivis et recherchés, et c'est pourquoi aucun privilège ne leur est plus précieux et plus universellement reconnu que celui de se rendre invisibles. Quand on les regarde, ils s'en vont, et eux-mêmes ne vous considèrent jamais en face. Pour

peu qu'ils aient des soupçons contre une tribu voisine,
une famille, un village, ils disparaissent. Une branche
verte qui se retourne sur le feu suffit à les faire changer
de campement, comme une brindille étrangère tombée
dans le nid d'un oiseau le lui fait « enhaïr ». Et quand
la mort s'abat parmi eux, ils n'ont rien de plus pressé
que d'aller chercher un gîte ailleurs. Pourquoi? Parce que
« Dieu les a vus » ! Jamais, d'ailleurs, ils n'oseraient tuer
sans motif et violemment un étranger, et encore moins
un frère, excepté peut-être quand ils sont enrôlés par
d'autres tribus et qu'ils n'opèrent plus pour leur propre
compte. Tracassés, provoqués, volés, ils s'échappent. Et
cette crainte de verser le sang humain, cette honte d'eux-
mêmes, cet instinct de se toujours cacher aux yeux des
hommes et aux yeux de Dieu, rappellent involontairement
la parole de la Bible qui poursuit le premier assassin et le
premier maudit...

Nous ne pouvons guère tirer de renseignements de la
langue, car tous les Négrilles observés jusqu'ici parlent
un mélange d'idiomes empruntés aux tribus parmi lesquelles ils ont auparavant séjourné, et qui, pour n'être
pas connu de celle où ils sont pour le moment, passe souvent pour leur appartenir en propre. On serait tenté de
penser que les Sân ont, mieux que les autres, gardé les
éléments du parler primitif; mais rien ne le prouve, et
l'on devra se contenter longtemps encore, sans doute, du
renseignement que me donna là-dessus mon guide Mwakaga, en pays éshira :

« Les vrais A-kôa sont rouges, habitent les roches de
Kumu n'Abwali et parlent une langue dure et drôle que
personne ne comprend : wakwakwakwak...

— C'est bien, Mwakaga, nous irons les voir.

— Malheureusement, voilà : ils sont invisibles! »

Quant aux caractères physiques, nous savons déjà ce qui se rapporte à la taille et à la couleur : il n'y a pas lieu d'y revenir.

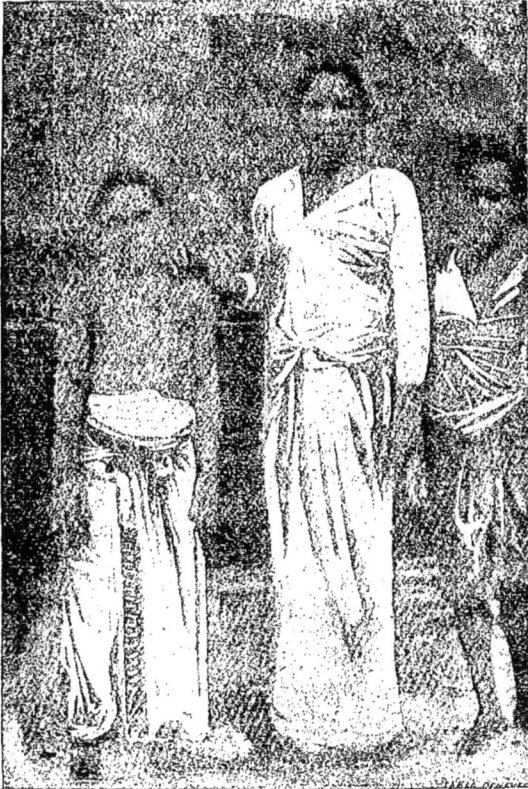

Gabon. — Un Noir de taille ordinaire entre deux Négrilles; d'après une photographie.

Pour les proportions du corps et des membres, on peut dire que chez les Sân comme chez leurs congénères, la tête et le ventre nous apparaissent relativement trop gros sur des jambes trop petites. Les bras, souvent, atteignent presque le genou. En outre, le pied court et gros, le talon un peu long mais sans l'exagération qu'on a voulu quelquefois y mettre, le gros orteil écarté, la cheville délicate, le mollet haut et peu formé, les doigts longs, la bouche large, le nez épaté et nettement détaché sous un front bas, les narines ouvertes, les pommettes saillantes, les oreilles ramenées parfois en avant, les rides sur la face, sont autant de caractères communs, et si on ne les trouve pas tous uniformément réunis sur le même individu, on peut dire qu'ils existent à l'état erratique et constituent la physionomie générale du Négrille.

Je n'ai point lu que les Sân se font remarquer par une villosité particulière. Cependant, c'est un des caractères assez fréquemment attribués par les races supérieures aux petits hommes de la forêt, et Stanley a remarqué cette particularité sur le premier Pygmée qu'il rencontra sur l'Ituri. Schweinfurth ne dit rien sous ce rapport de ses Akka. Crampel a trouvé glabres ses « Bayaga », et, en ce qui me concerne, j'ai vu en effet ces deux spécimens. Sous ce rapport, ne pourrait-on pas dire qu'il en est un peu des Négrilles comme des Européens? Cependant, comme on l'a déjà remarqué, ceux qui habitent la forêt paraissent avoir une tendance à être plus velus et plus barbus que les autres Noirs et même que leurs frères des déserts et des grandes plaines.

On a voulu faire de la « chevelure en grains de poivre », où les cheveux, disposés par petites torsades, laissent entre eux des espaces clairs, un caractère spécifique des Bushmen.

Mais cette disposition se retrouve aussi, à l'état sporadique, chez les autres Négrilles. Du reste, il est juste d'ajouter qu'elle est tout aussi commune chez les Nègres.

Quelques-uns ne présentent cette particularité que sur les tempes, derrière les oreilles, et tout autour de la tête, pendant que le reste de la chevelure est nettement laineux. Enfin, à la mission du Gabon, se trouve en ce moment un petit mulâtre de teint très clair, fils d'un Anglais et d'une Mpongwée, qui porte fièrement la chevelure à grains de poivre du plus pur Bushman.

La circoncision n'existe pas chez les vrais Négrilles, et, d'après le témoignage de ceux qui la pratiquent, elle n'a été introduite chez eux que récemment et sous l'influence des tribus voisines.

Négrille du groupe des Bé-kü (dans la tribu des Fans, au Gabon).

L'empâtement du coin de la bouche, des commissures, est beaucoup moins développé chez eux que chez les Nègres. Avec une bouche souvent très large, ils ont en général les lèvres moins grosses, et parfois, comme dit Schweinfurth, élongées.

Les yeux bridés et obliques sont communs chez les Bushmen; plus rares chez les autres Négrilles, on les trouve cependant ici et là, même chez de purs Nègres. Il en est de même de la saillie des pommettes, très caractéristique chez les Sân.

Une autre particularité des Bushmen a attiré l'attention

des anthropologistes : c'est, chez les femmes, le développement excessif des couches graisseuses de la région

Gabon. — Owanga, chef du groupe des A-kôa;
d'après une photographie.

fessière, ou stéatopygie. Mais, comme on l'a déjà fait
remarquer, on peut se demander si cette difformité ne
tient pas un peu à la région et au régime : les moutons

du Cap en sont atteints et, d'après divers voyageurs, elle
commence à se manifester chez les femmes boërs de pure

Gabon. — Nkowé (femme Négrille) du Haut-Ogoüé;
d'après une photographie.

origine hollandaise. On la retrouve, en outre, à l'état
sporadique, chez d'autres Négrilles et Nègres du continent.

Un dernier caractère reste à étudier, et, il faut en convenir, c'est le principal, le seul peut-être qui s'oppose à l'identification des Sân du Sud africain et des Négrilles du centre : je veux parler de la forme du crâne et de l'indice céphalique.

Généralement, les Négrilles du centre paraissent brachycéphales (à crâne globuleux), tandis que, d'après les mesures qu'on a pu avoir jusqu'ici, les vrais Bushmen seraient à ranger au contraire parmi les dolichocéphales (à crâne allongé). Seulement, pour se prononcer là-dessus d'une façon définitive, a-t-on toutes les données suffisantes? Il faut continuer à chercher et il semble prudent d'attendre.

D'un autre côté, M. de Quatrefages, à propos d'une population jaune, les Toungouses, qui occupent presque toute la Sibérie orientale, nous rapporte un fait qui pourrait peut-être s'appliquer à nos Pygmées : « Les vingt-neuf crânes pris à Kouldja, en pleine Zoungarie, par M. Ujfalvy, se partagent en trois séries, dont l'une est vraiment brachycéphale, la seconde mésaticéphale, et la troisième franchement dolichocéphale[1]. » Et en parlant de la petite race qui nous occupe, le P. Van den Gheym dit de son côté : « A ne tenir compte que des caractères crâniologiques, on peut passer des Boschimans et des Hottentots aux Betchouanas et de ceux-ci aux Bantous. Car, juxtaposés depuis des époques reculées, ces divers types africains se sont mêlés à des degrés variables et ont créé tous les intermédiaires possibles[2]. »

La réflexion est juste. Il suffit de la compléter en ajoutant que, sans quitter le Fernan-Vaz et le Gabon, on passe aisément des Bantous au plus brachycéphale des Négrilles, A-jongo et A-kôa.

---

[1] A. de Quatrefages, *Introduction à l'étude des Races humaines*, p. 415.
[2] Van den Gheym, *l'Origine asiatique de la Race noire*, p. 25.

En somme, tous ces caractères tendent à s'accorder, et il nous est permis de conclure que, descendant de couche en couche, le plus ancien représentant de l'espèce humaine en Afrique se trouve être le Négrille, et que ce Négrille constitue une race unique, mais à deux types principaux : le type *jaune* et le type *brun,* issus probablement d'un type originel qui fut *rouge* et qui, sous l'influence de causes multiples, a suivi la double loi qui paraît régir, dans leur couleur, les hommes aussi bien que les mammifères et les insectes.

De plus, ces Négrilles empruntent aux diverses familles et tribus auxquelles ils sont mêlés un élément modificateur qui doit entrer en compte dans leur classification.

Enfin, selon le degré de pureté constaté dans le sang qu'il porte, au point de vue des mélanges avec d'autres tribus, le Négrille sera dit primaire, secondaire, tertiaire, etc.

Cependant, malgré tous les rapprochements que nous avons constatés, nous devons ajouter que les différences restent telles entre les deux grands groupes du sud et du centre, — entre les Sân et les A-kôa. — qu'il est impossible de les confondre : il était nécessaire de terminer sur cette déclaration.

Enfin, et pour conclure par un exemple, ayant à caractériser la femme dont nous donnons ici la photogravure, nous dirons :

Négrille du type jaune, secondaire, alliée des Bantous.

C'est une femme vivant actuellement dans les forêts des environs de Libreville, et originaire de chez les Ba-nzabi (les N'javis des voyageurs) du Haut-Ogoüé.

X

NÉGRILLES ET NÉGRITOS : LEUR ORIGINE

I. — Les populations de l'Afrique n'ont pas encore été
suffisamment étudiées pour qu'on ait pu en dresser une
classification définitive. Au surplus, en cette partie du
monde peut-être plus qu'en aucune autre, les mélanges
de races ont été si nombreux et le métissage a porté sur
tant de types différents, qu'on peut passer insensiblement,
nous venons de le voir, du Blanc au Jaune et de celui-ci
au Rouge, pour redescendre au Brun et au Noir.

Parce qu'on ne l'a pas connue, on a cru l'Afrique immo-
bile : or, nulle terre peut-être n'a été et n'est encore, au
point de vue ethnographique, dans un plus continuel état
de mouvement et de transformation.

En dehors du rameau canarien qui a sûrement laissé des
traces sur le continent avant d'aller s'isoler dans les îles

de l'Atlantique, l'élément arabe, dont l'apparition au nord est relativement récente, a cependant déjà poussé des colonies dans le bassin du Sénégal, celui du Niger et celui du Tzâde; mais précédemment, et bien avant l'apparition de Mohammed, il avait déjà fait sentir son influence sur toute la côte orientale, jusqu'au delà du Zambèze[1].

Remontons plus haut encore. Vers le viiie siècle avant notre ère, un corps considérable de Sabéens du Yémen devenait la souche des Abyssins actuels, mieux conservés dans leurs montagnes que leurs frères qui, longtemps auparavant, à l'époque de la vie dynastie égyptienne, c'est-à-dire trente ou trente-cinq siècles avant Jésus-Christ, avaient aussi franchi le détroit pour aller s'installer au milieu des Nègres du Haut-Nil[2]. Ce type de « races brunes », aux traits souvent réguliers, quoique plus ou moins métissés de nègre, se retrouve parmi les Gallas, les Somalis, les Massaïs, les Wa-humba, et diverses tribus du Nord-Est africain apparentées à celles-ci.

A la même origine appartiennent les Phéniciens qui colonisèrent les bords de la Méditerranée, les Égyptiens dont le rôle a été si considérable dans l'histoire, les Peuls, qui occupent actuellement la dixième partie de l'Afrique et qui, grâce au métissage avec les populations antérieures de ces régions, ont produit une race nouvelle, les Toucouleurs.

Enfin, l'élément sémitique, disent les uns, chamitique, écrivent les autres, mais en tout cas supérieur, reste visible dans toute la partie septentrionale de l'Afrique jusque près de l'Équateur.

A l'est et à l'ouest, les populations soudaniennes et guinéennes, rejetées des deux côtés, semblent former une

[1] Guillain, *Mémoires pour servir à l'Histoire de la Côte orientale d'Afrique*.
[2] Viçwa-Mitra (R. P. Étienne, O. P.), *les Chamites*.

transition entre ces races élevées et celles qui, arrivées plus tôt, se trouvent aujourd'hui reportées vers la ligne équatoriale et au delà, jusqu'aux extrémités du continent : je veux parler des Bantous, qui eux-mêmes ont refoulé les Hottentots.

Mais par leur type, par leur organisation sociale, par ce qu'on est convenu d'appeler du nom, trop élastique, de civilisation, tous ces peuples, toutes ces races et toutes ces familles se trouvent différer d'une autre population partout répandue et partout identique : les Négrilles, qui semblent décidément, comme plusieurs fois déjà nous l'avons insinué, avoir été les premiers occupants du sol africain.

En effet, leur infériorité physique, leurs faibles moyens d'attaque, leur caractère généralement timide, leurs dispositions à toujours fuir, à se cacher, à disparaître, en font tout le contraire d'un peuple conquérant. En voulant passer à travers les races plus fortes qui s'échelonnent de la Méditerranée au Cap, ils auraient, dès le principe, été pris et ramassés comme la Fable raconte qu'Hercule fit en Lybie de leurs minuscules parents. Si donc ils ont envahi des terres, ce ne pouvait être que des terres vides.

De plus, le fait que ces Négrilles se trouvent de tous côtés disséminés dans la partie méridionale de l'Afrique, et que partout ils apparaissent avec les mêmes caractères et presque le même nom, semble bien montrer à la fois leur origine commune et leur dispersion obligée par des populations plus nombreuses et mieux organisées.

Enfin, la tradition confirme ces conclusions. Les Bonis de la côte orientale se donnent très nettement comme les propriétaires de l'Afrique, et c'est la simple réponse qu'ils m'ont faite à moi-même quand je leur reprochais de mendier si impudemment. Dans le sud, nous dit M. de Qua-

trefages, « les Hottentots savent fort bien qu'ils sont
originairement étrangers à la terre qu'ils occupent aujour-
d'hui ; ils reconnaissent l'avoir conquise sur les Boschimans. Ils appellent ces derniers *Sân,* mot que Hahn
traduit par celui d'*indigène.* » A son tour, Livingstone
écrit : « Les Boschimans paraissent être les aborigènes de
la partie méridionale de l'Afrique et déclarent être venus
du nord-est[1]. » D'après Fritsch, quand leurs voisins les
Hottentots tuent un animal sauvage, ils en donnent la
meilleure part à ces petits hommes : c'est un hommage
au propriétaire. Au Gabon, si l'embarcation n'avance pas
ou si l'on se perd en forêt, on soupçonne la secrète
influence des A-kôa, et l'on enlève le mauvais sort en
mâchant en leur honneur la noix aromatique connue sous
le nom de *Poussa.* En chasse, quand on ne veut pas rentrer bredouille, il est défendu de prononcer leur nom.

Ces traditions et ces pratiques, inscrites à la fois dans
la mémoire des uns et des autres, ne valent-elles pas une
page d'histoire ancienne, retrouvée au centre d'un continent
qui n'écrit rien ? Car il est à noter ici que c'est le puissant
qui s'incline devant le faible et qui, quoique en envahissant
son domaine, lui en reconnaît la suzeraineté.

Les Négrilles paraissent donc bien être les premiers
occupants de l'Afrique, et c'est derrière eux que seraient
venus successivement, en les dispersant et en emportant
avec eux quelques-uns de leurs groupes, les Hottentots,
les Bantous, les Guinéens, les Soudaniens, les Éthiopiens,
les Chamites, les divers Sémites que nous avons nommés,
en attendant qu'un élément nouveau se présentât dans la
personne des Européens. Toutes ces populations, sauf
la dernière, seraient au reste venues directement d'Asie,

---

[1] Livingstone, *Explorations dans l'Afrique australe.*

et M. de Préville, dans son ouvrage : *les Sociétés africaines*, a retracé leurs itinéraires qui paraissent de tout

Négrilles originaires de la forêt du Mayombe (Ma-rimba);
d'après une photographie du R. P. Pringault.

point vraisemblables. Ces caravanes n'auraient eu simplement qu'à suivre lentement, avec leurs troupeaux, les lignes de végétation qui s'offraient à elles dans la Syrie et la Palestine, d'un côté, pour arriver à la vallée du Nil, et, de l'autre, le long du golfe Persique et au sud de l'Arabie. Les migrations de ces populations noires ne sont pas du reste arrêtées, et, de nos jours, on voit les Mpawins ou Fans, de la côte occidentale d'Afrique, s'avancer d'année en année vers la mer où leurs premiers contingents sont déjà arrivés, remplaçant les tribus qui les y avaient précédés et qui, peu à peu, fondent au feu de la civilisation européenne.

Mais ce point établi, d'autres questions se posent aussitôt. D'où les Négrilles sont-ils eux-mêmes venus? A qui se rattachent-ils dans le monde, et, en dehors de l'Afrique, ne retrouve-t-on d'eux aucune trace?

Rappelons d'abord que si, dernièrement, leur existence n'était relevée que sur quelques points, leur aire de dispersion se trouve, — cette étude l'établit, — beaucoup plus étendue qu'on ne pensait; depuis le Cap jusqu'au bassin du Wellé, et de l'un à l'autre océan, sans parler du Tzâde et de l'Atlas, tout le continent, pour ainsi dire, les connaît.

Madagascar, on le sait, n'a ni la faune, ni la flore complètement africaine. Mais la grande île a aussi ses « Pygmées ». « Les Mkodos, disait il y a déjà une vingtaine d'années le *Musée des Familles* d'après un voyageur américain, sont une race tout à fait primitive. Ils sont entièrement nus et n'ont aucun rapport avec les autres tribus. Ils habitent dans des cavernes creusées dans les rochers calcaires de leurs montagnes. Ces sauvages sont une des plus petites races connues, puisqu'ils n'excèdent pas cinquante-six pouces en hauteur ($1^m 30$)... »

Mais revenons sur le Continent et reprenons pour un moment l'histoire du passé. Dès les temps les plus reculés, les monuments de l'antique Égypte nous rappellent les Pygmées. Aristote les signalait « près des marais où le Nil prend sa source », c'est-à-dire dans l'inextricable lacis des canaux couverts d'herbes d'où le grand fleuve ne vient pas, nous le savons aujourd'hui, mais où il semble se recueillir et s'arrêter avant de passer aux terres connues. Or ce point nous reporte au nord, de Gondokoro à Khartum, au delà du dixième degré.

Pomponius Méla a placé les Pygmées en deçà de la mer Rouge, vers le onzième degré de latitude nord, et nous avons vu que le récit de l'ambassadeur de Justinien, très exact dans la description qu'il en donne, nous parle d'un groupe vivant dans une île d'Éthiopie.

Toutes ces données, jointes à la tradition des Négrilles eux-mêmes, nous autorisent à reporter leur ancien habitat beaucoup plus au nord que celui d'aujourd'hui. Or, comme les populations supérieures qui se sont développées en Afrique y ont toutes passé du continent d'en face, nous nous trouvons naturellement amenés à penser que nos petits hommes ont commencé par suivre la même voie et sont venus des mêmes centres de dispersion.

Mais voici que là, précisément, nous leur retrouvons des congénères!

II. — En remontant de la vallée de l'Orange à celle du Nil, nous avons trouvé partout la trace des Négrilles. Sortons maintenant du Continent africain et suivons-les plus loin.

Le prophète Ézéchiel nous a rappelé les Pygmées qui, en qualité d'archers, garnissaient les remparts de Tyr[1]. Les récents travaux de MM. Dieulafoy et Houssay sur les populations primitives de la vallée de l'Euphrate confirment les données. D'après eux, l'influence du Noir en ce pays serait produite « par une petite race de couleur

---

[1] *Ézéchiel*, xxvii, 11. (Trad. Vulg.)

qui ferait remonter les Susiens aux Négritos signalés en Asie[1] ». Quatre groupes de ces petits hommes à teint foncé ont été signalés par ces savants depuis Dizful, en Perse, jusqu'au détroit d'Ormuz.

Nous voici donc sur une nouvelle piste vers l'Orient.

Au Béloutchistan, M. Rousselet nous signale les Brahouis (Brawi), très différents de la population dominante, qui est belle et presque blanche : eux se font au contraire remarquer « par leur peau noire, leur taille faible, leur front bas, leurs petits yeux, leurs traits aplatis, leur nez à demi écrasé[2] ».

Dans le bassin de l'Indus, nous avons les Jauts, représentés par Elphinstone comme « les premiers possesseurs du sol, petits, noirs et laids[3] ».

Or, ici, nous retrouvons Ctésias, voyageur grec, qui écrivait au ve siècle avant Jésus-Christ : « Il y a au milieu de l'Inde des hommes noirs qu'on appelle Pygmées. Ils parlent la même langue que les Indiens et sont très petits : les plus grands n'ont que deux coudées ; la plupart n'en ont qu'une et demie. Leur chevelure est très longue : elle leur descend jusqu'aux genoux et même encore plus bas. Ils ont la barbe plus grande que tous les autres hommes ; quand elle a pris toute sa croissance, ils ne se servent plus de vêtements, leur cheveux et leur barbe leur en tiennent lieu. Ils sont camus et laids. Leurs moutons ne sont pas plus gros que des agneaux ; leurs bœufs et leurs ânes le sont presque autant que des béliers. Leurs chevaux, leurs mulets et toutes leurs autres bêtes de charge ne le sont pas plus que des béliers. Les Pygmées accompagnent le roi de l'Inde ; il en a neuf mille à sa suite. Ils sont très

---

[1] Van den Gheym, *l'Origine asiatique de la Race noire*, p. 91.
[2] A. de Quatrefages, *Introduction à l'Étude des Races humaines*, p. 346.
[3] A. de Quatrefages, *les Pygmées*, p. 85.

justes et se servent des mêmes lois que les Indiens. Ils
vont à la chasse du lièvre et du renard. Au lieu de chiens,

Gabon. — Négrille de Libreville, originaire du Haut-Ogoüé :
d'après une photographie du R. P. Pringault.

ils se servent, pour cette chasse, de corbeaux, de milans,
de corneilles et d'aigles [1]. »

---

[1] Édouard Charton, *Voyageurs anciens et modernes*, t. I, p. 160.

Quoi qu'il en soit de ces animaux nains, qui ne sont pas du reste plus impossibles que la race des chiens minuscules, connus de tout le monde, nous pouvons voir sans témérité les descendants ou les alliés des Pygmées de Ctésias dans les Khôls, remarquables par le développement de leur système pileux, encore aujourd'hui nombreux dans la presqu'île de Guzarati et dont les tribus plus au moins disséminées, d'après M. Rousselet, s'étendent à travers l'Inde centrale presque entière, jusque dans le bassin du Gange et à l'extrémité orientale des monts Vindhyas.

Du reste, au pied de l'Himalaya nous avons les Doms, négritos qui sont tous extrêmement noirs et dont plusieurs ont des cheveux plus ou moins laineux. Plus à l'ouest encore, dans le Pendjab, qui confine à l'Afghanistan, vivent des populations similaires. Enfin, les traditions aryennes attestent que l'Inde entière et les contrées qui s'y rattachent ont appartenu jadis aux Négritos, dont la puissance s'étendait fort loin vers le nord et le nord-est, et l'on est d'accord aujourd'hui pour voir en eux les Jakchas et autres êtres analogues, que Rama dut combattre et poursuivre jusqu'à Ceylan.

Et à Ceylan même, nous retrouvons encore actuellement les Veddas, que M. de Quatrefages regarde « comme des Négritos plus ou moins métissés[1] ». C'est aussi l'opinion du Dr Ernst Hœckel, professeur à l'université d'Iéna : dans un article de la *Deutsche Rundschau,* relatif aux premiers habitants de « l'île du Paradis », il a signalé plus d'un trait d'affinité entre les derniers survivants de ces Veddas, réfugiés dans les impénétrables forêts du centre, et les tribus de Nasus du Continent noir (1897). Ces Veddas

---

[1] A. de Quatrefages, *les Pygmées*, p. 89.

de Ceylan ne sont plus représentés que par deux mille deux cent vingt individus, que le gouvernement britannique essaie de préserver d'une extinction totale.

Nous voici aux îles Andaman. Les petits Mincopies qui les habitent ont été trop bien étudiés par le Dr Man, M. de Quatrefages, et plus récemment par le Dr Lapicque[1], pour qu'il soit nécessaire de faire autre chose que de les signaler : ils sont regardés par tous les savants comme un des types les mieux conservés du Négrito primitif, et c'est à ce titre que l'Administration anglaise veille à leur entretien, comme aux États-Unis on garde en des endroits réservés les derniers bisons.

La même race, plus ou moins pure, mais toujours identique à elle-même par l'ensemble de ses caractères, est signalée dans la presqu'île de Malacca avec les Sémangs, les Jakuns et les Sakès, dans la péninsule annamite avec les Moïs, dans la Chine elle-même, et jusqu'au Japon où les habitants actuels auraient été précédés par une race primitive, distincte des Japonais et des Aïnos, et dont on a découvert des vestiges dans le Nippon et le Yéso. Or cette race, dit M. Ribaud, de la société des Missions étrangères, les Japonais l'appellent Kobito, ou race de « Nains », et les Aïnos Koropogkuru, « habitants des cavernes ».

Ces nains, « qui n'avaient pas plus de quatre pieds de haut, » aimaient beaucoup le feu, car dans une même demeure des trous creusés en terre qu'on retrouve encore aujourd'hui, avec des débris de poterie primitive, on remarque cinq ou six foyers. D'après les traditions du pays, les Koropogkuru recouvraient ces trous d'une espèce de dôme fait de longues tiges flexibles ; par-dessus ils plaçaient des écorces et de l'herbe, puis de la

<hr/>

[1] *Tour du Monde*, 1896.

terre, afin d'être préservés du vent, de l'humidité et du froid[1].

Les Aïnos, qui leur ont succédé, petits, velus, barbus, paresseux et résignés, ont pu s'unir à eux, et ils les rappellent à plus d'un titre.

Enfin, à Bornéeo, il y en a dans l'intérieur de l'île ; et le Dr Montano, dont parle souvent M. de Quatrefages en son étude sur les Pygmées, nous a fait connaître les Aëtas des Philippines, les Mananwa de Mindanao, sans parler des petites populations similaires signalées dans d'autres îles océaniennes.

Sans doute, d'un pays à un autre, la race présente des différences, et il n'en saurait être autrement : la date reculée de la dispersion, les voyages, les conditions diverses de l'existence, la variété des régions occupées, l'action du milieu, et par-dessus tout le métissage ont fait leur œuvre en Asie comme en Afrique. Mais il n'en est pas moins vrai que dans tous ces endroits signalés, le type négrito se retrouve avec tous ses principaux caractères : la petitesse de la taille, la couleur foncée de la peau, l'aspect laineux de la chevelure, la grosseur de la tête, leurs mœurs douces, leur timidité, leur crainte de verser le sang humain, leur conception de la vie ramenée au minimum des besoins, leur existence errante, leurs habitations temporaires et misérables, leur persistance à ne rien demander à l'élevage ou à la culture, leur industrie nulle, leurs notions religieuses relativement pures, leur moralité bien plus élevée qu'on ne l'avait supposé avant de les connaître, l'idée qu'ils ont et que les populations voisines ont d'eux, qu'ils furent les premiers venus et restent partout les aborigènes.

---

[1] M. Ribaud, *Missions catholiques* (6 août 1897), p. 383.

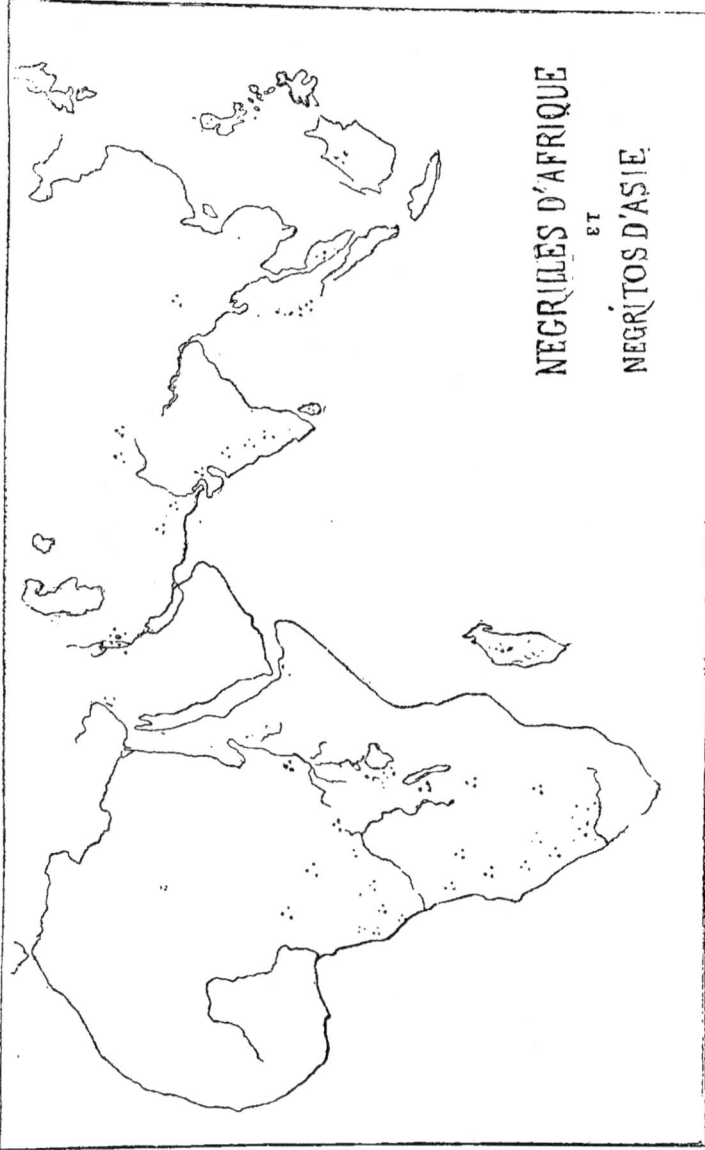

NEGRILLES D'AFRIQUE
ET
NEGRITOS D'ASIE

Mais ces caractères des Pygmées asiatiques, ce sont aussi et précisément, dans l'ensemble, ceux des Pygmées africains. Et ici, nous retrouvons encore M. de Quatrefages : « Tout ce qu'on a dit des caractères extérieurs des Négrilles, écrit-il, concorde avec ce que nous savons exister des Négritos. En particulier, le développement de la tête relativement à celui du corps est également signalé dans les deux races.

« La taille moyenne des Négritos les plus purs (Mincopies et Aëtas) est d'environ 1ᵐ386 ; celle des Négrilles de 1ᵐ411.

« L'indice céphalique horizontal des Aëtas et des Mincopies est de 80,96, celui des Négrilles de 80,77.

« Ainsi, malgré le peu que nous savons des Négrilles, il est permis de penser qu'il existe entre les Nègres brachycéphales orientaux et occidentaux des rapports à bien peu près aussi étroits qu'entre les Nègres dolichocéphales des mêmes contrées.

« Il serait déjà surprenant que les actions du milieu, agissant seules sur un type humain préexistant, eussent déterminé, au cœur de l'Afrique et dans les archipels mélanésiens, la formation de deux races de Nègres dolichocéphales presque identiques ; mais il serait bien plus étrange encore que les mêmes influences eussent produit dans des régions si éloignées deux sous-types semblables. Pour interpréter ces faits anthropologiques, il est bien naturel d'admettre que l'histoire des Noirs a été primitivement la même que celle des Blancs et des Jaunes : que le type s'est constitué d'abord sur une aire unique, laquelle s'est progressivement étendue, et a envahi le sud de l'Asie, d'où elle est arrivée en Mélanésie d'un côté, de l'autre en Afrique, et que, dans ce double sujet, elle a varié comme ont varié ses deux sœurs [1]. »

[1] A. de Quatrefages, *Introduction à l'Étude des Races humaines*, p. 326.

C'est en effet là l'hypothèse la plus rationnelle, la plus scientifique, celle qui rend le plus facilement raison de tout.

Inutile de s'arrêter à la célèbre théorie d'Agassiz qui fait naître les hommes sur place : elle a été suffisamment réfutée par M. de Quatrefages lui-même, dans l'*Espèce humaine,* pour qu'il n'y ait pas lieu d'y revenir à propos de nos Négrilles et de nos Négritos.

On ne peut admettre non plus qu'ils soient passés d'Afrique en Asie, et de là en Océanie : c'est leur imposer des voyages inutiles et considérables, c'est aller contre leurs traditions, c'est chercher une raison compliquée par crainte d'une plus simple.

Revient donc la solution proposée. Avec nos petits hommes, nous faisons à rebours la route de leur dispersion, et nous remontons ainsi, d'un côté, des archipels océaniens à la presqu'île de Malacca, à l'Indo-Chine, dans l'Inde, au Béloutchistan et à la Perse pour arriver à la vallée du Tigre et de l'Euphrate ; puis, faisant par ailleurs un voyage identique, nous passons de la vallée de l'Orange et du Cunène à celle du Zambèse et du Congo, nous atteignons le Nil et l'Éthiopie, nous passons à Tyr, et nous voici revenus au même point.

Enfin, dans notre Europe elle-même, faut-il signaler la découverte des squelettes des quatorze hommes fossiles, faite il y a quelques années au Schweizerbild, dans les environs de Schaffhouse ? Parmi ces squelettes, neuf étaient de taille ordinaire, et les cinq autres étaient des Pygmées. Le professeur Büchner, dans un article de la *Deutsche Revue* (sept. 1897), a signalé l'importance de cette révélation inattendue, qui vient d'être arrachée aux entrailles du sol et qui nous montre l'existence de véritables Nains parmi nos ancêtres de la période néolithique.

Là, comme partout, ils vivaient sans doute à titre de commensaux de races supérieures, et ils ont fini par disparaître à leur contact.

Ainsi, non seulement, dans ce double ou triple trajet, nous avons trouvé une race semblable ; mais encore les deux types qui, pour la couleur, nous avaient frappés en Afrique parmi nos Négrilles, se retrouvent en Asie parmi les Négritos. Le point de départ, on l'a vu, étant l'homme rouge, une branche passera au jaune pour arriver progressivement au blanc, tandis que l'autre passera au brun et finira par le noir : c'est ce que, avec des nuances nécessairement diverses, on remarque en Asie comme en Afrique.

Mais, pour tout résumer, et sans donner d'ailleurs à ces conclusions une importance indiscutable qu'elles ne sauraient avoir, nous nous trouvons, cependant, ramenés toujours aux mêmes points :

La race des Négrilles et des Négritos est une race distincte ; elle est une, elle a un centre commun de dispersion, et plus on cherche à établir ce point de départ, plus on se sent reporté vers ces pays que la tradition de l'homme, — on dirait presque son instinct, — a toujours regardés comme son berceau.

CONCLUSION

———

Arrivés à la fin de cette étude, qui s'est prolongée bien au delà des limites d'abord entrevues, il nous reste à grouper ici l'ensemble des conclusions qui paraissent naturellement en sortir. Nous le ferons brièvement, et en n'oubliant point cette remarque essentielle que si quelques-unes s'imposent à notre impartialité, d'autres restent plutôt à l'état de simples indications auxquelles le manque de données plus complètes ne saurait fournir un caractère de certitude. L'esprit du lecteur fera facilement le discernement des unes et des autres.

1. — D'abord, un premier point reste établi : c'est que les *Pygmées* des anciens se continuent dans les *Négrilles* et les *Négritos* d'aujourd'hui. Sans doute, la fable et la poésie avaient ajouté à l'histoire ; les moyens d'information, si restreints à cette époque, avaient permis d'exagérer et d'embellir ; c'était le bon temps des voyageurs, celui où l'on pouvait vraiment leur appliquer le proverbe :

« A beau mentir qui vient de loin ! »

Mais enfin la race des « petits hommes » existait, puisque la voilà retrouvée. Elle existait, et tout nous autorise à croire que, alors, elle était moins métissée, plus pure, et par conséquent plus naine. Peut-être même les groupes que les anciens avaient connus ont-ils complètement disparu, et n'avons-nous plus aujourd'hui que leurs congénères. Quant à ces batailles avec les grues, qui leur sont presque toujours attribuées, ne saurait-on en trouver la raison d'être dans les chasses à l'autruche et aux autres grands oiseaux, auxquelles, sur plus d'un point de l'Afrique, ils se livrent encore aujourd'hui? Quoi qu'il en soit, les « Pygmées » existent, et c'est déjà un fait bien remarquable que cette petite race se soit conservée si longtemps, en des pays si divers, et dans des conditions si précaires d'existence, quand il semble que tout devait concourir à leur extinction.

2. — Le Pygmée existe, réduit, d'ailleurs, aux proportions que nous avons vues. Il existe, et c'est un homme comme tous les hommes : de sorte que ceux qui espéraient trouver en lui le lien qui nous unit à la bête doivent se remettre en campagne et chercher encore.

Cette race n'est pas, d'ailleurs, localisée dans tel ou tel pays spécial, de manière à faire croire à un centre distinct de création : elle se retrouve en Afrique, en Asie, en Océanie, peut-être a-t-elle existé en Europe. On la rencontre sur les continents et dans les îles, en plein désert et en pleine forêt, en un mot dans les conditions de milieu les plus différentes.

Et non seulement elle se reproduit, elle se perpétue, mais elle peut avoir et elle a des métis avec toutes les autres races, et des métis qui se reproduisent aussi, qui se maintiennent, qui forment même à leur tour des groupes

distincts : les Négrilles secondaires et tertiaires. Cette
expérience de métissage, enfin, est suffisamment étendue
pour qu'on puisse juger de ses résultats. Elle a porté sur
les trois grandes races humaines : la race noire, en Afrique ;
la race jaune, en Asie ; et la race blanche, dans les régions
du Cap, où les métis, nés de pères hollandais (Boërs) et
de mères sâns, se font remarquer par leur vigueur, leur
beauté relative et la blancheur de leur peau.

Au reste, ceux qui pensent qu'une trop grande différence sépare le Blanc du Nègre et celui-ci du Négrille pour
qu'ils soient de même espèce, n'ont en vue que les formes
extérieures. Or chez les plantés et les animaux, qui, en
définitive, font partie avec nous d'une même création, qui,
comme nous, naissent, se développent et se reproduisent
par une même série de phénomènes, les différences sont
autrement grandes que chez l'homme. Que de races de
pigeons, de chiens et de chevaux ! Et si le petit Kôa des
forêts du Gabon ressemble peu au tambour-major de la
garde républicaine, combien moins le minuscule « King's
Charles » que les bonnes dames portent amoureusement
dans leurs bras ressemble moins encore au grand lévrier
et au superbe chien danois ! Et pourtant, à l'origine, ils
sont descendus du même type chien, ou, si l'on veut, du
même type chacal. En fait, l'entre-croisement des caractères est tel que l'un, qui paraissait exclusivement être
celui d'un individu ou d'un groupe, se retrouve dans
d'autres individus et d'autres groupes, lesquels n'ont,
d'ailleurs, aucune parenté prochaine avec les premiers :
telles, par exemple, la couleur de la peau, la forme du
crâne, la chevelure, la stéatopygie, etc. En sorte que du
Négrille le plus difforme on peut remonter à l'Aryen le
plus accompli par une série ininterrompue dont les termes
passent de l'un à l'autre par nuances à peine sensibles.

Mais la forme extérieure n'est pas tout l'homme ; c'est au contraire et précisément par la forme extérieure que l'homme est le moins homme. Ce qui le constitue tel, c'est l'ensemble de ses facultés spéciales, l'intelligence proprement dite, la moralité et la religiosité qui tiennent à son *âme*. Et comme, selon la remarque de M. de Quatrefages, le mouvement volontaire donne lieu au *règne animal,* ces attributs spéciaux doivent justifier un nouveau règne, le *règne humain*.

Or dans le règne, il y a l'*espèce :* c'est « l'ensemble des individus plus ou moins semblables entre eux qui sont descendus ou qui peuvent être regardés comme descendus d'une paire primitive unique, par une succession ininterrompue et naturelle de familles ». Telle est l'espèce humaine.

A son tour, l'espèce donne naissance à la *variété :* « un individu ou un ensemble d'individus appartenant à la même génération sexuelle, qui se distinguent des autres représentants de la même espèce par un ou plusieurs caractères exceptionnels. » Tels furent les parents des Négrilles, qui constituèrent la race.

La *race,* c'est-à-dire l'ensemble des individus semblables appartenant à une même espèce, ayant reçu et transmettant, par voie de génération sexuelle, les mêmes caractères de *variété*. Tels sont les Négrilles et les Négritos.

3. — Ainsi, l'homme apparaît partout, et sous toutes ses formes extérieures, l'être que l'on sait : un esprit animant une bête, la spiritualisant et l'intellectualisant plus ou moins.

Car le type extérieur et intérieur ne se développe pas d'une manière normale, uniforme et constante, pour arriver progressivement au type académique que nous lui donnons : il peut y avoir et il y a arrêt ou excès de développement, non seulement dans chaque individu, mais encore dans chaque race, et c'est précisément ce qui distingue les individus et les races.

Celles-ci apparaissent plus élevées ou plus infimes selon que persistent en elles, plus ou moins visibles, les caractères infantiles, au triple point de vue physique, intellectuel et moral. Le Blanc ne cesse de se développer physiologiquement et intellectuellement, d'une façon à peu près normale, jusqu'à un âge avancé; le Jaune s'arrête plus tôt, et la barbe même ne paraît pas avoir le temps de lui pousser; le Noir, mieux développé pour le corps et les membres que pour la figure, garde indéfiniment son intelligence et son caractère d'enfant; enfin, le Négrille exagère encore cette disposition, et si le Nègre est en retard sur le Jaune et sur le Blanc, le Négrille à son tour retarde sur le Nègre par plus d'un caractère.

La taille subit d'abord un arrêt général; les jambes demeurent courtes; les attaches se maintiennent très fines; la longueur relative de l'avant-bras tient à la même cause, et le ventre, enfin, reste gros, comme chez les enfants. Mais, d'autre part, la tête, qui a pris son développement normal, paraît trop forte pour ce petit corps; les mâchoires se portent en avant dans un prognathisme exagéré; les sourcils, aussi épais que chez les Blancs, le paraissent beaucoup trop quand on les compare à ceux des Noirs. Il en est de même du système pileux; la chevelure, en petites torsades semblables à des grains de poivre, est une exagération de la chevelure laineuse, comme la chevelure frisée est une exagération de la chevelure bouclée des Européens, celle-ci de la chevelure lisse des Annamites, laquelle, à son tour, trouve son maximum d'exagération dans la chevelure droite, dure et forte des Mongols. Nous

avons déjà parlé de la couleur : suivant le plus ou moins
d'abondance ou de coloration du pigment, l'homme passe,
d'un côté, au jaunâtre, au jaune franc, au jaune clair et
au blanc, et, d'un autre, au brun rouge, au brun clair, au
brun foncé et au noir.

4. — Le type du Négrille étant tel, il se trouve être aux
derniers degrés de l'échelle de la beauté humaine. En même
temps, nulle industrie chez lui, pas de villages, pas de
cultures, pas d'élevage, pas d'organisation politique au
sens où nous l'entendons, en un mot rien ou à peu près
rien de ce que nous désignons par le mot de civilisation :
voilà quelle nous apparaît cette race, et quelle elle est
depuis des siècles. A ce titre seul, il était intéressant de
l'étudier.

5. — En effet, toute une école existe, affirmant que
l'homme, dès qu'il est homme et à quelque race qu'il appar-
tienne, ne cesse de monter de l'abrutissement presque bes-
tial vers une civilisation de plus en plus avancée, par un
progrès continu, nécessaire et indéfini. C'est une théorie;
mais, malheureusement pour elle, les faits lui sont trop
souvent contraires.

Voici nos petits hommes, par exemple : tels on nous les
représentait il y a vingt ou trente siècles, tels ils sont
aujourd'hui, toujours chasseurs, toujours nomades, toujours sans villes, sans armées, sans corps électifs, sans
académies, sans théâtres et sans habits.

Pourquoi? — En réalité, l'homme n'a point marché d'un
pas uniforme, comme une sorte de locomotive qui, une fois
lancée, n'aurait qu'à suivre ses rails. L'homme n'est pas
une machine : suivant son degré d'intelligence, les besoins
particuliers qu'il éprouve, les conditions auxquelles il doit

Races de l'Afrique :

SÉMITES (Arabes, Abyssins) . . . . ▦

HAMITES (Berbères, Peuls, Touareg) . . . . ▨

HAMITES ET NIGRITIENS MÉLANGÉS . . . . ▧

NIGRITIENS (Soudanais, Wolofs, Haoussas, etc.) . . . . ▨

NÈGRES BANTOUS (Gandas, Nyamwézis, Zoulous, etc.) . . . . . ▨

HOTTENTOTS . . . . ▨

NÉGRILLES . . . . +

faire face, le pays qu'il habite, les revers qui le frappent ou les succès qui l'entraînent, il avance ou recule, il croît ou diminue, il marche ou reste en place. Toute l'histoire le prouve. En ce moment, il y a des Blancs qui sont encore de purs sauvages, et il y a des Noirs qui, habillés dans la dernière mode et parlant la langue la plus correcte, sont avocats, médecins, officiers, et présidents de Républiques.

En général, on peut dire que l'agent le plus actif du progrès matériel, c'est le besoin, activé par la facilité qu'on a de le satisfaire : besoin de se nourrir, de s'entretenir, de faire des provisions, de se loger, de se vêtir; plus tard suivi par la recherche du superflu, l'attrait de la jouissance, et aussi le juste désir de transmettre à ses descendants une situation supérieure ou égale à la sienne propre.

Mais ces conditions sont beaucoup moins pressantes en des pays où l'on n'a pour ainsi dire à craindre ni le froid, ni la faim, ni l'incertitude du lendemain pour soi ou pour sa famille. La population étant d'ordinaire clairsemée, non seulement la terre suffit à ses habitants, mais ceux-ci, n'ayant à lui demander ses ressources que pour leur entretien personnel, abandonnent à elles-mêmes ses forêts, ses vallées, ses savanes et ses montagnes. L'ambition d'un chef peut y créer, pour quelque temps, une agglomération plus forte, une organisation plus puissante et un travail continu; mais l'intelligence et la volonté sont telles, chez le Noir, qu'un pareil empire ne durera jamais bien longtemps. Son penchant à la tyrannie, quand il en a les moyens, sa défiance, sa jalousie, ses injustices, autant que la mobilité naturelle de son tempérament et le besoin qu'il éprouve de toujours changer, feront que la partie se gâtera bientôt, comme dans un jeu d'enfant, et chacun retournera à son inspiration du moment et à ses instincts personnels.

Chez les Négrilles, ces dispositions sont encore plus caractérisées : c'est l'enfant dans un état d' « école buissonnière » perpétuel, passionné pour le vagabondage, mettant la liberté personnelle au-dessus de tous les biens, réduisant ses besoins au strict nécessaire, favorisé d'ailleurs en cela par une nature clémente et un endurcissement remarquable, et semblant, au bout de tout, dominé par une sorte de force qui le pousse, qui le maintient dans cette vie, et qui est sa « destinée ».

6. — En outre, d'après la même école matérialiste, tout doit être proportionné au type physique de la race. Plus le type est inférieur, plus basses aussi doivent être la civilisation, l'industrie, la langue, l'intelligence, la morale, la religion : car tout dépend de l'élément plastique qui constitue le corps humain.

Or, ajoute-t-on, « combien d'hommes se distinguent peu des animaux et ne montrent pas souvent une moralité plus grande que la leur ! Le Fuégien, le Boschiman s'élèvent de bien peu au-dessus de ce que nous nous permettons peut-être à tort d'appeler la brute. Sous les rudiments de langage articulé qu'ils possèdent, il serait parfois malaisé d'établir entre eux et certains animaux supérieurs une différence morale et intellectuelle bien tranchée [1].

A l'anthropologiste qui, du fond de son cabinet, a tracé cet intéressant portrait de l'homme-brute, il n'y a qu'une réponse à faire : ce portrait ne ressemble à rien de ce qui existe. En fait, il peut exister et il existe des *individus* qui ne paraissent avoir presque aucune notion de moralité, et c'est précisément dans les sociétés pourries de la civilisation matérielle et matérialiste qu'on les trouve le plus sou-

[1] G. de Rialle, *la Mythologie comparée*, p. 2.

vent ; mais il n'y a pas de *race* où la moralité soit complètement absente, quoique la moralité soit souvent entendue
d'une autre manière que chez nous. Nos pauvres petits
hommes de la brousse africaine, précisément, mieux étudiés, mieux connus, nous ont réservé cette surprise qu'a-
vaient déjà donnée les Négritos des îles Andaman ; aux
uns et aux autres on avait fait une réputation de demi-
bêtes, et l'on s'accorde aujourd'hui à les trouver supérieurs à beaucoup de peuples plus avancés en civilisation.
Voilà pour la moralité.

Leur intelligence est loin d'être inférieure à celle des
populations voisines, mais elle est dirigée dans un autre
sens et répond à d'autres besoins.

Quant à la langue, ils parlent comme tout le monde, et
aucun terme ne leur manque assurément pour exprimer
ce qu'ils veulent dire. D'après la théorie, ces langues des
Négrilles devraient être du type monosyllabique, qui est
le plus imparfait : elles sont agglutinatives et parfois
flexionnelles, ayant leurs principes, leurs règles, leurs
nuances, leurs goûts, leurs beautés.

Reste l'industrie. Ils n'en ont pas, et la raison en est
simple : leur genre de vie n'en comporte point, et leur
principe est précisément de n'en pas avoir.

7. — La question religieuse mérite un examen à part.
Toujours, d'après la même école, qui décidément a le fétichisme de l'évolution, Dieu est une création de l'esprit
humain, mais celui-ci n'est pas capable d'y monter tout
d'un coup : il faut y arriver par le polythéisme, et celui-ci
suppose encore un état moins élevé : « La phase initiale
de la conception religieuse de l'univers, dit M. Gérard de
Rialle, antérieure aux conceptions métaphysique et posi-
tive ou scientifique, est le fétichisme » pur, à l'exclusion

de toute notion de divinité[1]. Et qu'est-ce que le fétichisme pur? C'est, toujours d'après le même auteur, la tendance à s'adresser à la pierre, à l'arbre, à l'animal lui-même, et non à l'esprit qui pourrait le hanter[2].

Nous voilà donc fixés sur la religion primitive, et comme nous avons affaire ici, par ailleurs, à une race qui se trouve être au-dessous de toutes les autres, l'occasion est bonne pour chercher dans les faits un appui à la théorie. Hélas! c'est encore et toujours la même déception. Les Négrilles se trouvent avoir, précisément, une connaissance de la divinité sensiblement plus claire que d'autres races supérieures : ils ont la prière, ils ont le sacrifice des fruits nouveaux, ils ont les éléments d'un culte, fort simple, il est vrai, mais réel. Et quant à ce fétichisme classique qui consisterait à adorer stupidement une pierre, un arbre ou une bête, sans raison aucune, je ne sais où il existe, mais je déclare que, pendant vingt ans que je l'ai cherché en Afrique, je ne l'ai jamais vu. Tout objet qui possède un caractère religieux ne l'a, en effet, que parce qu'on lui suppose une vertu cachée naturelle, à tort ou à raison, ou parce qu'une influence supérieure, personnelle et distincte, la lui a donnée. C'est le cas de toutes les statuettes, dites fétiches par les Européens (du portugais *fetisso*, objet enchanté), qu'on voit sur la côte occidentale d'Afrique. Mais, justement, les Négrilles n'ont point de ces idoles, point non plus de pratiques immorales, point de rites infâmes, point de légendes scandaleuses sur leurs divinités, et du coup ils se trouvent supérieurs en cela non seulement aux tribus qui les entourent, mais encore aux Grecs et aux Romains du temps passé comme aux élégantes populations actuelles de l'Inde et de la Chine.

[1] G. de Rialle, *la Mythologie comparée*, p. 2.
[2] *Id., ibid.*, p. 57.

Ce fait, au reste, ne leur est pas spécial : on l'a remarqué pareillement chez les Mincopies des Andamans, les Aïnos du Japon et les autres petites races de l'Asie et des îles océaniennes.

A quoi cela tient-il? Peut-être précisément, ayant moins d'imagination que les autres, étant plus isolés, se trouvant moins soumis aux divagations et aux inventions des étrangers, ont-ils gardé plus pur le culte primitif de l'humanité...

En tout cas, il y a, au point de vue purement scientifique, autant et plus de raisons de penser que l'on a d'abord cru en un Dieu personnel, puis que de là on est passé au culte des morts et des forces de la nature, pour descendre ensuite à l'indifférence et au matérialisme, ou pour remonter à l'adoration parfaite de la divinité connue...

Mais ce qui reste certain, c'est que les formes les plus irrationnelles et les plus immorales de religion peuvent exister avec la civilisation la plus avancée, — Rome et la Grèce en sont des exemples, — de même qu'une civilisation matérielle imparfaite peut comporter une religion élevée et une morale pure.

8. — De plus, pour la constitution de la famille, l'organisation sociale, l'intelligence de la vie, l'état des Négrilles actuels éclaire d'un jour nouveau l'existence de nos premiers ancêtres européens : ils en sont toujours, en effet, à l'époque quaternaire.

En écrivant ces lignes, j'ai sous les yeux une gravure représentant la « Famille primitive », dans un livre de vulgarisation scientifique destiné à la jeunesse. A l'entrée d'une caverne sombre, pendant que le « mâle » arrive avec un animal sur son dos, la « femelle », accroupie avec son « petit » devant un foyer, souffle sur la cendre, attachée

par une patte à un pieu au moyen d'une longue chaîne
de fer!... La première réflexion qui vient à l'esprit devant
ce portrait de nos anciens parents, c'est que, pour ne
l'avoir travaillée sans doute qu'avec ses poings, l'ouvrier
a singulièrement bien réussi cette chaîne..., mais passons.

D'abord, nous voyons par les hommes primitifs que
nous avons sous les yeux que non seulement ils n'ignorent
pas la famille dans ses éléments essentiels, mais ils en font
la base de tout : c'est elle qui, en somme, est l'État, et le
père en est le chef tout désigné. La femme, pour lui rester
attachée, n'a pas besoin d'avoir des entraves aux pieds :
pourvu qu'elle prépare la nourriture, élève ses enfants et
prenne sa part du travail commun, — ce qui se réduit
à peu de chose, — elle n'a rien qui lui rende la vie plus
dure que celle de son chasseur. La monogamie prévaut
même chez les Négrilles, et ils ont le mariage mieux constitué et plus durable que la plupart des tribus côtières où
le luxe et l'influence européenne, — sans parler du Code
civil, — ont tout désorganisé.

A un autre point de vue, nos Négrilles sont des sauvages, sans doute, mais non point des bêtes féroces ou
inconscientes, pour qui le mal et le bien n'existe pas :
certains crimes qui se commettent journellement à Paris,
à Londres ou à Berlin leur feraient horreur. Il est probable
que nos premiers ancêtres ne furent pas moralement plus
dégradés que ces pauvres enfants des forêts africaines.

Enfin, on nous représente ces malheureux parents dans
un état d'abrutissement lamentable, sans joie, sans récréa-
tion, sans pensée, sans idéal. C'est ne rien connaître à la
vie sauvage : au clair de la lune, les rondes y sont perpé-
tuelles, et pendant que le soleil est sur l'horizon il y fait
si bon se reposer à l'ombre, sans travail et sans souci!
Notre civilisation, avec son attirail de besoins factices et

la multitude de ses exigences, ne fait pas la moindre envie
à ces hommes de la brousse, et combien de fois n'en a-t-on
pas vu, au Cap, par exemple, abandonner notre existence
européenne, si chargée, pour reprendre la leur, si simple,
à travers leurs déserts aimés?

Et puis, l'âge de la pierre, du bronze, du cuivre, du fer,
des cavernes, etc., avec les successions obligatoires qu'on
établit, peuvent avoir existé et ont de fait existé en nombre
de pays; mais il ne faudrait pas les généraliser en y faisant
nécessairement passer tous les peuples. Une tribu peut
avoir connu le travail du fer, puis, ayant passé dans une
région où le fer ne se trouve plus, elle utilise ce qu'elle
a, la pierre, le bois durci, les cornes d'antilopes, etc.;
elle loge dans des cavernes, provisoirement, après avoir
mis un pied dans le progrès matériel, pour y rentrer de
nouveau, suivant les occasions, et par des successions qui
n'ont rien d'absolu. Voilà du moins ce qu'on voit encore
en Afrique. Nulle part peut-être mieux qu'au Kilima-
Ndjaro, par exemple, on ne sait travailler le fer pour en
faire des couteaux, des lances et des armes; mais pour
la culture, on se sert encore de sortes d'épieus durcis au
feu : de sorte que voilà une population intelligente, guer-
rière et active, qui consacre le fer à sa défense, le bois
à son entretien, et qui, par suite, se trouve en contra-
diction avec la loi que certains anthropologistes imposent,
puisqu'elle en est à la fois au premier et au dernier degré
de l'industrie primitive... En résumé, prendre ce qu'on
a sous la main et faire comme on peut, c'est là une bien
grande loi scientifique!

9. — Comment ont disparu les races qui ont d'abord
peuplé notre Europe? L'observation de nos petits hommes
peut encore à ce sujet nous donner de précieux renseigne-

ments en nous montrant comment ils disparaissent eux-
mêmes.

En certains endroits, comme au sud de l'Afrique, ils
sont ignominieusement tués comme du gibier par la race
envahissante, Boërs et Anglais, ou pris, traqués, vendus,
réduits en esclavage et perdus...

Ailleurs, quand ils se dispersent en de trop faibles
groupes, obligés de se marier entre parents, ils n'ont plus
la force de résistance nécessaire, ils tombent frappés par
la misère et la maladie, décimés parfois par des épidémies
de variole : c'est ce qu'on a vu au Fernan-Vaz.

Lorsque, aussi, ils se laissent aller à des alliances avec
d'autres tribus et prennent goût à la vie sédentaire, c'est
encore une cause de faiblesse et de disparition. Tôt ou tard,
ils entrent dans le courant général de l'humanité, perdent
leur caractère, et, après quelques années, on ne les retrouve
plus, sinon à l'état de type isolé et aberrant dans la population supérieure où ils sont emportés.

Enfin, il est un fait remarquable et qui confirme, du
reste, de nombreuses observations faites ailleurs. Le Négrille ne supporte pas la civilisation relativement développée de certaines tribus avec lesquelles il se trouve en
contact : trop près d'elle, il s'y brûle comme le papillon
à la lampe, il tombe, il disparaît... Mais à leur tour disparaissent pareillement ces populations africaines qui, vivant
sur les côtes, se trouvent en relations immédiates avec
des peuples plus avancés, les Arabes sur la côte orientale,
les Européens sur la côte occidentale. A Zanzibar comme
au Gabon, il faut que la population indigène soit perpétuellement alimentée et successivement remplacée par les
apports de l'intérieur ; autrement, le pays deviendrait
bientôt désert. Et ainsi viennent mourir aux côtes les flux
des tribus africaines comme expire sur ces mêmes plages

le flot des mers qui les baignent... Pourquoi? On a accusé l'alcool, les maladies vénériennes, l'esclavage, etc. Toutes ces causes ont évidemment leur effet ; mais nulle, il semble, n'est plus puissante que la désorganisation de la famille, la perte de l'autorité paternelle, le besoin de la jouissance immédiate, et tous les désordres qui suivent ceux-là, fatalement amenés par le contact d'une population avancée et dont la moralité individuelle est d'autant plus basse, souvent, que le progrès matériel général est plus développé. Ces inconvénients pourraient être, sans doute, en partie du moins, évités par l'autorité qui représente la civilisation supérieure, en ces pays conquis ou à conquérir : mais partout, il faut bien en convenir, la moralisation des indigènes est le dernier de ses soucis, et c'est là même, souvent, une des causes pour lesquelles les colonies donnent si peu de résultats. On ne fonde rien sans morale !

10. — Un dernier aperçu fourni par cette étude se rapporte au peuplement de l'Afrique et au centre de dispersion des premiers hommes.

Nordenskiold rattache les Esquimaux actuels aux premiers occupants du sol américain ; les anthropologistes trouvent une petite race à l'origine du peuplement de l'Europe ; M. de Quatrefages et d'autres avec lui indiquent les Négritos comme s'étant, avant tous les autres, répandus en Asie et dans beaucoup d'îles océaniennes ; de même, de très sérieuses raisons nous permettent de regarder nos Négrilles comme les premiers habitants du Continent africain.

Partis devant eux avec des habitudes de chasse, ils les ont gardées, suivant le gibier et en vivant. C'est pour la chasse aussi qu'ils domestiquèrent le chacal, devenu le chien, le seul animal qu'ils possèdent, le plus ancien compagnon de l'homme. Ils n'ont point de chat, qui suppose une maison permanente; ils n'ont point de poules, qu'ils seraient obligés de porter dans leurs déplacements et qui ne vinrent en Afrique qu'avec des tribus sédentaires : ils n'ont point de troupeaux, qui ne sauraient les suivre dans toutes les forêts où ils passent, par-dessus tous les fleuves qu'ils traversent.

Plus tard, beaucoup plus tard peut-être, parurent des tribus plus fortes, avec des animaux et des céréales, et il se trouve que, d'une certaine façon, la pénétration des animaux domestiques en terre africaine concorde avec celles des différentes populations qui s'y trouve : le chien avec les Négrilles; la poule, le bœuf, le mouton, la chèvre avec les Hottentots, les Bantous et les Nigritiens; le cheval avec les Lybiens et les Éthiopiens, le chameau avec les Arabes, et, avec les Européens, le cochon..., dernière manifestation, paraît-il, de la civilisation en Afrique!

D'où venait tout ce monde? On l'a déjà suffisamment indiqué. Au nom de l'anthropologie, M. de Quatrefages place en Asie centrale le centre de dispersion; au nom de la science sociale, M. A. de Préville arrive aux mêmes conclusions; au nom de l'exégèse scientifique, l'abbé Dessailly précise et nous indique la vallée du Chatt-el-Arab comme le lieu d'origine de l'espèce humaine...

Cette modeste étude ne comporte évidemment pas, sur ce grave problème, d'affirmation précise; mais, avant tous les autres, ne semble-t-il pas que notre pauvre petit homme sortit de là, lui aussi, jetant une partie de sa famille vers les terres où le soleil se levait, et l'autre vers celles où il le voyait disparaître, en Afrique et en Asie, où nous les retrouvons encore aujourd'hui?

Ils partirent, n'ayant rien pour vivre que leur intelligence qui devait les faire triompher des animaux, et la Providence de Dieu qui veillait sur eux.

Et en les considérant ainsi, laissant tout, fuyant, se cachant, le visage défiguré, regardant bas, toujours craintifs, attentifs surtout, jusqu'à ce jour, à ne jamais verser de sang humain, il semble que la grande voix de Dieu, qui venait de faire l'homme et qui l'avait vu tuer par l'homme, résonne encore derrière chacun d'eux comme un écho lointain...

« *Quid fecisti?* — Qu'as-tu fait? la voix du sang de ton frère sort de terre et crie vers moi.

« Maintenant donc tu seras maudit sur le sol, qui ouvrit sa bouche pour boire le sang de ton frère que ta main lui versa.

« Si tu le travailles, il ne te rendra point ses fruits : tu seras vagabond par le monde... »

Et Caïn répondit :

« Mon crime est trop grand pour qu'il me soit pardonné!

« Voici que tu me chasses aujourd'hui sur la terre : eh bien! j'irai me cacher loin de ta face, je serai vagabond et m'enfuirai par le monde. Et qui me trouvera me tuera... »

Et le Seigneur lui dit :

« Non pas. Quiconque tuera Caïn sera puni sept fois plus. »

Et il mit sur lui un signe, pour qu'il fût épargné par ceux qui le verraient.

Et Caïn sortit de devant la face du Seigneur. Et vagabond par le monde, il s'enfuit vers les plages orientales[1].

[1] Gen., IV.

FIN

TABLE DES MATIÈRES

III

AIRE DE DISPERSION DES NÉGRILLES AFRICAINS

IV

CARACTÈRES PHYSIQUES DES NÉGRILLES

V

CARACTÈRES INTELLECTUELS

VI

CARACTÈRES RELIGIEUX

VII

CARACTÈRES MORAUX

VIII

CARACTÈRES SOCIAUX

IX

DIVISION ETHNIQUE DES NÉGRILLES

X

NÉGRILLES ET NÉGRITOS : LEUR ORIGINE

31738. — Tours, impr. Mame.

BIBLIOTHÈQUE DES FAMILLES ET DES MAISONS D'ÉDUCATION

FORMAT GRAND IN-8° — 1re SERIE

VOLUMES ORNÉS DE NOMBREUSES GRAVURES SUR BOIS

Tours. — Imprimerie MAME